"Richtung und Rettung einer Kindsmörderin im Jahre 1567", Stich aus dem 19. Jahrhundert.

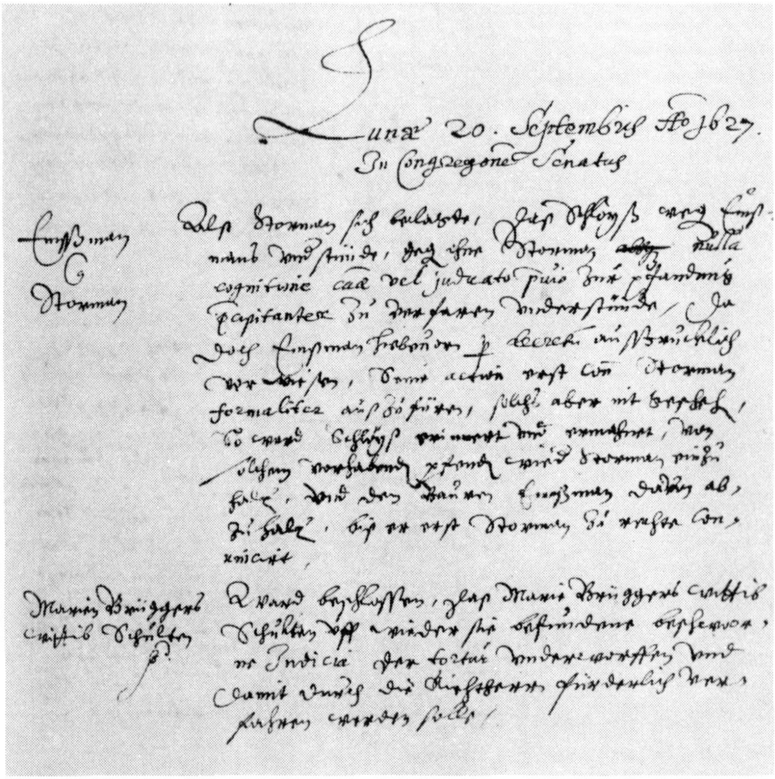

Lunae 20. Septembris Ao 1627.
In Congregatione Senatus

Faksimile des Ratsprotokolls der Stadt Münster vom 20. September 1627, in dem die Anordnung der Tortur für Maria Brüggers dokumentiert ist. Quelle: Stadtarchiv Münster

Hexenjagd und Zaubereiprozesse in Münster

"Du sollst so dünn gefoltert werden, daß die Sonne durch dich scheint", Stich von F.Piloty, aus 'Germania' von Johannes Scherr, Stuttgart 1878.

Sabine Alfing

Hexenjagd und Zaubereiprozesse in Münster

Vom Umgang mit Sündenböcken in den Krisenzeiten des 16. und 17. Jahrhunderts

Waxmann Münster/New York

Deutsche Bibliothek - CIP-Einheitsaufnahme

Alfing, Sabine:
Hexenjagd und Zaubereiprozesse in
Münster. Vom Umgang mit Sündenböcken
in den Krisenzeiten des 16. und 17.
Jahrhunderts / Sabine Alfing.
Münster ; New York : Waxmann, 1991
ISBN 3-89325-053-0

ISBN 3-89325-053-0

Postfach 8603, D-4400 Münster, F.R.G.
Waxmann Publishing Co.
P.O.Box 1318, New York, NY 10028, U.S.A.

Satz: Druckreif
Druck: Druckwerkstatt Hafen GmbH
Umschlaggestaltung: Annette Bökkerink
Umschlagbild und Abbildungen sind dem Katalog
zur Ausstellung "Hexen" im Hamburgischen
Museum für Völkerkunde entnommen.

"Der Sabbath", Stich von Claude Gillot, 18. Jahrhundert.

"Die Hexe", Albrecht Dürer, um 1500.

Inhalt

Vorwort

Einleitung 1

Zur Geschichte und Verbreitung des Zauber- und Hexenglaubens 15

Zaubereiprozesse in der Stadt Münster 23

Der prozessuale Verlauf der Zaubereiverfahren in Münster 81

Die Elemente des Zauber- und Hexenglaubens in Münster und ihre Rezeption 113

Angeklagte und Kläger - Der Zauberglauben in Münster und seine gesellschaftliche Einbettung 155

Die besondere Notwendigkeit der Krisenbewältigung - Zaubereiprozesse, ihr Hintergrund und ihre theoretische Einordnung 177

Schluß 189

Anmerkungen 191

Literaturverzeichnis 215

"Die Hexenprobe", Stich von G. Franz, aus "Germania" von Johannes Scherr, Stuttgart 1878.

"Der springende Punkt ist nämlich: Nicht daß ein Mythos uns auf irgendein tatsächliches Ereignis zurück verweist, das auf seinem Weg durch das kollektive Gedächtnis phantasievoll umgedeutet wurde; sondern daß er uns vorwärts weist zu etwas, das geschehen wird, geschehen muß. Aus Mythos wird Realität, wie skeptisch wir auch sein mögen."

aus: Julian Barnes, Eine Geschichte der Welt in 10 1/2 Kapiteln

Vorwort

Schon wieder ein "Hexen"-Buch! Die lange Liste der zu diesem scheinbar faszinierenden Thema erschienenen Publikationen wächst um ein weiteres Exemplar. VertreterInnen der verschiedensten Fachgebiete oder auch gesellschaftlichen Gruppen haben die "Hexen" seit langem mit Beschlag belegt, an ihnen und ihrem Schicksal entzünden sich Phantasie und wissenschaftlicher Spürsinn. Die Frauen und auch Männer, die in der frühen Neuzeit das bittere Los der Verfolgung und Verurteilung teilten, wurden damit unversehens zu Spekulationsobjekten forscherischen Tatendrangs. Kühne theoretische Denkmodelle lassen jedoch häufig genug diejenigen außer Acht, denen doch eigentlich zuvorderst Aufmerksamkeit gelten sollte: Die Personen der "Hexen" selbst erfahren in vielen Abhandlungen eine Vernachlässigung, die weder gerechtfertigt noch zu begründen ist. Sicherlich zeichnet hierfür auch die vielfach sehr schlechte Quellensituation verantwortlich. Die nicht ausreichende Berücksichtigung der vorhandenen Quellenbasis und des Informationsgehaltes, den sie über die Hauptbeteiligten der Hexenprozesse enthüllt, scheint aber die Gefahr zu bergen, mitunter zu theoretischen Wunschmodellen ohne recht haltbaren oder überprüfbaren Hintergrund zu führen.

Quellennahe Arbeit bietet sich aber nicht nur aus Gründen fundierter Theoriebildung an. Ebenso wichtig sollte es sein, die Opfer einer derartigen Tragödie nicht in verhüllender Dunkelheit verbleiben zu lassen, wo sie namhaft gemacht werden können. Gerade Frauen wurden und werden immer noch gern von der Geschichte "vergessen"; sie bleiben namenlos und unsichtbar, ihr Beitrag zu der Entwicklung historischer Abläufe muß in mühseliger Kleinarbeit aus Quellen, die sie wenig oder kaum berücksichtigen, herausgefiltert werden. Die Geschichte der Hexenverfolgung ist aber in ganz überwiegendem Ausmaß die Geschichte von Frauen, und zwar von solchen Frauen, die einen hohen Preis dafür zahlen mußten, um überhaupt - wenigstens in der Masse - als geschichtswürdig zu gelten. Wo es möglich ist, diese Frauen und ihr Schicksal sichtbar zu machen, sollten sie nicht vergessen und übergangen werden. - In Münster liegen die Akten über die hiesigen Hexenprozesse zwischen 1552 und 1644 in relativ lückenloser und vergleichsweise ausführlicher Form vor. Daher war es von Anfang an die spezielle Absicht der Verfasserin, die Opfer, die beteiligten Menschen und den Geschehensablauf während der Verfahren in der ausführlichen Form darzustellen, in der sie nun hier vorliegt.

Die Aufarbeitung der Geschichte der Hexenverfolgung in Münster führt zu einer Entmystifizierung der betroffenen Frauen, soweit es diese Stadt betrifft. Die hier angeklagten "Hexen" waren keine "weisen" Frauen, weder wissend noch selbstbewußt oder mächtig; magisch-okkulte Praktiken beherrschten sie nur im Rahmen der damals üblichen und verbreiteten Volksfrömmigkeit. Es kam vor, daß sie in Fällen unerklärlicher Krankheit Bilder oder Körperteile aus geweihtem Wachs formten und diese Figuren dann in der Kirche opferten; die Rezepte geheimnisvoller Tränke kannten sie hingegen ebensowenig wie Beschwörungsformeln oder Orte heimlicher Treffen. Die münsterischen "Hexen" entsprechen weder skurrilen Märchenklischees noch erotisch verbrämten Männerphantasien oder verklärt-feministischen Wunschvorstellungen, sie waren sehr normale Durchschnittsfrauen mit dem für sie letztlich tragischen "Pech", unverschuldet persönliche Eigenschaften zu besitzen, die sie der engen frühneuzeitlichen Stadtgesellschaft suspekt machten und mittels derer sie letztlich stigmatisiert wurden. Der Mythos "Hexe" - so es sich überhaupt um einen solchen handelt - kann damit für Münster enttarnt werden.

Das vorliegende Buch ist im Sommer 1988 fertiggestellt worden. Seitdem sind drei Jahre vergangen, Jahre, in denen weitere Arbeiten zum Thema "Hexenverfolgungen" publiziert wurden. Diese neuen Veröffentlichungen konnten - trotz einer teilweisen Überarbeitung - nicht mehr berücksichtigt werden. Auch der Charakter einer wissenschaftlichen Arbeit wurde beibehalten. Trotz des mittlerweile vergangenen Zeitraums möchte ich die Gelegenheit nutzen, mich an dieser Stelle noch einmal bei allen Menschen, die mir durch Ratschläge und Unterstützung bei meiner Arbeit geholfen haben, recht herzlich zu bedanken. In erster Linie richtet sich dieser Dank an alle MitarbeiterInnen des Stadtarchivs Münster, die während der monatelangen Sichtung der Quellen stets freundlich und hilfsbereite AnspechpartnerInnen waren. Ganz besonders war es Roswitha Link, die für Fragen und Probleme immer ein offenes Ohr hatte, freundschaftlich beriet und mit Sach- und Fachkunde weiterhalf, wo es notwendig war. Danke!

Münster, August 1991
Sabine Alfing

"Hexenverbrennung", Stich von G. Franz, "Germania" von Johannes Scherr, Stuttgart 1878.

Einleitung

Einführung in die Thematik und Forschungsüberblick

"Hexenprozesse haben in Deutschland die nach den Judenverfolgungen größte nicht kriegsbedingte Massentötung von Menschen durch Menschen bewirkt"[1] - ein erschreckendes Fazit, das betroffen und nachdenklich stimmt. Doch obwohl während eines Zeitraums von etwa 100 Jahren, seit etwa der Mitte des 16. Jahrhunderts, Hunderttausende dem scheinbaren Wahn zum Opfer fielen, haftete dem Thema bis vor kurzem der Hauch der Exotik an, stellte es für die Geschichtswissenschaft lange eine 'Terra incognita' dar, fehlt es in Schulen und Schulbüchern weiter als Lehrstoff und existiert es im zeitgenössischen Bewußtsein häufig nur als ein sich in Märchenklischees erschöpfendes oder durch alptraumhaft-orgiastische Vorstellungen eines Hexensabbats und der dort begangenen Untaten geprägtes Geschehen. Es schien, als seien Mechanismen und kollektive Ängste, die Menschen dazu zu bringen, andere im Dienste der Christenheit und zur Bekämpfung des Teufels zu vernichten, nicht geschichtswürdig genug, als handele es sich um Auswüchse von Aberglauben und Satansfurcht, die längst überwunden sind und die möglichst rasch der Vergessenheit anheimgestellt werden sollten.

In der jüngsten Zeit nun sieht es so aus, als sollten die Versäumnisse der Vergangenheit wiedergutgemacht werden: Die Hexenprozesse sind zum 'Modethema' geworden. Eine Flut von Veröffentlichungen brach über den interessierten Beobachter herein, die zwar grundsätzlich zu befürworten ist und der Bedeutung der Thematik angemessen erscheint, aber doch mit einem entscheidenden Manko verknüpft war, das Julio Caro Baroja bereits 1967 kritisierte. Er kam zu dem Ergebnis, mindestens zwei Drittel dieser Publikationen könnten für eine ernsthafte Diskussion außer acht gelassen werden, da sie oberflächlich seien und lediglich auf ein auf blutrünstige Geschichten begieriges Publikum abzielten.[2] Nun, für einen Kreis von derartig interessierten Leserinnen und Lesern bietet die Geschichte der Hexenprozesse ein breites Repertoire an unvorstellbaren Grausamkeiten, die sie wohlig schaudern lassen können und ihnen das angenehme Gefühl vermitteln, in einer humanen Zeit zu leben, die die scheußlichen Auswüchse des finsteren Mittelalters glücklich überwunden hat.

Abgesehen davon, daß jede Zeit - und bestimmt die heutige - die ihr gemäßen Unmenschlichkeiten hervorzubringen in der Lage ist, des weiteren auch die damalige Strafjustiz in Theorie und Praxis nicht mit heutigen Maßstäben gemessen werden sollte oder kann, muß zunächst der Irrtum korrigiert werden, bei den Hexenverfolgungen handele es sich um ein Spezifikum des Mittelalters. Zwar zeichnen die Scholastiker des 13. bis 15. Jahrhunderts für das geistige Fundament des 'modernen' Hexenglaubens verantwortlich, doch in die blutige Realität setzte dieses Gebäude die Neuzeit um: Die Phase der intensivsten Verfolgung liegt für das Gebiet des deutschen Reiches in der Zeit von 1550 bis 1650 mit einem eindeutigen Höhepunkt um 1630, einer Periode also, die durch eine zunehmende Säkularisierung aller Lebensbereiche, die Geburt humanistischer Ideale und das Aufkeimen von Rationalismus und Aufklärung gekennzeichnet ist. Wie jedoch paßt in die Umwälzungen dieser Zeit der blutige Aberglaube, der Tausende von Menschen das Leben kostete?

Um diese "Besonderheit des Untersuchungsgegenstandes, der phantasievolle Zeitgenossen nach wie vor zu den abstrusesten Theorien verleiten kann"[3], wie Ulrich von Hehl zu Recht schreibt, kreisen seit etwa einem Jahrhundert die Deutungsversuche zahlreicher Juristen, Soziologen, Ethnologen, Mediziner und eben auch Historiker. Die Aspekte, unter denen die Geschichte der Hexenforschung erforscht wird, decken daher einen breiten Bereich ab, wobei das individuelle Forschungsinteresse vom jeweiligen fachlichen Hintergrund bestimmt ist. Die Ansätze widmen sich unter anderem der ideologischen Basis des Hexenglaubens und der Rolle der Konfessionen innerhalb dieses Konstrukts, dem zeitlichen, räumlichen und quantitativen Ausmaß der Verfolgung, der Art der Prozeßführung, der gesellschaftlichen Einbettung der Verfahren und ihrer Initiatoren und Opfer sowie nicht zuletzt der sich aufdrängenden Frage nach den Ursachen eines derart schrecklichen Geschehens, vor dem wir heute vielfach fassungs- und verständnislos stehen. Die Antworten hierauf sind vielfältig, aber letztlich umstritten, zumal auch die Erkenntnis in den Vordergrund rückt, daß es *die* eine, allumfassende, alleserhellende Erklärung für ein solch komplexes Phänomen, als das sich die Hexenverfolgung zunehmend entpuppt, vermutlich gar nicht geben kann.

Die Geschichtswissenschaft näherte sich dem Thema 'Hexenprozesse' bis jetzt auf zweierlei Weise: zum einen in Gestalt eines älteren, ideengeschichtlichen Ansatzes, der sich der Erforschung der intellektuellen Grundlagen der Hexenlehre und ihrer Elemente widmete; zum anderen durch neuere Erklärungsmodelle, die auf die Entwicklung von 'unten', auf die sozialen Entstehungsbedingungen und das gesellschaftliche Umfeld der Hexenverfolgungen verweisen. Doch obwohl mittlerweile kein Mangel an Gesamtdarstellungen und Spezialliteratur mehr herrscht, - im Gegenteil, der Berg der Veröffentlichungen nähert sich dem Stadium der Unüberschaubarkeit - fehlt nach wie vor eine kritische Bibliographie, an Hand derer die unterschiedlichen Strömungen klassifiziert und die literarische Spreu vom Weizen getrennt werden könnte.[4]

Als wichtige Wegbereiter der Hexenforschung auf deutschem Boden müssen W. G. Soldan/H. Heppe/M. Bauer genannt werden.[5] Die 1843 ursprünglich nur von Soldan veröffentlichte "Geschichte der Hexenprozesse" wurde in der Folgezeit mehrfach neu bearbeitet und kann noch heute als Standardwerk gelten. Um die Jahrhundertwende erschienen zwei Werke zur Geschichte der Hexenverfolgungen, verfaßt vom Kölner Archivar Joseph Hansen[6], die zusammen mit den "Materials Toward a History of Witchcraft" des Amerikaners Charles Henry Lea[7] als Quellen- und Gesamtdarstellungen unersetzlich sind. Bereits hier wie auch in der Folgezeit, zum Teil aber auch noch in zeitgenössischen Publikationen,[8] wurde ein Zusammenhang zwischen dem Auftreten der Hexenprozesse und den Religionskonflikten während Reformation und Gegenreformation gesehen. Ohne späteren Ergebnissen vorweg greifen zu wollen, sei hier schon kurz auf einen eindeutigen Schwachpunkt dieser Argumentation hingewiesen: Der Ansatz, die jeweils andere Glaubensrichtung für den Ausbruch der Verfolgung verantwortlich zu machen, scheitert nämlich letztlich an der unumstößlichen Tatsache, daß sowohl Katholiken wie auch Protestanten Hexen verfolgten, Luther nicht minder hexengläubig war als die katholischen Verfasser einiger klassischer Hexen-Traktate. Dennoch sollte das Klima der geistigen Intoleranz gegenüber 'Falschgläubigen', das zweifellos durch die Propagierung der Bekämpfung jeweils der anderen Konfession geschaffen wurde, als Stimulans bestehender latenter Spannungen nicht unterschätzt werden.

Neben diesem Versuch, die Ursachen der Hexenverfolgungen auf religionsgeschichtlich bedingte Motive zurückzuführen, brachte die Forschung eine Reihe weiterer Erklärungsmodelle hervor, deren Relevanz von Fall zu Fall höchst unterschiedlich beurteilt werden muß. Gemeinsam ist ihnen allen lediglich die wohl irrige Ausgangsvermutung, ein derartiges historisches Phänomen monokausal erklären zu können.

Mehrere Autoren und Autorinnen gehen von der tatsächlichen Existenz eines Fruchtbarkeits- oder Satanskultes aus.[9] Nun gehört zur Verifizierung einer solchen Annahme unabdingbar der Nachweis einer Gruppenbildung der Betroffenen aus dem Quellenmaterial, den die Vertreter und Vertreterinnen dieses Ansatzes jedoch schuldig bleiben. Gleiches gilt für die gelegentlich geäußerte Annahme, bei den als 'Hexen' verurteilten Frauen habe es sich um solche gehandelt, die sich durch einen absichtsvollen Zusammenschluß gegen die sie beschränkenden und reduzierenden patriarchalischen Gesellschaftsstrukturen der frühen Neuzeit auflehnten.[10] Als Anhängerinnen einer freieren, selbstbewußteren und unreglementierteren weiblichen Lebensweise traf sie dann der Haß und der Verfolgungswille einer fast ausschließlich männlich dominierten Gesellschaft und Justiz, die auf dem Wege einer äußerst brutalen Sozialdisziplinierung die unerwünschten Eigenschaften zurückdrängten zugunsten eines konformistischeren Weiblichkeitsideals, wie es später in seiner voll ausgeprägten Form die bürgerliche Gesellschaft des 18. und 19. Jahrhunderts widerspiegelte.

Daß während des in Frage kommenden Zeitraums Tendenzen zu einer umfassenden Sozialdisziplinierung beobachtet werden können, soll nicht bestritten werden, wenn die auch durchaus nicht nur weibliche Lebensformen und -bereiche zum Ziel hatten, sondern sich allgemein gegen 'Ausschweifungen' jeder Art mit deutlichen Anzeichen einer Triebkontrolle und -unterdrückung wandten. Daß es sich bei den Opfern der Hexenverfolgungen generell oder hauptsächlich um einen selbstbewußten, 'neuen' Frauentypus handelte, kann jedoch - abgesehen davon, daß auch Männer verurteilt wurden - sehr wohl in Frage gestellt werden.

Hexenprozesse wurden in einer Zeit allgegenwärtiger Teufelsfurcht, während der es einfach war, eine Person mittels des Zaubereivorwurfs zu kriminalisieren, häufig als Mittel genutzt, sich mißliebiger Zeitgenossen und -genossinnen zu entledigen. Es widerspräche allen Regeln der Wahrscheinlichkeit, hätten sich darunter nicht auch einzelne Frauen befunden, die sich durch ihre Lebensweise in einen

Gegensatz zur allgemein akzeptierten Werteskala setzten und deshalb Unmut erregten. Hier wie auch bei anderen Deutungsmodellen sollte jedoch der Gefahr der Verallgemeinerung widerstanden werden. Die frühe Neuzeit war keine Epoche, in der Frauen in großer Anzahl das damalige Weltbild, seine Normen und die Rolle, die es für sie bereithielt, in Frage stellten und in offenem Gegensatz dazu zu leben versuchten. Auch der Quellenbefund spricht eine andere Sprache, nämlich die von eingeschüchterten, verängstigten, hilf- und wehrlosen Opfern, die sich gegen den grausamen Teufelskreis, in den sie geraten waren, und die scheinbar überlegene Argumentation ihrer ihnen oft an Bildung überlegenen Ankläger kaum zur Wehr setzen konnten.

Ein weiteres Manko der letztgenannten Forschungsansätze besteht darüber hinaus in der in diesen Konzepten implizierten Unterstellung, die den Angeklagten zur Last gelegten Vorwürfe beruhten zumindest zu einem Teil auf einem realen Hintergrund. Das bedeutet, daß es (Frauen-) Bünde gegeben haben soll, die tatsächlich Fruchtbarkeits- oder Satanskulte praktizierten. Auch hier soll eine derartige Praxis in Einzelfällen nicht ausgeschlossen werden (das Münsteraner Quellenmaterial gibt zum Beispiel in dieser Hinsicht zu Vermutungen Anlaß), grundsätzlich aber kann der Hexereivorwurf per definitionem nur fiktiv sein: Es gab keine Frau, die (und hätte sie es auch noch so sehr gewollt) einen Teufelspakt schließen, geschlechtlich mit dem Teufel verkehren oder einen Hexensabbat nach kirchlicher Vorstellung besuchen konnte. Das Delikt existierte nur in den Köpfen der Verfolger, und die Opfer waren im Sinne der Anklage *immer* unschuldig.

Ungeachtet dessen bleibt das Faktum bestehen, daß sich die Hexenverfolgung in allererster Linie gegen Frauen richtete. Daran ändert auch ein gelegentlich fünfzigprozentiger Anteil von männlichen Opfern nichts, da er lediglich Ausnahmecharakter besitzt.[11] Die spezifische Betroffenheit des weiblichen Geschlechts muß wohl vor dem Hintergrund der traditionell misogynen Haltung der damaligen Zeit gesehen werden, die für die Frau eine besondere Geringschätzung und Schutzlosigkeit mit sich brachte, was wiederum ihre Gefährdung als potentielles Opfer erhöhte. Zudem war die Kunst des Heilens, die 'weiße' Magie, schon immer eine Domäne der Frau, so daß der verhängnisvolle Kombinationsschluß zur 'schwarzen' Magie und zur Teufelsanbetung um so leichter fiel. Daraus allerdings eine zielgerichtete Ausrottungsstrategie gegen Hebammen und heilkundige 'weise Frauen' zu konstruieren,[12] zeugt von mangelnder Quellenkenntnis und einer Fehleinschätzung sowohl der sozialen

Grundlagen der Hexenverfolgungen als auch des frühneuzeitlichen Rationalitätsbegriffs, dem heutige Maßstäbe zugrunde gelegt wurden. Im übrigen - und das ist nicht uninteressant - gleichen, wie Gerd Schwerhoff feststellt,[13] die frauenfeindlichen Grundtendenzen der Befürworter der Hexenjagden durchaus denen ihrer Gegner. Kommen letztere jedoch unter Zugrundelegung der gleichen Einschätzung von weiblicher Minderwertigkeit zu einer Ablehnung der Hexenverfolgung, so können deren Ursachen höchstens partiell auf expliziten Frauenhaß zurückgeführt werden.

Gelegentlich wurde auch versucht, eine Erklärung in psychopathologischen Modellen - sowohl die Verfolger wie auch die Verfolgten betreffend - zu konstruieren.[14] Von einem sporadischen Auftreten psychisch Kranker in Hexenprozessen sollte jedoch ebenfalls nicht auf ein theoretisches Konzept hin verallgemeinert werden.[15]

Neuere Forschungsansätze vor allem englischer und französischer Autoren betonen die strukturellen Entstehungsbedingungen der Hexenprozesse.[16] Die besondere Krisensituation der frühen Neuzeit, die eine Epoche der Angst genannt werden kann, weil zahlreiche existenzbedrohende und beunruhigende Faktoren gleichzeitig über die Menschen hereinbrachen, erforderte die Suche nach Sündenböcken, die für das hereinbrechende Unglück und die unerklärlichen Schicksalsschläge verantwortlich gemacht werden konnten. In dieser Hinsicht erwies sich die Hexenlehre als Integrationsideologie von besonderer Funktionalität. Sie konnte sowohl genutzt werden, um den zahlreichen Ängsten als Ventil zu dienen, aber auch, um ganz anders gelagerten Interessen, materiellen oder politischen, Geltung zu verschaffen. Wann, wie und warum Hexenprozesse geführt wurden, ist dabei immer den regionalen Besonderheiten unterworfen. Die Tendenz der letzten Zeit geht daher zu kleinräumlich angelegten Untersuchungen, die den lokalen Voraussetzungen eher gerecht werden.[17]

Die Vernichtung Tausender von Menschenleben infolge eines konstruierten Delikts, das nur in den Gehirnen der verunsicherten und verängstigten Zeitgenossen und -genossinnen existierte, ist ein Geschehen, von dem geglaubt werden könnte, es sei in seiner furchtbaren Tragik nicht wiederholbar. Die gerade 50 Jahre zurückliegenden Ereignisse auf deutschem Boden belehren uns eines Besseren. Doch auch das millionenfache Morden von jüdischen und anderen als 'nicht lebenswert' abqualifizierten Menschen hatte bereits historische Vorbilder, die vor den Hexenverfolgungen stattfanden. Zu allen Zeiten und überall gab und gibt es offenbar Gruppen, deren vermeintliche oder tatsächliche Eigenschaften als so andersartig und bedrohlich empfunden werden, daß sie gesellschaftliche Ausgrenzung, Ächtung, ja sogar Verfolgung und Vernichtung rechtzufertigen scheinen. Die Prämissen eines solchen Geschehens gleichen sich in allen Fällen: Die Suche nach Sündenböcken, nach vorgeblich Verantwortlichen für Schicksalsschläge jedweder Art, fungiert stets als psychische Entlastungsstrategie, im Rahmen derer die mutmaßlichen Verursacher von Unglück, Leid, gesellschaftlichen Mißständen und göttlichen Strafgerichten dingfest gemacht und als Quell allen Übels bekämpft werden können. Wer würde sich für diese undankbare Rolle besser eignen als Menschen, die durch ihr Verhalten, ihr Aussehen, ihre Religion von vornherein eine - wenn auch zum Teil unfreiwillige - Ablehnung gesellschaftlicher Normen und Werte demonstrieren? Vorhandene Ängste können so zielgerichtet auf einen bestimmten Personenkreis gerichtet werden; der Versuch der Neutralisierung und Zwangsanpassung der mißliebigen Individuen und ihrer Eigenschaften, der bis zur physischen Vernichtung der Betroffenen reicht, verspricht Besserung des bedrohlichen Zustandes. Diese offenbar kollektive Verhaltensstruktur einer sich verängstigt fühlenden Menschheit respektive Gruppe scheint zudem von universeller Dauer zu sein, denn sie fand ihr Ende weder mit den Hexen- noch mit den Judenverfolgungen der neueren Zeit. Sie setzt sich bis auf den heutigen Tag fort und variiert lediglich in der Wahl des jeweiligen "Mode"-Sündenbocks.

Aus der Geschichte lernen zu sollen oder auch nur zu wollen, ist vermutlich ein im großen und ganzen vergebliches Anmuten. Trotzdem und auch gerade deshalb sind wir es den als "Hexen" und "Zauberern" verurteilten Menschen schuldig, sie nicht als Hunderttausende von namenlosen Schlachtopfern eines scheinbaren Wahns zu vergessen, sie nicht aus der Geschichte zu verdrängen. Als ein Beitrag in eben dieser Intention versteht sich auch die vorliegende Studie.

Fragestellungen und Schwerpunkte der vorliegenden Untersuchung

Das Untersuchungsgebiet Münster steht im Rahmen der bereits angesprochenen Tendenz der letzten Zeit, Hexenverfolgungen und ihre Bedingungen möglichst kleinräumlich zu untersuchen. Münster bietet darüber hinaus den Vorteil, über relativ lückenloses Quellenmaterial zum Prozeßaufkommen zu verfügen, wobei die Zeit zwischen 1552 und 1594 allerdings derartig knapp dokumentiert ist, daß sie für eine Gesamtinterpretation kaum in Frage kommt. Der Befund ist mit 29 Verfahren, in die insgesamt 40 Personen verwickelt waren, recht überschaubar, was eine Auswertung erleichtert.

Das vorliegende Thema ist bereits zweimal bearbeitet worden. Im Jahre 1914 verfaßte Ludwig Humborg eine Dissertation mit dem Titel "Die Hexenprozesse in der Stadt Münster".[18] 1982 nahm Hiltrud Brüggemann das Thema "Die Hexenprozesse in Münster" im Rahmen einer Staatsexamensarbeit wieder auf.[19] Trotzdem erscheint eine dritte Bearbeitung gerechtfertigt, denn "(...) die eigentlichen Münster betreffenden Anklage- und Prozeßvorgänge wegen Hexerei [sind] noch nicht kritisch untersucht worden (...)"[20], wie Ronnie Po-chia Hsia in seiner Arbeit über Gesellschaft und Religion im frühneuzeitlichen Münster konstatiert. Seiner Ansicht kann nur beigepflichtet werden. Humborgs Darstellung setzt sich überwiegend aus Fallbeschreibungen zusammen. In einem weiteren umfänglichen Teil geht er auf die hiesige Verfahrenspraxis ein, wohingegen er den einzelnen Bestandteilen des Hexenglaubens und seiner Verbreitung nur sehr geringen Raum widmet. Etwaige soziale Hintergründe finden überhaupt keine Berücksichtigung. Im übrigen muß Humborg als Vertreter einer eher positivistischen Geschichtsschreibung mit deutlichen Tendenzen zur unkritischen Verherrlichung der Vorgehensweise des Münsteraner Rates eingeschätzt werden. So erfreulich es ist, wenn er die Haltung des Magistrates als "milde und vernünftig" charakterisieren kann und feststellt, daß die "Sonne der Vernunft und der Gerechtigkeit in der Behandlung der Hexenfrage" in Münster schon "verhältnismäßig sehr früh"[21] aufging (wobei die Hintergründe des beobachteten Verhaltens allerdings unbeachtet bleiben), so sehr grenzt es aber auch an menschenverachtenden Zynismus, wenn er den Tod der Marie Brüggers in der Folter ursächlich nicht auf diese selbst, sondern vor allem auf die "schwache Körperkonstitution"[22] der Frau zurückführt. Ein wenig kritischere Distanz erscheint hier durchaus angebracht.

Der inhaltliche Umfang der Arbeit Brüggemanns geht über den von Humborg gesteckten Rahmen kaum hinaus, so daß sich einer dritten Annäherung die Möglichkeit bietet, bisher vernachlässigte Aspekte, für die die vorliegenden Quellen aber durchaus aussagekräftig genug sind, in die Untersuchung mit einzubeziehen.

Die vorliegende Studie besteht aus sechs thematischen Blöcken. Im einleitenden Teil wird die Geschichte der Entstehung und Verbreitung der Hexenlehre kurz dargestellt werden, da auf sie als Basis nicht verzichtet werden kann und sie überdies den zeitlichen und inhaltlichen Rahmen für das Untersuchungsgebiet Münster vorgibt. Daran schließt sich eine knappe Erläuterung des Befundes in den umliegenden Regionen an.

Der zweite Teil der Untersuchung besteht überwiegend aus der Schilderung der Prozeßbeispiele. Die Verfahren bis 1594 wurden dabei wegen der Kürze der Dokumentation und ihrer mangelnden Aussagekraft zusammengefaßt. Gleiches geschah mit denjenigen Prozessen im 17. Jahrhundert, die sich mit Geisterbeschwörung, Wahrsagerei usw. befaßten, sowie mit kürzeren Verfahren, die für die Auswertung weniger in Betracht kommen. Alle Prozesse, die Elemente der Hexenlehre enthielten, werden dagegen ausführlich geschildert, ebenso solche, in denen die Angeklagten zwar nicht als Hexen oder Zauberer überführt werden konnten, die aber aufgrund ihrer Verfahrenspraxis von Interesse sind. Leider ist es so, daß diese Prozesse, die den Rat häufig in Beweisnot stürzten, meist die längsten sind. Kriminalakten von 114 (Fall Heggemann) beziehungsweise 80 (Fall Holthaus) Seiten Länge zuzüglich der Eintragungen in Rats- und Kriminalprotokollen, von denen letztere oft zusätzlich eine erhebliche Länge erreichen, stellen vor das Problem der Selektion. Obwohl diese Fallbeispiele bis auf die wichtigsten Verhöre, Zeugenvernehmungen und Ratsentscheide gekürzt wurden, erreichen sie noch eine beachtliche Länge. Trotzdem ist es ein bewußtes Anliegen der Verfasserin, die Prozesse und die darin verwickelten Personen ausführlich darzustellen, zum einen, weil sich in die Dissertation Humborgs zum Teil Ungenauigkeiten eingeschlichen haben - einige der aufgeführten Fälle erwähnt er überhaupt nicht -, zum andern, weil eine detaillierte Schilderung von Prozeßverläufen in der Literatur recht selten ist. Meines Erachtens gewinnt eine theoretische Aufarbeitung der Thematik jedoch durch die Schilderung von konkreten Fallbeispielen an Transparenz und beugt auf diese Weise eventuellen Fehleinschätzungen vor. Neben den Fallbeispielen wird auf Beleidigungsklagen wegen Zauberei, auf Randdelikte sowie auf Versuche von Lynchjustiz eingegangen werden, um den Rahmen des Zauber- und Hexenglaubens in Münster exakt abzustecken.

Im dritten Teil erfolgt die Schilderung des Verfahrensverlaufs bei Zaubereidelikten in Münster. Auf die rechtlichen Aspekte des Themas kann schon deshalb nicht verzichtet werden, weil sich in ihnen am deutlichsten die Konzeption des Hexereiverbrechens durch die Obrigkeit widerspiegelt. Wichtige Teilbereiche sind dabei die Einleitung des Verfahrens, Art und Häufigkeit der Tortur sowie die Urteilsfindung und -begründung.

Der nachfolgende vierte Teil geht zunächst auf die Elemente des Zauber- und Hexenglaubens ein, wie sie in Münster nach den Prozeßakten vorzufinden waren. Des weiteren soll versucht werden, die für die Verbreitung der Hexenlehre in Frage kommenden gesellschaftlichen Gruppen, Geistlichkeit, Stadtobrigkeit und denjenigen Bevölkerungsteil, in dem die Zaubereiprozesse ganz überwiegend stattfanden, gesondert auf ihre Beteiligung und ihren Einfluß bei der Aufnahme und Verbreitung der Lehre hin zu untersuchen. Das ist nicht ganz einfach, denn direkte Stellungnahmen oder gar schriftliche Traktate zum Thema sind in Münster nicht überliefert. So muß mitunter zwischen den Zeilen gelesen, von kurzen, eher am Rande festgehaltenen Bemerkungen auf Stimmungen, ja Überzeugungen geschlossen werden. Die sich vorwiegend nur aus einer sozialen Gruppe, nämlich dem niederen Bürgertum, zusammensetzende Zeugenschaft reflektiert zudem lediglich einen Bereich des Bevölkerungsspektrums. Alles in allem wird mit diesem Interpretationsversuch von ideologischen Verbreitungsmechanismen unsicheres Terrain beschritten. Die Ergebnisse können daher einen letztendlichen Wahrheitsanspruch nicht erfüllen, stellen aber trotzdem verläßliche und wahrscheinliche Tendenzen dar.

Aus dem diesbezüglichen Untersuchungsbefund ergibt sich dann wiederum im Falle der intellektuellen Elite und eines Teiles der Geistlichkeit die Notwendigkeit einer Erklärung, warum das Hexenmuster in Münster weder intensiv rezipiert wurde noch eine erhöhte Verfolgungsbereitschaft bestand. Letztere war am ehesten in der Bevölkerung zu spüren, in der bis auf wenige Ausnahmen aber niemand vom kirchlich definierten Hexenmuster sprach. Aus diesem Grunde widmen sich die beiden abschließenden Teile der Studie dem gesellschaftlichen und sozialen Umfeld, aus dem die Beklagten, die Kläger und die Klagen selbst erwuchsen. Durch die Auswertung der Personendaten der Zaubereiverdächtigen kann zunächst heraus gefunden werden, wer in Münster vorrangig von einer Zaubereianklage betroffen war. Der Person des Denunzianten gilt ein besonderes Interesse, ebenso seinen Motiven. So wird es möglich, auf der einen Seite Konflikte zwischen Opfer und Denunziant hervorzuheben, die möglicherweise auf der Ebene des Zaubereivorwurfs kulminierten, zum anderen aber auch auf die besondere Funktionalität des Hexenglaubens als Mittel der Krisenbewältigung hinzuweisen.

Dem nachfolgenden letzten Abschnitt fällt daher die Aufgabe zu, die Notwendigkeit der Krisenbewältigung während des Berichtszeitraums für exakt diejenigen Gruppen, die in die Zaubereiprozesse verwickelt waren, zu belegen. Unter Miteinbeziehung weiterer theoretischer Erklärungsmodelle der Hexenforschung kann so ein Gesamtbild der Vorgänge in Münster und ihrer mannigfaltigen Hintergründe entworfen werden. Abschließend sei auf ein Problem verwiesen, welches die bisherige Erforschung der Stadtgeschichte betrifft. Umfassendere Darstellungen liegen nur aus dem letzten Jahrhundert vor,[23] womit aber lediglich eine gewisse Basis besteht, die dringend der Ergänzung bedarf. Es steht zu erwarten, daß dieses Defizit im Rahmen der Vorbereitungen auf das Stadtjubiläum Münsters im Jahre 1993 zu einem erheblichen Teil behoben wird. Der Verfasserin standen zum Zeitpunkt der Erstellung und Überarbeitung der Studie lediglich zwei neuere Publikationen zur Verfügung: Der Ausstellungskatalog "Münster 800-1800"[24] von 1984 sowie die bereits erwähnte Arbeit Ronnie Po-chia Hsias, die zwar nur einen begrenzten Zeitabschnitt unter einer bestimmten Fragestellung untersucht, diesen Komplex aber in außerordentlich ergiebiger und ausführlicher Weise bewältigt. Eine Sozialgeschichte Münsters wurde bislang nicht geschrieben, wäre aber gerade für die Bearbeitung des vorliegenden Themas von großem Wert gewesen.

Kein Mangel herrscht dagegen an theologischer Literatur, die sich im Berichtszeitraum hauptsächlich auf Reformation beziehungsweise Gegenreformation und die diesbezügliche Haltung der jeweiligen Landesherren und der Geistlichkeit in der Stadt konzentriert. Die Hexenverfolgung ist für diese Literatur allerdings kein Thema.

Die Ermittlung eines Gesamtbefundes von Zauber- und Hexenglauben in einer Region samt Ursachen und Hintergründen erfordert einen gewissen Umfang der Darstellung. Um den inhaltlichen Rahmen der Studie nicht vollends zu sprengen, mußten einige Aspekte der Hexenverfolgung und ihrer historischen Aufarbeitung beiseite gelassen oder nur verkürzt erfaßt werden. Dies betrifft zum einen die Hauptverfechter und Protagonisten des Hexenglaubens und deren Werke, aber auch seine Gegner, die es selbstverständlich zu allen Zeiten ebenfalls gab. Zum anderen soll auch das Entstehen der Hexenlehre und ihrer Elemente kein thematischer Schwerpunkt sein.

Der Quellenbefund

Die Quellenbasis für den in Frage kommenden Zeitraum ist alles in allem verhältnismäßig breit und zuverlässig. Das Aktenmaterial liegt im Gegensatz zum übrigen Stiftsgebiet, wo viele Quellen vernichtet wurden, in Münster in fast lückenloser Form vor, so daß von der Gesamterfassung des tatsächlichen Prozeßaufkommens ausgegangen werden kann. Leider wird durch das geringe Ausmaß der Dokumentation der Verfahren bis zum Ende des 16. Jahrhunderts eine tiefgreifende Interpretation der Quellen so gut wie unmöglich.

Nach 1594 ändert sich diese Situation. Zwar fehlen in den Akten hin und wieder Zeugenaussagen oder einzelne Schriftstücke, doch im großen und ganzen ist der Grad der Schriftlichkeit seit der Wende vom 16. zum 17. Jahrhundert erfreulich hoch. Er findet seinen Ausdruck in einer recht komplexen Berichterstattung auf drei Ebenen: Durch Rats- sowie Kriminalprotokolle und in gesonderten Kriminalakten. Hinzu kommen die Gruetamtsrechnungen[25] für den Nachweis der Prozeßkosten.

Das vorliegende Quellenmaterial des 17. Jahrhunderts enthält zahlreiche Hinweise auf die vom Zaubereiverdacht betroffene Person, ihre soziale Lage und ihr alltägliches Leben. Leider gilt dies nicht für die Gegenseite in den Prozessen, nämlich die Ankläger und Richter, wodurch eine Gesamteinschätzung des Befundes sicherlich beeinträchtigt wird. Ergiebiger sind die Quellen dann wieder, wenn es um Elemente des Zauber- und Hexen-, vor allem aber des Volksglaubens geht. Hier können interessante und bedeutsame Unterschiede zwischen dem sogenannten 'gelehrten' Hexenmuster der intellektuellen Elite und dem Zauberglauben der Angeklagten und der Zeugen beobachtet werden. Alles in allem erlaubt die Quellenlage eine schlüssige Argumentation im Bereich des materiellen, aber auch ideellen Befundes.

Das Problem dieser wie vieler Quellen besteht natürlich in ihrer Authentizität. Die uns heute vorliegenden Akten geben in komprimierter Form das wieder, was ihre Verfasser, Sekretäre und Protokollanten, für die Essenz der jeweiligen Verhöre, Zeugenaussagen und Sitzungen hielten. Die exakte Niederschrift einer ungekürzten wörtlichen Rede ist die seltene Ausnahme, womit Lücken oder Unterlassungssünden in der konkreten Wiedergabe möglich und wahrscheinlich werden. Wo selektiv gearbeitet wird, muß gekürzt werden; was aber der Protkollant für nebensächlich hielt und wegließ, kann für die übrigen Prozeßbeteiligten von ganz anderer, ungleich größerer Bedeutung gewesen sein. Eigene Stellungnahmen etwa von Angeklagten oder Zeugen fehlen, wohl auch deshalb, weil sie häufig nicht schreiben konnten. So sprechen alle am Verfahren Beteiligten, vor allem aber eben auch die 'Hexen' selbst, nur indirekt über eine dritte Person zu uns.

Daneben müssen die besonderen Umstände der Prozeßsituation beachtet werden. Zwischen den Angeklagten und Zeugen auf der einen sowie den Vertretern des Stadtgerichts auf der anderen Seite bestand ein erhebliches Hierarchiegefälle, das die gesellschaftlich schlechter gestellte Partei sich vermutlich häufig befangen fühlen und unsicher verhalten ließ. Ganz bestimmt gilt dies für die verdächtigten Frauen und Männer selbst, die sich in einer außerordentlichen psychischen Streßsituation befanden: Sie sahen sich unverschuldet einer Anklage ausgesetzt, die ohne weiteres Folter und Tod für sie bedeuten konnte. So verwundert es nicht, wenn einige der Unglücklichen nur mit kopfloser Angst reagierten. Außerdem darf nicht vergessen werden, daß alle beteiligten Parteien aus zwar unterschiedlichem, doch jeweils wohlbegründetem Interesse mitunter die Unwahrheit gesagt, falsches Zeugnis abgelegt haben. Gelegentlich, aber nicht immer, kann dieses vor allem bei den Zeugen und Denunzianten zu beobachtende Verhalten durchschaut werden; auch das ein weiterer Faktor, der die Zuverlässigkeit der Quellenausagen beeinträchtigt.

Das alles erschwert die Bestimmung der Alltagsbedeutung des Hexenglaubens und seiner "handlungs- und einstellungsrelevanten Konkretisierung auf der Ebene des Alltagsbewußtseins"[26], wie Claudia Honegger schreibt. Der Versuch einer Einschätzung des Ausmasses, in dem Zauberglaube und Hexenfurcht die Menschen der frühen Neuzeit in ihrem Denken, Handeln und Tun beeinflußten, erhält somit den Charakter des Unwägbaren, des Sich-Bewegens auf ideengeschichtlich unsicherem Boden. Da uns wahre Erkenntnis der Historie jedoch letztlich immer verwehrt sein wird, sei diese Einsicht in eine generelle Unzulänglichkeit geschichtlichen Arbeitens neben dem Wunsch, die 'Hexen' aus der Anonymität, der Vergessenheit hervorzuholen, der Studie als zweites Anliegen vorangestellt.

"Alte Vettel mit Hilfsgeist", Hans Burgkmair,
"Weißkunig"-Holzschnitt, 1512.

Zur Geschichte und Verbreitung des Zauber- und Hexenglaubens

Die historische Entwicklung der Hexenlehre und ihrer Elemente sowie ihre Verbreitungsgeschichte in Europa sind keine von der Forschung vernachlässigten Themen; Darstellungen liegen in zahlreicher Form vor. Da es zudem kein Anliegen der vorliegenden Studie ist, diese Entwicklung explizit darzustellen, sollen einleitend als Basis der nachfolgenden Ausführungen lediglich die Grundzüge des Hexenglaubens und seiner Verbreitung aufgezeigt werden. Um daneben die regionale Besonderheit des Untersuchungsgebietes Münster herauszustreichen, wird kurz auf die entsprechenden Befunde des übrigen Stifts sowie der umliegenden Regionen verwiesen werden.

Der Glaube an Hexen - Entstehung, Verbreitung und Inhalte

Der Glaube an Zauberer und Hexen, an Magie und das, was angeblich mit ihr bewirkt werden kann, ist weder an bestimmte Zeiten noch an regionale Grenzen gebunden. Der römisch-italienische Kulturkreis kannte ihn ebenso wie der jüdische und der keltisch-germanische.[1]

Da die Grundlage der Zauberei häufig in der Anrufung böser Dämonen gesehen wurde, setzte die Verfolgung des vermeintlichen Schadenszaubers schon früh ein. Bereits das Alte Testament bestimmte: "Die Zauberer sollst Du nicht leben lassen."

Auch der germanische Kulturkreis, dessen Hexenbegriff sich aus altem Zauber- und Gespensterglauben zusammensetzte, bestrafte die schädliche Zauberei. Zum Deliktbegriff gehörten "Tötung oder Gesundheitsschädigung durch Gift, Liebeszauber, Bewirkung von

Zeugungsunfähigkeit oder Unfruchtbarkeit, Tötung oder Schädigung fremder Haustiere, Wetter- und Erntezauber"[2], mitunter auch Bildzauber, die Verhexung der Milch und das Entdecken von Dieben. Daneben glaubten die Menschen an die Fähigkeit der Zauberer und Hexen zum Flug und zur Tierverwandlung.

Schon früh nahm sich die christliche Kirche des Zauberglaubens an. Der Kirchenvater Augustinus entwarf noch in der Spätantike eine Lehre, in der er "Aberglauben als Abfall von Gott durch den Pakt mit den Dämonen"[3] kennzeichnete, und legte damit den Grundstein des frühneuzeitlichen Hexenwahns. Bis in das 13. Jahrhundert hinein waren die christlichen Heilsverkünder allerdings überwiegend darum bemüht, den volkstümlichen Glauben an die Zauberei als Aberglauben zu bekämpfen. Ihre Haltung war durch die Einschätzung des 'Canon episcopi' aus karolingischer Zeit bestimmt:

> "Im Canon wird festgestellt, daß alles, was an zauberischen Vorstellungen in den Köpfen der um das Jahr 900 noch nicht lange katholisierten Bevölkerung vorhanden ist, auch ausschließlich dort existiert. (...), die Vorstellung, es gebe Zauberei, sei 'von Grund auf falsch' und 'solche Blendwerke' rührten 'nicht vom göttlichen, sondern vom teuflischen Geist' her".[4] Gegen Zuwiderhandelnde, die wahrsagten, Träume deuteten, Liebestränke herstellten und das Wetter beeinflußten, verhängte der Klerus Kirchenstrafen nach den Maßgaben der zeitgenössischen Poenitentialbücher. Die bedeutendsten dieser Bußbücher waren die 'Decreti' des Wormser Bischofs Burchard, der den Glauben an die verbreiteten volkstümlichen Zauberelemente strikt ablehnte.[5]

Am Ende des 12. Jahrhunderts setzte ein langsamer Wandel in dieser Haltung ein. Die sich verändernde Einstellung zur Zauberei wurde durch zwei Faktoren entschieden begünstigt und vorangetrieben: Das Auftreten zahlreicher häretischer Sekten stürzte die Kirche in eine Legitimitätskrise, der sie mit den Mitteln der Inquisition zu begegnen suchte; zudem hatte die Priesterschaft begonnen, sich den traditionellen Zauberglauben anzueignen, jedoch unter Hinzufügung der notwendigen Voraussetzung des Teufelspaktes. Diese unheilvolle Verknüpfung geschah durch die Theoretiker der Scholastik. Als führende theologische Autorität des 13. Jahrhunderts entwarf vor allem Thomas von Aquin ein "durchdachtes System der Dämonologie"[6], das den Glauben an das Bündnis mit dem Teufel, den Flug, die Teilnahme am Sabbat und die Buhlschaft mit dem Widersacher Gottes als Realität festschrieb und damit 'wissenschaftlich' fundierte. Da jedwede Zauberei nunmehr den Abfall von Gott voraussetzte, wurde sie in der Folgezeit als Religionsdelikt verfolgt und geahndet.

Nachdem innerkirchlich die Realität von Hexen und Zauberern nicht mehr bestritten, sondern als offizielle Lehre verkündet wurde, trat in Gestalt der energisch vorangetriebenen Ketzerinquisition der entscheidende, wegbereitende Faktor zur massenhaften Hexenverfolgung hinzu. Bereits in den Vernichtungsfeldzügen gegen die Häretiker des 13. Jahrhunderts, speziell im Fall der Katharer-Bewegung in Südfrankreich, konstruierten die Inquisitoren einen Zusammenhang zwischen Ketzerei und Zauberei, indem sie den katharischen Ritus mit Elementen der Teufelsverehrung in Verbindung brachten. Gleichwohl war es zunächst nicht ihre päpstlich definierte Aufgabe, Zauberer zu verfolgen. Dies änderte sich während des Pontifikats "des extrem zaubergläubigen greisen Papstes Johannes XXII.", der in der 1326 erlassenen Bulle "Super illius specula" die Hexerei der Häresie gleichsetzte und die Befugnis zu ihrer Verfolgung erteilte.[7] Die Anwendung des inquisitionsrechtlichen Beweisverfahrens - der Folter - auf das Zaubereidelikt förderte die Konzeption des Sektencharakters der neuentdeckten Häresie, denn durch die brutale physische Gewalt konnten fast immer Geständnisse erpreßt werden. Auch die Fragen der Richter nach Mittätern und -täterinnen wurden vermöge dieses Druckmittels überwiegend positiv beantwortet, wodurch Kirche und Obrigkeit ihre Vorstellung vom Hexensabbat als kollektiver Teufelsverehrung bestätigt sahen.

Die aufgezeigte Entwicklung war nicht das Werk weniger Jahre. Die kirchliche Lehre vom Kumulativ-Begriff der Hexe stieß auf Kritik und mangelnde Rezeptionsbereitschaft auch in den eigenen Reihen. Der Endpunkt ihrer 'wissenschaftlichen' Ausformulierung war erst am Ende des 15. Jahrhunderts mit der Bulle "Summis desiderantes" des Papstes Innocenz VIII. vom Dezember 1484 erreicht, in der auf Veranlassung der beiden oberdeutschen Inquisitoren Jacob Sprenger und Heinrich Institoris die Bekämpfung der hexischen Untaten angeordnet wurde, sowie mit dem drei Jahre später von den beiden Genannten veröffentlichten 'Hexenhammer', der die systematische Ausarbeitung des Hexenglaubens festschrieb.[8] Die beiden Dokumente repräsentieren allerdings nicht den theoretischen und praktischen

Höhepunkt der Hexenverfolgung, denn die massenhafte Vernichtung der Teufelsbündnerinnen auf deutschem Boden begann erst etwa ein Jahrhundert später. Sie stehen "eher für die Schwierigkeiten, den Mitgliedern der Kirche und der feudalen Gesellschaft eine Bedrohung durch Hexerei und die Notwendigkeit von Gegenmaßnahmen überhaupt erst glaubhaft zu machen".[9]

Der 'Malleus Maleficarum'[10], das "unglaubliche Monstrum voll geistiger Sumpflust"[11], wie Joseph Hansen schrieb, der bis 1669 insgesamt 29 Auflagen erlebte, befaßte sich in drei Teilen mit der Existenz der Hexen, ihrer Natur und ihren schädigenden Wirkungen. Er gab Gegenmittel gegen Zauberei an und lieferte schließlich im dritten Teil eine ausführliche Anleitung, wie Hexenprozesse zu führen sein. Ein besonderes Anliegen des 'Hexenhammers' bestand darin, nicht nur den Nachweis zu erbringen, daß die neue Lehre gut katholisch sei, sondern auch gleichzeitig festzuschreiben, daß bereits der Zweifel an ihr den Tatbestand der Ketzerei erfüllte: "Haeresis est maxima, opera maleficarum non credere".[12] Das spezielle 'Verdienst' des 'Malleus Maleficarum' liegt darüber hinaus zum einen in der Zuspitzung des Hexereidelikts auf das weibliche Geschlecht, zum anderen in der Herausstreichung seines Charakters als 'crimen exceptum'. Institoris und Sprenger waren deutlich darum bemüht, Hexerei als 'außerordentliches Verbrechen' zu klassifizieren, legitimierte dies doch besondere verfahrensrechtliche Prinzipien wie die geheime Denunziation und die Aufhebung aller Grenzen bei der Anwendung der Folter.[13] Durch die Inanspruchnahme auch der weltlichen Gerichtsbarkeit zur Verfolgung der Hexen förderten die beiden Inquisitoren zudem die juristische Sichtweise der Hexerei 'crimen mixti fori'. Am Endpunkt seiner theoretischen Ausformulierung implizierte das Hexenverbrechen vier Tatbestände: Gotteslästerung, Schadenzauberei, Sodomie und Ehebruch beziehungsweise Kuppelei.[14]

Durch die Festschreibung dieses Deliktbegriffs, der nicht mehr nur zum klerikalen Jurisdiktionsbereich gehörige Verbrechen umfaßte, wurden nun auch die weltlichen Strafverfolgungsinstanzen in die Pflicht genommen, die bis zu diesem Zeitpunkt überwiegend nur die schädliche Zauberei verfolgten, nicht aber die versuchte oder die nichtschadenstiftende Zauberei ahndeten. Noch um 800 bestrafte ein Kapitular Karls des Großen allerdings den Glauben an die Existenz von Zauberern mit dem Tode.[15] Später wirkte sich der kirchliche Einfluß auf die Rechtsspiegel des Mittelalters aus. Die 'Treuga Henrici' von 1224, die auf würzburgischem Territorium erlassen wurde, sah erstmals einen Zusammenhang zwischen Ketzerei und Zauberei, überließ die Strafbestimmung für geständige Täter jedoch dem Ermessensspielraum des Richters.[16] 'Sachsenspiegel' (1225) und 'Schwabenspiegel' (1275) hielten dagegen den Feuertod bei erwiesener Zauberei für angemessen. Letzterer setzte bereits den Teufelspakt als Grundlage der Zauberei voraus.

Die 1532 erlassene 'Constitutio Criminalis Carolina' Kaiser Karls V., auch 'Carolina' genannt, basierte auf der Bamberger Halsgerichtsordnung von 1507 und schrieb gleich ihr den Feuertod für schadenstiftende Zauberei fest. Die 'Carolina' steht für eine Vereinheitlichung der Strafverfolgung allgemein, da sie im gesamten Reichsgebiet Gültigkeit besaß. Mit ihr setzten sich ferner die Prinzipien des Inquisitionsprozesses durch, der durch die Offizialmaxime in der Anklageerhebung (das heißt, ein Verfahren wird von Amts wegen und nicht auf die Initiative einer betroffenen Einzelperson hin eingeleitet) und das Beweismittel der Folter gekennzeichnet ist.[17]

Bis zum Erscheinen des 'Malleus Maleficarum' und der Tätigkeit seiner Verfasser kamen auf deutschem Boden Ketzereiprozesse gegen Zauberer und Hinrichtungen aufgrund von Schadenzauberei nur in Einzelfällen vor.[18] Die intensive Verfolgung der vermeintlichen Hexen konzentrierte sich zu Beginn des 14. Jahrhunderts zunächst auf Südfrankreich, später auf Oberitalien; sie war das alleinige Resultat inquisitorischer Tätigkeit. Im Verlauf des ausgehenden 14. und beginnenden 15. Jahrhunderts griffen die Prozesse auf Nordspanien, Ost- und Westfrankreich und die Schweiz über. Danach stagnierte die Prozeßbewegung zunächst. Seit etwa 1560 begann sich dann der zentraleuropäische Raum inklusive des deutschen Reichs zur Hochburg der massenhaften Hexenprozesse zu entwickeln. Diese Periode dauerte bis ungefähr 1630 an, wobei die Verfolgung nicht konstant, sondern in Wellenbewegungen geschah. Besonders ausgeprägte Höhepunkte verzeichnen die Jahre 1590, 1630 und 1660, wobei der mittlere "am ehesten einer wirklich punktuellen Spitze"[19] entspricht. Die verfolgungsintensivsten Regionen waren außer Lothringen, Kurtrier, Kurmainz und Westfalen die fränkischen Hochstifte in den Jahren 1626-1630, in denen die "vermutlich größte deutsche Hexenverfolgung, vielleicht sogar die größte Hexenverfolgung überhaupt"[20] mehrere Tausend Opfer forderte.

Konkrete Angaben über die Zahl der Verurteilten sind nur sehr schwer möglich, da zahlreiche Prozeßunterlagen vernichtet wurden oder noch nicht ausgewertet sind. So schwanken die Zahlen zwischen

100.000[21] und mehreren Millionen[22] Opfern, die zu etwa 75 Prozent weiblichen Geschlechts waren.

Ab der zweiten Hälfte des 17. Jahrhunderts ging die Zahl der Prozesse langsam, aber stetig zurück. Die letzte Hinrichtung einer Hexe auf deutschem Boden wurde 1775 in Kempten im Allgäu, in ganz Europa 1782 im schweizerischen Glarus vollzogen.[23] Die Ursache für das Nachlassen der Verfolgungsbereitschaft wird häufigem Wirken aufgeklärter Zeitgenossen und dem Einfluß ihrer Werke zugeschrieben, in denen sie sich gegen die Prozesse selbst sowie gegen den ungehemmten Gebrauch der Folter wandten.[24] Als besonders einflußreich galten dabei die Schriften von Balthasar Becker (1681) und Christian Thomasius (1701), wobei jedoch übersehen wird, daß diese erst nach Beendigung der großen Verfolgungen erschienen.[25] Andere Ansätze verweisen auf die Bevölkerungsverluste und den wirtschaftlichen Zusammenbruch durch den Dreißigjährigen Krieg[26] sowie die desillusionierende Wirkung von Massenprozessen, die eine Krise des Vertrauens in die Justizbehörden zur Folge hatte. In diesem Zusammenhang spricht Midelfort von der Disfunktionalität der Hexenprozesse, die, anstatt Verdrängungsängste der den Schadenzauber fürchtenden Bevölkerung zu kompensieren, massive Paniken auslösten, sobald sie einen alle soziale Zusammenhänge sprengenden Massencharakter annahmen.[27]

Insgesamt sollte von einem Zusammenwirken sehr verschiedener historischer Faktoren ausgegangen werden, deren wichtigste im Bereich von Religion, Philosophie, Territorial- und Sozialpolitik zu suchen sind. Sie führten zu wachsenden Zweifeln "an Sinn und Zweck der Hexenjagden bei jenen politischen und sozialen Gruppen, die das Gerichtswesen beherrschten"[28] und die mit ihrer Haltung den nach wie vor in der Bevölkerung existierenden Zauberglauben und die Bereitschaft, Zauberer zu verfolgen, eindämmten.

Die Hexenverfolgungen im Münsteraner Umland

Ein Einfluß benachbarter Territorien auf die Praxis der Hexenverfolgung einzelner Regionen kann mitunter durchaus nachgewiesen werden.[29] Daher ist eine kurze Untersuchung der diesbezüglichen Verhältnisse im münsterischen Umland von besonderem Interesse.

Der Befund in den in Frage kommenden Gebieten ist dabei uneinheitlich. Die sich im Norden und Westen anschließenden Territorien der Herzogtümer Jülich, Kleve und Berg und der nördlichen Niederlande waren keine Zentren der Verfolgung; in Holland endeten die Prozesse zudem bereits sehr früh.[30] In Niedersachsen wurden Hexen verfolgt, wenn auch in geringerem Ausmaß.[31] Eine Ausnahmestellung kommt der Stadt Osnabrück zu. Hier fanden zwischen 1561 und 1639 in mehreren großen Wellen über 250 Menschen den Tod.[32] Im gesamten Hochstift Osnabrück blieb die Zahl der Verfolgten zwischen 1538 und 1669 mit insgesamt 90 Personen, von denen 53 hingerichtet wurden, dagegen wesentlich geringer.[33] Die Perioden der größten Verfolgung (um 1560, 1583-92, 1636-39) stimmten dabei in etwa überein.[34]

In den östlich und vor allem südlich gelegenen Territorien verdichtet sich dagegen der Befund. Sowohl die Grafschaften Schaumburg als auch Lippe waren Schauplätze von Massenprozessen, die zahlreiche Opfer forderten. Für Schaumburg ermittelte G. Schormann eine Zahl von 313 Betroffenen zwischen 1552 und 1681, für Lippe 221 Angeklagte zwischen 1550 und 1686. Dazu kommt die Stadt Lemgo, die eine eigene Blutgerichtsbarkeit ausübte, mit 209 nachweisbaren Prozessen zwischen 1564 und 1681.[35] Im Stift Minden wurden etwa 100 Personen als Zauberer und Hexen hingerichtet, in der Stadt Minden selbst zwischen 1603 und 1648 126 Personen. Für die Grafschaft Ravensberg ermittelte Schormann 41 Angeklagte, von denen er allerdings annimmt, daß sie nur ein Teilspektrum des Gesamtprozeßaufkommens repräsentieren.[36]

Im Hochstift Paderborn begannen die Hexenverfolgungen bereits um 1500, also vergleichsweise früh. Die Zahl der dort nachweisbaren Verfahren schätzt Rainer Decker auf etwa 220. Der Höhepunkt der Verfolgungen lag um 1631.[37]

"Das Herzogtum Westfalen war eine Hochburg der Hexenprozesse, sowohl was die Anzahl der nachweisbaren Verfahren (ca. 1100) als auch ihre Härte (Hinrichtungen in mindestens 80% der Fälle) angeht."[38] Mit Westfalen liegt eine absolute Kernzone der Hexenverfolgung in Deutschland vor; hier wie auch andernorts wurden die meisten Prozesse um 1630 geführt.

Eine Einschätzung des Befundes für das Stift Münster fällt schwer, da die entsprechenden Akten zum allergrößten Teil vernichtet wurden. Nach Bernhard Niehues[39] begannen die Prozesse im Fürstbistum relativ spät; den frühesten Fall siedelte er im Jahre 1565 an. Bis zum Amtsantritt der wittelsbachischen Fürstbischöfe Ernst (1585) und Ferdinand (1612) zeichnete sich das Verhältnis der Landesherren zum Hexenprozeß eher durch Mäßigung aus. In den nachfolgenden Jahren stieg die Zahl der Verfahren an, wobei die gegenreformatorischen Bemühungen der entschieden katholischen Fürstbischöfe und das hierdurch erzeugte geistige Klima eine nicht unbedeutende Rolle gespielt haben dürften.[40] Schormann legt Zahlen aus Davensberg, einem Gericht des Oberstifts, vor, nach denen zwischen 1593 und 1647 66 Angeklagte in Hexenprozesse verwickelt waren.[41] Zusammen mit Einzelbelegen aus weiteren Orten des Stifts läßt sich ein Bild zeichnen, das eine zeitliche Konzentration der Verfahren in den beiden letzten Jahrzehnten des 16. und in der ersten Hälfte des 17. Jahrhunderts verdeutlicht. Nach 1650, dem Amtsantritt Christoph Bernhards von Galen, verringerte sich die Zahl der Prozesse auf Einzelverfahren gegen Heiler und Wahrsager.[42]

Zusammenfassend kann also festgehalten werden, daß in den meisten der angrenzenden Territorien Hexenprozesse verbreitet waren; an seiner Südgrenze stieß das Stift Münster dabei mit dem Herzogtum Westfalen an eine der Kernzonen der Hexenverfolgung auf deutschem Boden.

Zaubereiprozesse in der Stadt Münster

Der zeitliche Rahmen

Der erste Zaubereiprozeß auf münsterischem Boden läßt sich für das Jahr 1552 nachweisen. Sowohl Humborg[1] wie auch Offenberg[2] stellen die Möglichkeit in Aussicht, daß bereits vor diesem Zeitpunkt Prozesse stattfanden, deren Quellenmaterial jedoch nicht mehr vorliegt. Dies wäre deshalb denkbar, da während der Wiedertäuferzeit eine Vernichtung von entsprechenden Akten nicht ausgeschlossen werden kann. Für die Erstmaligkeit des Prozesses spricht jedoch die Tatsache, daß für das Verhör der vermeintlichen Zauberin ein Scharfrichter aus Paderborn angefordert wurde. Wie aus den städtischen Kämmereirechnungen des betreffenden Jahres hervorgeht,[3] befand sich 1552 aber durchaus ein Scharfrichter im Dienst der Stadt. Möglicherweise wurde dieser nun nicht für kompetent genug gehalten, das Verhör sachgemäß zu leiten. Sein Berufskollege aus Paderborn wäre somit mangels eigener Erfahrung quasi in Amtshilfe nach Münster beordert worden. Bei einem Scharfrichter aus dem Stift Paderborn konnten derartige Erfahrungen ohne weiteres vorausgesetzt werden, denn dort begann die Verfolgung von Zauberern und Hexen bereits wesentlich früher. Die Hinzuziehung eines Ortsfremden, die im übrigen einmalig blieb und sich später nicht wiederholte, könnte daher durchaus als Beleg für die Erstmaligkeit eines Zaubereiprozesses in Münster gewertet werden, da sie andernfalls nicht erforderlich gewesen wäre.

Der letzte Prozeß fand in Münster im Jahre 1644 statt. Die Gründe, warum die Münsteraner Bevölkerung nicht mehr bereit war, in einem Maße wie zuvor an Hexen und Zauberer zu glauben und sie zu verfolgen, sind hier wie andernorts vielfältig; teils handelt es sich dabei um Faktoren von allgemeingültiger Bedeutung, teils um lokale Spezifika. Die erste Gruppe wurde bereits angesprochen; welche speziellen Gründe gerade in Münster zur Beendigung der Zaubereiprozesse geführt haben, soll später ausgeführt werden.

Innerhalb des zeitlichen Rahmens, währenddessen in Münster gegen Zaubereiverdächtige prozessiert wurde, müssen zwei Zäsuren gesetzt werden. Die erste betrifft alle Verfahren, die vor 1594 stattfanden; sie sind derartig knapp dokumentiert, daß über die jeweiligen Einzelfälle kaum Aussagen gemacht werden können. Ihre Darstellung erfolgt daher nur in einer kurzen Zusammenfassung. Als zweiter Einschnitt tritt die Phase zwischen 1627 und 1635 hervor. Sie ist gekennzeichnet durch eine auffällige und deutliche Zunahme des Prozeßaufkommens, die dazu zwingt, diesen Zeitraum gesondert zu betrachten und ihm besondere interpretatorische Aufmerksamkeit zukommen zu lassen.

Andersartige Zäsuren, bedingt etwa durch den Dreißigjährigen Krieg oder den Beginn der Gegenreformation in Münster, kommen nicht in Betracht.

Die jurisdiktionelle Zuständigkeit

Die gerichtliche Zuständigkeit im Bereich des peinlichen Strafrechts - und damit der Zauberei - lag im Berichtszeitraum ausschließlich in den Händen des Münsteraner Stadtrates. Verantwortlich für die Durchführung der Ermittlungen sowohl gütlicher als auch peinlicher Art waren die jeweils zwei Richtherren, die aus dem Kreis der 24 Ratsmitglieder gewählt wurden. Diese Situation ist nicht als selbstverständlich zu begreifen. Sie war Ausdruck des städtischen Strebens nach Macht und Selbständigkeit. Der Werdegang der jurisdiktionellen Verantwortlichkeit sei daher hier kurz skizziert.

Münster erhielt um 1170 Stadtrecht und gelangte damit in den Machtbereich episkopaler Rechtsprechung.[4] Sie wurde zunächst durch einen Villicus oder Schulten im Bispinghof, ab dem 13. Jahrhundert dann durch den vom Fürstbischof ernannten Stadtrichter, der einem Schöffenkollegium vorstand, ausgeübt. Dieses Gremium nahm sowohl gerichtliche als auch kommunale Aufgaben wahr.

"Seit dem 12. und 13. Jahrhundert gelang es der Stadt zunehmend, die Rechte des Stadtherren zu übernehmen."[5] Im Zuge der Autonomiebestrebungen der wachsenden Kommune entstand zunächst die Einrichtung der beiden städtischen 'iudices civitatis' oder auch Beisitzer, die seit 1255 urkundlich belegt sind. Sie sind die Vorgänger der Richtherren, denen im Berichtszeitraum die Durchführung der Zaubereiprozesse oblag,[6] und bildeten zusammen mit den Richtern und den Schöffen das Stadtgericht. Die 'iudices civitatis' wurden aus dem Kreis des Rates, der sich nach G. Schulte aus dem früheren Schöffenkollegium herausbildete, gewählt;[7] an dessen Spitze standen seit 1268 ergänzend zum bischöflichen Stadtrichter zwei Bürgermeister. So gingen nach und nach die Funktionen des bischöflichen Gerichts bis auf die leitende Position des Stadtrichters in städtische Hände über. Mit der Zeit bildete sich ein reines Ratsgericht heraus, das eine völlige Unabhängigkeit vom Landesfürsten anstrebte. Der Rat erlangte bereits im 13. Jahrhundert einen Teil der Zivilgerichtsbarkeit in der Stadt, später durch "die Befugnis, Verhaftungen vorzunehmen, die Entscheidung darüber zu fällen, ob man gegen jemand strafrechtlich vorgehen dürfe, ja mitunter (...), Gerichtstage anzusetzen",[8] auch erheblichen Einfluß auf das Kriminalstrafrecht. Gleichwohl blieb es dem bischöflichen Richter vorbehalten, Todesurteile zu fällen.

Reibungen blieben nicht aus: "Die meisten Streitigkeiten entstanden um die geistliche und um die kriminelle Gerichtsbarkeit".[9] Die Geistlichkeit und die von ihr in der Stadt beanspruchten Territorien, die Immunitäten, waren exempt, das heißt von der städtischen Gerichtsbarkeit ausgeschlossen; umgekehrt durften die münsterischen Bürger nicht von einem geistlichen Gericht belangt werden. 1558 erhielt der Rat jedoch vertraglich das Recht, geistliche Personen zu verhaften, die in der Stadt bei Verbrechen, die üblicherweise Leib- und Lebensstrafen nach sich zogen, ergriffen wurden.[10]

Weitere beiderseitige Eingriffe in tatsächliche oder auch nur angemaßte Rechte blieben nicht aus, da städtisches Selbstbewußtsein und bischöfliche Herrschaftsansprüche sich diametral gegenüberstanden. Die letzte Bastion vor der absoluten Unabhängigkeit des Ratsgerichts blieb der Stadtrichter, dem nach wie vor der Vorsitz im Gericht zukam. Im Jahre 1574 setzte sich der Rat erstmals über diese Regelung hinweg, als der bischöfliche Richter gerade verstorben und sein Nachfolger noch nicht ernannt worden war.[11] Man wartete seitens der Stadt nicht bis zur Wiederbesetzung der Stelle, sondern verurteilte einen mehrfachen Taschendieb unter Vorsitz der städtischen Richtherren. Diese Praxis, die natürlich zu Streitigkeiten mit dem Landesherrn führte, wurde in den nachfolgenden Jahren ausgebaut. Seit 1592 vernahm der Rat Zeugen ohne Hinzuziehung des Stadtrichters, dem nur noch der formelle Vorsitz des Gerichts blieb. Nachdem ihm dieser durch Anordnung des Landesherrn mit dem Hinweis auf den Verstoß gegen die peinliche Gerichtsordnung verboten wurde, ging die Leitung ganz auf die Richtherren über. 1599 dann lehnte es der Richter auch ab, den peinlichen Gerichtstag anzukündigen. "Die Folge war, daß an diesem Tag und auch in den folgenden Jahren der Magistrat die peinlichen Gerichte allein, ohne die Zuziehung des Stadtrichters, abhielt".[12]

Während des Zeitraums, in dem die Münsteraner Zaubereiprozesse stattfanden, lagen somit folgende Rechtsverhältnisse in der Stadt vor:

Sämtliche Amtshandlungen während eines Verfahrens oblagen allein dem Ratsgericht, das sich jedwede Einmischung in seinen angenommenen Kompetenzbereich verbat. Der Fürstbischof als Landesherr und der Stadtrichter als sein Stellvertreter besaßen zumindest juristisch gesehen keinerlei Möglichkeit des Eingreifens in den Ablauf der Verfahren. Damit waren sie einer sehr bedeutenden Vorraussetzung beraubt, aktiv auf das Geschehen Einfluß zu nehmen oder auf diesem Wege auf eine Meinungsbildung in der Stadt hinsichtlich des Hexenglaubens einzuwirken. Dieser Umstand hat vermutlich nicht unwesentlich zum Verlauf der Ereignisse beigetragen und darf als bedeutsamer Faktor zum Verständnis der Münsteraner Verhältnisse nicht unberücksichtigt bleiben.

Außer der lokalen besaß die Stadt in fünfzehn Orten in der Umgebung die Frei- (= niedere) Gerichtsbarkeit; sie war darüber hinaus bis 1661 mit dem Gogericht (= hohe und niedere Gerichtsbarkeit) in Senden belehnt.[13] Aus diesem Grund enthalten die Akten gelegentlich auch Fälle von Zaubereiverdacht, die nicht in Münster ansässige Personen betrafen.

Hexen und Zauberer in Münster - Ereignisse und Prozesse

1552-1594

In der Zeit von 1552 bis 1594 verhandelte das Ratsgericht von Münster nachweisbar gegen neun Personen wegen Zaubereiverdachts.[14] Betroffen von den Verfahren waren acht Frauen und ein Mann: die Kottersche im Jahre 1552,[15] die Meyersche tho Bruninck, die Molnersche und die Krumfingersche 1574,[16] Elske Voegt 1580,[17] Barbara Koepe 1583,[18] die Botter Gese 1585[19] und das Ehepaar Claus und Grete Gerling 1593[20]. Über konkrete Vorwürfe gegen die genannten Personen wird außer der Tatsache, daß der Rat sie "venefitij halb", das heißt wegen Zauberei beziehungsweise Giftmord beschuldigte, nichts bekannt. Genausowenig erfahren wir über die Angeklagten selbst. Die persönlichen Daten und Lebensumstände der Zaubereiverdächtigen bleiben unerwähnt, ja mehrfach hielt es der städtische Schreiber nicht einmal für notwendig, den vollständigen Namen der Frauen festzuhalten. Die wenigen Informationen, die er übermittelt, reichen nicht aus, um ein Persönlichkeitsbild der Angeklagten zu entwerfen oder die näheren Umstände des Prozeßverlaufs zu rekonstruieren. Viel mehr, als daß überhaupt Prozesse stattfanden, läßt sich heute nicht mehr belegen.

Ganz ohne Informationen bleiben wir dennoch nicht. So erschien dem damaligen Stadtsekretär Pagenstecher unter anderem der Umstand erwähnenswert, daß Elske Voegt gebürtig aus Rinkerode stammte, die Botter Gese hingegen aus Senden und das Ehepaar Gerling aus Laer beziehungsweise Darup. Elske Voegt bezeichnet er zudem "coniunx", das heißt sie war entweder verlobt oder verheiratet. Der Familienstand der übrigen Beklagten bleibt hingegen ungenannt.

Ebensowenig wird ersichtlich, auf welche Weise die beschuldigten Personen ihren Lebensunterhalt bestritten, ob sie einen Beruf ausübten oder ob sie lediglich zu den Stadtarmen und Bettlern zu zählen waren. Lediglich Claus Gerling wird von Pagenstecher als "Altlepper" (Flickschuster) bezeichnet. Da das städtische Gruetamt jedoch in fast allen Fällen für die Prozeßkosten aufkam, die Angeklagten also außerstande waren, diese selbst zu tragen, können sie mit einiger Berechtigung als minderbemittelt eingestuft werden.

Auch über Anlaß und Verlauf der Prozesse geben die Quellen kaum Aufschluß. Bei drei Personen ist die Anordnung und Vornahme der Tortur nachweisbar, bei drei weiteren kann sie vermutet werden. Die Botter Gese starb in der Haft, vermutlich infolge der erlittenen Folter.

Sogar über das Urteil selbst herrscht zuweilen Unklarheit. Die Meyersche tho Bruninck und die Molnersche starben auf dem Scheiterhaufen, nachdem sie in der Folter gestanden hatten, Zauberinnen zu sein; auch die Leiche der Botter Gese wurde verbrannt. Im Fall der Kotterschen kann von einem gleichartigen Urteil ausgegangen werden, da der auswärtige Scharfrichter sich nur fünf Tage in der Stadt aufhielt. Vermutlich wäre eine längere Aufenthaltsdauer vonnöten gewesen, hätte die Frau standhaft geleugnet. Elske Voegt wurde der Stadt verwiesen, Barbara Koepe freigesprochen. Die Krumfingersche legte, obwohl sie wiederholt gefoltert wurde, kein Geständnis ab. Das Ratsprotokoll schweigt sich über ihr weiteres Schicksal aus; unter Zugrundelegung späterer Verfahrensmaßstäbe erscheint in einem derartigen Fall eine Stadtverweisung als Strafe wahrscheinlich. Das Ehepaar Gerling bestritt den Zaubereivorwurf ebenfalls, gestand aber zweifachen Ehebruch seitens des Mannes und Kuppelei. Der Rat verwies es der Stadt; Claus Gerling wurde zudem am Pranger "mit Ruten gestrichen" und mußte die sogenannten 'Schandsteine' aus der Stadt tragen, seiner Frau wurde ein Stück vom Ohr abgeschnitten. Der Vollzug solcher Ehrenstrafen war für die Betroffenen immer außerordentlich unangenehm; abgesehen von den Schmerzen und den bleibenden und für jeden erkennbaren Verstümmelungen, die die Verurteilten hier erlitten, sahen sie sich dem fortwährenden Spott und der Verhöhnung der meist zahlreich anwesenden Schaulustigen ausgesetzt, die auch vor tätlichen Übergriffen nicht zurückschreckten. Elemente des Hexenglaubens werden in allen obengenannten Verfahren nicht erwähnt.[21]

Anna Kirlahei (1594)[22]

Der Prozeß gegen Anna Kirlahei im Februar 1594 ist als einziger im 16. Jahrhundert und als erster überhaupt durch eine spezielle Kriminalakte als Quelle dokumentiert. Dies ermöglicht erstmals sichere Aussagen über den Anklagegrund, die Zeugen und die Person der Angeklagten selbst. Auch zur Form und zum Ablauf des Verfahrens in seiner Eigenart als Zaubereiprozeß können nunmehr detailliertere Beobachtungen gemacht werden, die über das Stadium des Spekulativen hinausgehen.

Anna Kirlahei, eine über vierzigjährige ledige Dienstmagd aus Warendorf, die bereits seit zwanzig Jahren in Münster lebte, war von einer ungenannt bleibenden Person "venefitij halb bezichtiget" worden. Auf diese Anschuldigung hin vernahm der Rat am 12. Februar 1594 drei Zeugen: Heinrich Farwick, einen Gewandmacher, den Bürger Balthasar Ulenhove und Agatha Kindschaft, die die Besitzerin eines Schweines gewesen war, dessen Tod Anna Kirlahei zur Last gelegt wurde. Die beiden Erstgenannten waren keine Augenzeugen des Vorfalls. Sie hatten lediglich gehört, Anna Kirlahei solle dem Schwein, welches völlig gesund gewesen sei, kurz vor Abend Futter zugeworfen haben. Kurz darauf sei das Tier aufgesprungen, habe Schaum vor dem Maul gehabt und sei sodann gestorben. Die Besitzerin des Schweins bestätigte diese Version, fügte zum Nachweis des unnatürlichen Todes aber noch hinzu, dem Tier, das sie hatte eröffnen lassen, "weren alle darmen zerschnitten gewesen". Alle drei Zeugen betonten darüber hinaus ein Ereignis, das bereits 20 Jahre zurücklag. Damals sollte das Kind einer Nachbarin nach der bloßen Berührung durch Anna Kirlahei erkrankt sein.

Auf die Angabe dieser beiden Verdachtsmomente hin beschloß der Rat am 14. Februar, die Frau verhaften zu lassen. Vier Tage später wurde sie erstmals gütlich vernommen, wobei sie zunächst ausführlich über ihren bisherigen Lebenswandel berichtete. Weitere Informationen zu den ihr zur Last gelegten Delikten enthält das Protokoll allerdings nicht. Noch am gleichen Tage ordnete der Rat wegen angeblicher Widersprüche in ihrer Aussage die Tortur gegen sie an. Unter der Folter gab Anna Kirlahei zu, sie habe dem Schwein im Nachbarhause etwas von ihrem Abendessen, das aus Brot und Fleisch bestand, zugeworfen; sie "gloftte aber nicht daß eß darvon hette sterben konnen". Weiter befragt, "was sie fur materie zu dem fleisch und brode gedaen", beteuerte sie jedoch, nichts hinzugefügt zu haben. Ein Geständnis der Zauberei legte sie nicht ab; auch von einer Mitbeteiligung des Teufels war nicht die Rede.

Auf den Einfluß des 'Bösen Feinds' führte der Rat dann allerdings am 22. Februar den am Vortag erfolgten Tod der Anna Kirlahei im Niesingturm, einem der städtischen Gefängnisse, zurück. Dem Ratsprotokoll ist zu entnehmen, der Teufel habe "furigs tags der frauwen In der gefenckniß den halß zerbrochen".[23] Damit befand sich der Rat in einer unangenehmen Situation, denn die Frau war gestorben, ohne ein Geständnis abgelegt zu haben. Die nur zu diesem Anlaß einberufene Ratsversammlung beschloß, den bischöflichen Stadtrichter um eine Stellungnahme zu bitten. Dieser erklärte jedoch, in solchen Angelegenheiten über keine Erfahrung zu verfügen; auch habe er "fur sein Persoen darzu kein gefallen", das heißt, er wollte von der ganzen Sache möglichst unbehelligt bleiben. Daraufhin entschied der Rat noch am gleichen Tag, "daß das Corpus bausen der Stadt ahm Gerichtes Platz verbrandt soll werden". Die gegen Anna Kirlahei vorliegenden Verdachtsmomente sah man offenbar als so schwerwiegend an, daß dieser Beschluß auch ohne Vorlage eines Geständnisses als gerechtfertigt angesehen wurde.

Nach dem Abschluß des Prozesses Kirlahei enthalten die Ratsprotokolle weitere Hinweise auf Vorkommnisse, die in der Bevölkerung mit Zauberei in Verbindung gebracht wurden. Hier wie auch in späteren Fällen wurde die offizielle Verhandlung eines

Zaubereidelikts offenbar zum Anlaß genommen, Vermutungen und Verdächtigungen nicht mehr nur hinter der vorgehaltenen Hand, sondern in aller Öffentlichkeit zu äußern, so daß der Rat mitunter zum Eingreifen gezwungen war.

Am 28. März berichtete der Bürgermeister Dr. Heerde vor dem Rat, am Neubrücken-Tor wohne ein Junge, der Milch aus einem Stock gemolken habe; dessen Stiefmutter könne angeblich aus dem Schornstein fliegen.[24] Wenige Tage später wurde der Ratsversammlung dann durch Bernd Huge mitgeteilt, vor drei Tagen am Horsteberg diesbezügliche Nachforschungen angestellt zu haben. Dort war ihm zu Ohren gekommen, der verdächtige Junge solle Mäuse aus einer Grube graben können. Er selber habe jedoch nichts Verdächtiges bemerkt.[25] Folgen zogen diese Hinweise wohl nicht nach sich, da die Ratsprotokolle hierzu im weiteren nichts enthalten.

Catharina Voß (1594)[26]

Catharina Voß war die Witwe des städtischen Scharfrichters Christian Schutte; nach dessen Tod heiratete sie seinen Nachfolger Meister Jacob Schneider. Zum Zeitpunkt der Verhandlung lebte sie mit ihm und seinen sieben Kindern erst fünf Monate zusammen. Es handelte sich bei diesem Fall um Ehestreitigkeiten, in deren Verlauf sich die Eheleute gegenseitig unterschiedlicher Delikte bezichtigten. Einer der Vorwürfe, die Jacob Schneider dabei gegen seine Frau erhob, war der der Zauberei.

Der mißliche Zustand der Ehe des Scharfrichters begann bereits im Juli 1594 aktenkundig zu werden. Unter dem Datum des 15.7. wandte sich Catharina Voß schriftlich an den Rat der Stadt. Sie gab an, "von meinem man mitt worten Unnd wercken der maßen erbermligh tractirt" zu werden, daß es ihr "bei Ime lenger in sulchen Stantt zu lebenn ohn gefar meins gesunden liebs uund der salighkeitt nitt mugelich" wäre. Aus diesem Grund habe sie ihre Habseligkeiten aus dem gemeinsamen Haushalt entfernt und sich an einen sicheren Ort begeben. In den nachfolgenden Ermittlungen stellte sich heraus, daß es Zeugen für die an ihr begangenen Mißhandlungen gab; im Haushalt des Scharfrichters gehörten Tätlichkeiten, die bis an Mißhandlungen grenzten, offenbar zur Tagesordnung. Daraufhin gebot der Rat Jacob Schneider, die Übergriffe auf seine Frau einzustellen.

Doch bereits zwei Monate später nahm der häusliche Unfriede Formen an, die Catharina Voß erneut den Beistand des Rates suchen ließen. Außer den schon obligatorischen, zum Teil auf offener Straße verabreichten Schlägen warf die Frau ihrem Mann folgendes vor: Diebstahl ihr gehöriger Wertgegenstände und Dokumente, Würgen bis zur Bewußtlosigkeit, Nötigung zu widernatürlichen Sexualpraktiken, Beschimpfungen als "Papistische huer und Zauberinne, sprechend wehr eß alhie gleich zue Lippe, wannen die Bottels zauberie anzeigen, solte sie woll gebrendt werden." Daraufhin ordnete der Rat die Inhaftierung ihres Ehemannes an, ließ aber auch Catharina selbst in Gewahrsam nehmen.

Bei einer ersten Vernehmung bestritt Jacob Schneider sämtliche gegen ihn erhobenen Vorwürfe oder stellte sie in einem anderen Licht dar. Durch mehrere Zeugenbefragungen erwies sich aber die Richtigkeit der Angaben Catharinas, soweit diese Vorkommnisse in der Öffentlichkeit betrafen. Zur Anschuldigung der Zauberei wollte der Rat jedoch Näheres wissen. Erneut wurde die Frau vernommen. Sie erklärte den Richtherren, sie habe, bevor sie ihren Mann geheiratet habe, diesem etwas gegen die "Varen"[27] gegeben, "daß hab ehr mißbraucht, ein Mengeln Wein darauff gesoffen, alßo daß Ime angst gewurden." Aus dieser Angst heraus, womöglich vergiftet worden zu sein, beschuldigte er sie, bereits damals in Osnabrück, ihrer Heimatstadt, als Milchzauberin denunziert worden zu sein. Catharina hatte sich jedoch in Osnabrück ein "Documentum innocentiae" ausstellen lassen; danach stand der Eheschließung nichts mehr im Wege. Bei gleicher Gelegenheit nannte Frau Voß den vernehmenden Ratsherren eine Reihe von Vorstrafen ihres Mannes, die sich alle als wahrheitsgemäß herausstellten.

Auch der Scharfrichter selbst wurde zum Zaubereivorwurf näher vernommen. Er gab an, auf den zweifelhaften Ruf seiner zukünftigen Frau durch einen Kollegen aufmerksam gemacht worden zu sein, der "vor dießer Zeitt etzliche zue Oßnabrugk gebrendt, under welchen Zwey geweßen, darvon sie besagtt und der kunst beruchtigett wurden". Zwei weitere Kollegen bestätigten den Verdacht; einer von ihnen hatte sich dahingehend verlauten lassen, daß, "wehr sie Ime befhollen, wolte ers balte außfündig machen."

Nach diesem Wust von gegenseitigen Anschuldigungen legte die Ratsversammlung beiden Parteien auf, für ihre Bezichtigungen innerhalb von acht Tagen Beweise zu erbringen. Sowohl der Scharfrichter als auch seine Frau erklärten sich dazu außerstande, da es sich um private Angelegenheiten handele, die nur ihnen selbst bekannt seien. Da das Ehepaar Bürgen stellen konnte und mittlerweile auch Bittschreiben um Gnade eingegangen waren, entschied der Rat letztlich, es aus der Haft zu entlassen.

Das Schicksal des Ehepaares ist ungewiß. Einer Eintragung im Kriminal-Register des Jahres zufolge mußte es die Stadt verlassen. Catharina Voß jedenfalls war bald wieder Witwe: Die eben erwähnte Notiz des Kriminal-Registers enthält die Randbemerkung "Mester Jacop is doedtt"; hinzu kommt, daß die Stadt im Dezember desselben Jahres einen neuen Scharfrichter einstellte.

Johan Brüning (1601)[28]

Die Ermittlungen gegen die Person des Johan Brüning kamen über das Anfangsstadium nicht hinaus; auch handelt es sich hier um keinen genuinen Fall von Zauberei. Da er aber mit Künsten umging, die vom Rat ausdrücklich in die Nähe der Zauberei gerückt wurden, soll auf das Verfahren an dieser Stelle eingegangen werden.

Beim Rat waren "bericht und unterschiedliche klagen" über Johan Brüning eingegangen, wonach dieser sich "mit allerhand In Götlicher schrifft verbottenen händeln und Teufels künsten, und deren bannerj" abgab und darüber hinaus verlorene Sachen wieder auffinden könne. Bei der vom Rat angeordneten Hausdurchsuchung fanden sich zahlreiche verdächtige Bücher, in denen "selzame Zäuberische sachen und künste geschrieben befunden" wurden. Über deren Herkunft und Gebrauch gab Johan Brüning zur Antwort, er habe "das erste und fürnembiste buch" von dem verstorbenen Pastor Thies Tacke aus Boyel an der Ruhr erhalten; dieser sei ein berühmter Teufelsbanner gewesen und habe das Buch auch selber benutzt. Brüning betonte, daß er bereits vielen Menschen durch Ratschläge aus diesem Buch geholfen habe, speziell dann, wenn es sich um Fälle von Milchzauber handelte. Nach Personen befragt, die seine Dienste in Anspruch genommen hatten, nannte er einen gewissen Böckmann aus Mecklenbeck, dem er vier Pferde durch Weihen und Segnen kuriert habe. Das Wiederauffinden verlorener Gegenstände gelang ihm dagegen nicht immer.

Brüning gab zu Protokoll, die meisten seiner Fähigkeiten aus seinen Büchern erlernt zu haben; ansonsten "lehrnete man in der Jugend viel in der schulen", er sei aber "auch viel gewandert, Und [habe] also hin und wieder etwas gelehrnet".

Johan Brüning bat im Hinblick auf seine zahlreiche Kundschaft um die Rückgabe der Bücher, die nach der Hausdurchsuchung einbehalten worden waren. Dies erschien dem Rat jedoch bedenklich. Er beschloß, die Bücher verbrennen zu lassen. Damit war der Fall Brüning abgeschlossen. Eine Verhaftung wurde nicht vorgenommen, und der Verlust seiner Bücher war die einzige Konsequenz, die sich für Johan Brüning ergab.

Gertrud Bruns (1611)[29]

Zehn Jahre schweigen die Ratsprotokolle, bis Ende August 1611 die Witwe Gertrud Bruns aus Eggerath wegen Zaubereiverdachts in die Mühlen der Justiz geriet. Der Rat begann die Ermittlungen gegen sie, nachdem die Frau, die wußte, daß sie schon lange verdächtigt wurde, zum Nachweis ihrer Unschuld gebeten hatte, die Wasser- oder Feuerprobe an ihr vorzunehmen. Am 22. August fand eine erste, sehr ausführliche Zeugenbefragung statt, in der insgesamt acht Personen gehört wurden.

Zunächst vernahm man das Ehepaar Henrich und Meta Wibbeling, bei denen die verdächtige Frau zur Untermiete wohnte. Beide gaben an, nachts in Gertruds Kammer merkwürdigen Lärm vernommen zu haben, als ob Dinge umgeworfen worden wären; danach wäre die Straße oft voll von Katzen, und dem Schwein eines Nachbarn sei ein Band um den Leib gebunden worden. Wegen dieser merkwürdigen Vorkommnisse bat das Ehepaar darum, Gertrud Bruns aus dem Haus zu entfernen.

Ein weiterer Zeuge, der Nachbar Johan tor Schimbrei, berichtete von Streit und gegenseitigen Beschimpfungen im Hause Wibbeling. Fortlaufende Streitigkeiten wurden auch von zwei namentlich nicht genannten weiteren Nachbarn bestätigt.

Unterdessen war der Stadtsekretär Henrich Hollandt mit der Aufgabe betraut worden, zwei Frauen, die Klutische und die Wedemhovische, zu befragen, die nach dem Genuß von Gemüse, welches sie von Gertrud Bruns erstanden hatten, angeblich erkrankt sein sollten. Der Bericht der Klutischen lautete dahingehend, daß sie vor drei Jahren auf dem Markt Erbsen von Gertrud Bruns gekauft habe; nach deren Verzehr "were sie darab sehr krank worden, alß daß sie sich etliche mahl brechen mussen". Damals hatte sie diesem Ereignis nicht viel Bedeutung beigemessen, da sie derzeit schwanger war und die Übelkeit - wohl zu recht! - auf ihren Zustand zurück führte. Die Klutische hatte Gertrud Bruns später ihren Verdacht auf offener Straße vorgehalten, worauf die Frau mit einer Klage beim Freigrafen gedroht habe; bisher seien allerdings keine derartigen Schritte unternommen worden.

Die Frau von Johan Wedemhove hatte Gertrud Bruns auf dem Markt Kräuter abgekauft. Von dem mit den Kräutern zubereiteten Gericht erkrankte nur ihre Tochter Gertrud. Auch Frau Wedemhove hielt Gertrud Bruns den Zaubereiverdacht vor, ohne daß diese Anstrengungen unternahm, ihren Ruf zu verteidigen. Eine weitere Nachbarin, die Frau des Peter Düße, stellte Gertrud Bruns dagegen ein gutes Leumundszeugnis aus: "Sie wisse von der Brunischen nicht Übels zu zeugen".

Nach Abschluß der Zeugenbefragungen beschloß der Rat, die Verdächtige inhaftieren zu lassen. Ausschlaggebend für diese Entscheidung waren drei Gründe: 1. das allgemeine Gerücht der Zauberei um Gertrud Bruns bestand schon etliche Jahre; 2. die Aussagen der Klutischen und Wedemhovischen; 3. die Tatsache, daß sie selbst um die Feuer- oder die Wasserprobe gebeten hatte.

Am 27. August wurde Gertrud Bruns im Gefängnis gütlich befragt. Die vernehmenden Ratsherren interessierten sich zunächst für die Herkunft des Gerüchtes, in das die Frau geraten war. Dabei stellte sich heraus, daß der Urheber der üblen Nachrede ein gewisser Caspar Ertmann war, der sie vor Jahren des Gartendiebstahls bezichtigt hatte. In der gegen ihn angestrengten Beleidigungsklage erhielt sie zwar Recht, aber das nutzte ihr nachfolgend wenig. Einmal ins Gerede geraten, hielt sich das Gerücht um sie hartnäckig. Caspar Ertmann blieb nicht der einzige Verleumder. Auf die mehrfachen Nachfragen der Ratsherren, warum sie gegen diese Personen nicht ebenfalls geklagt habe, antwortete Gertrud Bruns: "Sie konne mit iedermann solches nit außfuhren, dan sie hette genug mit Ertmann zuthun gehapt";[30] außerdem sei sie der Meinung gewesen, daß man sie in Ruhe lassen werde, nachdem sie ihre Klage gegen Ertmann gewonnen hatte.

Erst ganz am Ende des Verhörs sprachen die Richtherren Gertrud Bruns auf die Vorgänge im Hause Wibbeling an. Diese hatten jedoch eine natürliche Ursache: In einem Mehlfaß in ihrer Kammer waren Ratten und Mäuse. Um diese zu vertreiben, schlug Gertrud Bruns zusammen mit einem Sohn des Ehepaares Wibbeling mit Stöcken und Harken auf das Faß und den Boden, "und sei solchs das spöken geweßen".

Nach dem Verhör ordnete der Rat die Überprüfung ihrer Angaben sowie eine weitere Zeugenvernehmung an. Dabei fanden sich die Angaben der Gertrud Bruns überwiegend bestätigt. Am 9. September sprach sich die Ratsversammlung dann dahingehend aus, daß keine ausreichenden Indizien für die Verhängung der Folter vorlagen. Die Wasserprobe wurde unter Verweis auf Jean Bodin[31] ausdrücklich als Teufelsbetrug verworfen. Gertrud Bruns ließ man gegen Zahlung der Verpflegung, des Fang- und Schließgeldes sowie Leistung des Urfehde-Eides frei. Die Kosten des Verfahrens mußte sie selbst tragen, da bei der Durchsuchung ihrer Wohnung 70-80 Taler Bargeld sowie 30 Stück Tuch gefunden worden waren. Die Frau, die als Straßenbettlerin bekannt war, hatte das Geld im Laufe der Zeit gespart, um es für ihr Kind zurücklegen zu können; das Tuch bekam sie aus den Almosenkörben geschenkt.

Gertrud Bruns blieb in der Stadt und in ihrer Kammer beim Ehepaar Wibbeling wohnen. Doch man wollte sie nach wie vor aus dem Hause haben. Im Ratsprotokoll vom 4. November des Jahres beschwerte sich Wibbeling, daß er der Witwe Bruns bereits vor einem halben Jahr (das wäre vor Prozeßbeginn!) die Wohnung gekündigt habe; diese sei jedoch nicht willens, der Aufforderung nachzukommen. Einen Tag später wurde klar, warum Wibbeling Gertrud Bruns unbedingt aus dem Haus schaffen wollte: Der Besitzer des Hauses, Junker Holthaus, hatte ihm gedroht, ihm seine eigene Wohnung aufzukündigen, "wofern er sich der Brunischen nicht quitt machte".

Evert Heggemann (1614-16)

Der Prozeß gegen Evert Heggemann ist der mit Abstand längste in der Geschichte der Münsteraner Zaubereiprozesse. Er begann am 11. Januar 1614 mit einer Klage Heggemanns gegen Bernd Kock wegen Zauberei-Diffamation und endete offiziell am 5. Februar 1616 mit seiner Ausweisung aus der Stadt. Im Verlauf des Prozesses weitete sich die Anklage auf zwei seiner Schwestern aus, und auch Heggemanns Ehefrau und Kinder wurden direkt von den Folgen des Prozesses und der Stadtverweisung betroffen.

Evert Heggemann war ein etwa 38jähriger Leinentuchhändler aus Ottmarsbocholt, der nach eigenen Angaben schon 30 Jahre in Münster lebte und seit dem 15.11.1604 das Bürgerrecht genoß.[32] Es gibt keinerlei Hinweise darauf, daß er vor Entstehen des Gerüchts etwas anderes als ein geachteter und wohlgelittener Bürger der Stadt war. Zum Verhängnis wurde ihm, daß seine Eltern, von denen er seit seinem achten Lebensjahr getrennt lebte, 1611 zu Davensberg wegen Zauberei inhaftiert wurden; der Vater, der auf dem Scheiterhaufen endete, sollte vor seinem Tod angeblich seine Kinder besagt haben.

Knapp zweieinhalb Jahre später verstarben Everts Nachbar Bernd Kock vier Kühe, nachdem sie aus einem Hopfenkorb gefressen hatten, der Heggemann zuvor ausgeliehen worden war. Die Tiere wurden nach ihrem Tod vom Scharfrichter eröffnet und als vergiftet befunden. Als Verursacher dieses Unglücks sah Bernd Kock seinen Nachbarn an, und aus diesem Verdacht scheint er auch keinen Hehl gemacht zu haben: Heggemann strengte eine Klage gegen ihn an, die er unter anderem damit begründete, Kock habe ihm "ein ehrnrürges geschrei gemacht", dergestalt, daß er in "verdacht durch die gantze Statt geraten, daß auch die kindere mit fingern uff ihne wiesen".[33] Im übrigen führe das Gerücht soweit, "das ehr Hegeman in seiner Werck handtierungh und Kauffmanschafft zu mahll geschwechet, und (...) umb alle seine nahrung gebracht sei".[34] Bernd Kock antwortete auf die Beschuldigung mit einer Gegenklage, da Heggemann und seine Frau ihn als Lügner, Schelm und Ehrendieb beschimpft hatten. Die Klagen zogen sich ergebnislos bis in den November des Jahres hinein, dann brechen die Akten zunächst ab. Evert Heggemann ließ seine Verteidigungsklage unverfolgt, und das sollte ihm nachfolgend zum Verhängnis werden.

Am 22.10.1615, also fast ein Jahr später, leitete der Rat von sich aus Ermittlungen gegen ihn ein. Ihm war "ie lenger ie mehr verdacht zu handen kommen"[35], daß Heggemanns böses Gerücht mittlerweile auch andere Unglücksfälle mit einbezog, die ihm zur Last gelegt wurden. Zunächst vernahm man als Zeugen Christina Bödding, die Witwe des Herman Middelmann, der Arbeitskollege von Heggemann gewesen war, und Henrich Frerichmann, den Schwager von Everts Schwester Catharina. Beide wußten nichts Gutes über ihn zu berichten und belasteten ihn zum Teil schwer. Der verstorbene Herman Middelmann hatte laut Bericht seiner Witwe zusammen mit Heggemann "einen trunck gethan, davon er sich gestracks übel empfunden"; nach diesem Ereignis war er dauernd erkrankt, "were mit stetigem stuelgang in der kranckheit beladen gewesen (...), Was Ime abgangen, were schwartze Jähe materi gwesen", und schließlich nach ungefähr 15 Wochen gestorben. Middelmann hatte von Anfang an Evert verdächtigt, seine Krankheit verursacht zu haben, ständig Mittel gegen Vergiftung zu sich genommen und jeglichen weiteren

Umgang mit Heggemann abgelehnt. Nachdem die Ratsherren Bockhorst und Kerckhoff Christina Bödding ein Schweigegebot auferlegt hatten, wurde der Bürger Henrich Frerichmann befragt. Dieser hatte sich geweigert, Evert die Vormundschaft über die gemeinsamen Kinder seines verstorbenen Bruders mit Heggemanns Schwester Catharina zu gestatten. Nach den Ursachen befragt, belastete Frerichmann gleich sämtliche Mitglieder der Familie Heggemann. Alles habe mit der Nachricht angefangen, der Vater Heggemann sei wegen Zauberei hingerichtet worden. Seitdem war sein Bruder ständig krank gewesen und hatte sich geweigert, länger mit seiner Frau Adelheid zusammenzuleben. Sein ganzer Körper war aufgedunsen, die Beine seien ihm aufgebrochen, und seine Geschlechtsorgane verfärbten sich schwarz und schwollen "einem huet kapp in der dicke" gleich an. Bald darauf war er gestorben. Danach erkrankte die Mutter Frerichmanns. Sie erblindete auf einem Auge. Nachdem Adelheid jedoch aus dem Haus der Mutter gewiesen worden war, erlangte diese ihre Sehkraft wieder. Vor einem Jahr war eines seiner Kinder verstorben, welches Adelheid in seiner Abwesenheit gesäugt hatte. Das Kind hatte "drej tage lang gekrischen und unufhörlich gerufen", dann war es gestorben. Zuletzt gab Frerichmann an, sowohl bei Adelheid als auch bei Catharina seien Studenten, die dort wohl wohnten, eines plötzlichen Todes gestorben. Auch ihm wurde Schweigen auferlegt.

Erst einen Monat später, am 20.11.1615, fand die nächste Vernehmung eines Zeugen statt.[36] Es handelte sich dabei um Christopher Krone, einen Nachbarn, der bereits im Rahmen der Beleidigungsklagen gehört worden war. Dort hatte er Evert ein positives Leumundszeugnis ausgestellt. Nun war er nicht mehr ganz so sicher; denn in der Zwischenzeit hatte er zwei seiner Gänse wegen merkwürdigen Verhaltens - sie waren herumgelaufen und überall angestoßen, hatten die Hälse umgedreht und sich selbst in die Brust gebissen - töten müssen; an den Gedärmen der toten Tiere fand er "ein ausgewachsen ding (...) alß, daumen groß, Inwendig alß weisse finnen, so vorne ein schwartz schnebelchen ghapt". Weil ihm dies verdächtig erschien, bekamen die noch lebenden Gänse Weihwasser und geweihtes Wachs zu fressen, worauf sie genasen. Angeblich sollte Evert Heggemann am Tag zuvor bei den Tieren im Hof gewesen sein; dies war Krone durch "die Jungens in der nachbarschafft" mitgeteilt worden.

Auf die Ergebnisse dieser Zeugenverhöre und die Verlesung des Verlaufs der Beleidigungsklage hin ordnete die Ratsversammlung noch am gleichen Tag die Inhaftierung Heggemanns an.[37] Als ausschlaggebende Punkte wurden das sich ständig verstärkende Gerücht, die unverfolgte Beleidigungsklage und die familiäre Vorbelastung hinsichtlich des Zaubereidelikts angeführt.

In der ersten gütlichen Befragung vom 27.11.[38] wurden Heggemann achtzehn Fragen vorgelegt, die zunächst seinen familiären Hintergrund betrafen. Er beteuerte, bereits mit acht Jahren als Knecht zu "guten leuten" gekommen zu sein und danach bis auf wenige Gelegenheiten im Jahr keinen Kontakt zu seinem Vater gehabt zu haben. Des weiteren berief er sich darauf, von ihm zu Davensberg *nicht* besagt worden zu sein.[39] Zum Nachweis, daß er nicht etwa vom Glauben abgefallen war, betete er das Vaterunser und das christliche Glaubensbekenntnis. Auf Fragen zum ungeklärten Tod der Kühe Bernd Kocks versuchte Heggemann dann, den Verdacht von sich auf seine Schwester Adelheid zu lenken, indem er betonte, sie sei es gewesen, die den Hopfenkorb entliehen und wieder zurückgebracht habe. Darüber hinaus bemühte er sich, den Tod der Tiere auf natürliche Weise zu erklären:

> "Der Zeit, alß die kühe gestorben, weren frembde Außlendischen in Kocks hause gewesen, welche bleyasche beim pütz gebraucht gebrantt, und gewaschen, (...) und weren die kühe nicht weit vom Pütz gstanden, auch die Köpfe nach dem Pütz ghapt, da der troch vor endts gestanden".

Am 2.12. wurden erneut vier Nachbarn als Zeugen befragt: Bernd Kock und seine Frau Elsa, Johan von Hoetmar und wiederum Christopher Krone.[40] Das Ehepaar Kock bestritt die Möglichkeit, die Kühe könnten durch die Bleiasche vergiftet worden sein, und betonte ausdrücklich, daß in den Herzen der Tiere merkwürdige Dinge gefunden worden waren. Bernd Kock wies außerdem auf den plötzlichen Tod von Heggemanns erster Frau[41] und die Todesfälle im Hause seiner Schwester hin. Johan von Hoetmar "kan nichts sagen", sondern lediglich die allgemein kursierenden Gerüchte bestätigen. Christopher Krone schien in der Zwischenzeit seine Sympathien für Heggemann abgelegt zu haben. Er berichtete von einem Streit zwischen Evert und dessen erster Frau, die ihn "Zauberers khindt" gescholten hatte; Evert war daraufhin "pur nackend" in den Hof gelaufen.

Am 12.12., 2.1., 11.1. und 26.1. vernahm man weitere Zeugen.[42] Die Geschichten über Heggemann wurden dabei immer abstruser; man brachte Ereignisse, die zum Teil viele Jahre zurücklagen, plötzlich mit Evert in Verbindung: Ochsen, Rinder und Schweine waren verstorben, mehrere Personen wollten nach einem Trunk mit ihm erkrankt sein, im Zimmer von Adelheid Heggemann war ein jammerndes und kettenrasselndes Gespenst gehört worden, Kühe wurden bei Everts Anblick wild, Bierbräu war unerwartet verdorben, ein Gewehr schoß erst nach zweifelhaften Ratschlägen Everts, und bei einem Ausritt konnte dieser nicht eingeholt werden, obwohl man das Äußerste aus den Pferden herausholte. Die Zeugen berichteten zum Teil aus zweiter, ja sogar aus dritter Hand; es scheint, daß die Gelegenheit, Ängste und Befürchtungen loszuwerden, dankbar genutzt wurde, um Evert Heggemann alles nur Erdenkliche in die Schuhe zu schieben. Unter den ganzen Märchen und Schauergeschichten findet sich nur eine einzige positive Wertung. Es ist dies die Aussage von Marie Alferdings, "gewesene Elendersche zu St. Ilien", die den Tod der Studenten im Hause Heggemann als natürlich erklärte; sie war der Meinung, "daß es die Pest gewesen seije" und war auch bereit, dies eidlich zu bestätigen.

Evert Heggemann befand sich bereits seit einem Monat in Haft, war dreimal gütlich vernommen worden, und es waren, die Ermittlungen im Klageverfahren eingeschlossen, insgesamt zwanzig Zeugen gehört worden, bevor der Rat am 14. Dezember 1615 die Vornahme der Tortur verfügte.[43] Zuvor mußten jedoch sämtliche Zeugen ihre Aussagen beschwören.

Die am 16. Dezember vorgenommene Tortur erbrachte kein Geständnis. Heggemann beteuerte mehrfach seine Unschuld und zeigte sich "halsstarrig".[44] Auch eine weitere Vernehmung in Anwesenheit des Scharfrichters, die zwei Tage später angeordnet wurde[45], zeigte kein Ergebnis. Heggemann muß aber während dieses Verhörs seine Schwestern belastet haben, denn diese wurden durch Ratsbeschluß vom 8.1.1616[46] ebenfalls festgenommen und die Konfrontation mit ihrem Bruder befohlen. Man ließ beide aber bereits nach wenigen Tagen wieder frei; Catharina unter Auflage von Hausarrest, weil sie einen Säugling versorgen mußte[47], Adelheid, weil sie körperlich schwach war und darüber hinaus die meisten Indizien entkräften konnte.[48]

Der Rat, dem, wie Humborg wohl zu recht urteilt,[49] der Fall Heggemann viele Kopfschmerzen bereitet haben muß, war sich in diesem Stadium des Prozesses nicht mehr einig, wie weiter mit Evert verfahren werden sollte. Die Ratsversammlung vom 29. Januar 1616 beschloß nämlich zunächst mehrheitlich, ihn aus der Stadt zu verweisen.[50] Diese Ansicht wurde während der laufenden Sitzung aber revidiert und nun doch auf erneute Tortur erkannt. Damit nicht genug, sollten Evert auch die Haare geschoren werden. Man hoffte offenbar, ein "Stigma diabolicum" zu finden und "Ime die ruhe verhindert" werden, damit er sich geständnisbereiter zeigte.

Die angeordneten Maßnahmen wurden am nächsten Tag durchgeführt.

Aber auch diesmal konnte kein Geständnis erzwungen werden.[51] Überraschend legte Heggemann dieses dann aber in einem gütlichen Verhör am 3. Februar ab; demnach sollte sein Vater ihn vor fünfzehn Jahren die Zauberkunst gelehrt haben, der "böse feindt" habe ihm danach die Materie gebracht, um Bernd Kocks Kühe umzubringen.[52] Als ihn jedoch die Ratsherren, von denen angenommen werden könnte, daß sie über die Vorlage des Geständnisses froh waren, ermahnten, "weder sich selbsten noch ein andern irgend wo mit zu beliegen", widerrief Heggemann alles mit dem Hinweis auf die Furcht vor erneuter Folter. Er gab aber zu, vor drei oder vier Jahren mit einer verheirateten Frau in Hiltrup Ehebruch begangen zu haben. Damit verfügte der Rat endlich über eine Handhabe, um die rechtmäßige Stadtverweisung aussprechen zu können. Dies geschah am 5.2.1616 und wurde wenige Tage darauf vom Freigrafen Kerckering vollzogen.[53]

Bereits am 22. April traf ein Bittschreiben der Christina Badde, Frau des Evert Heggemann, beim Rat ein,[54] in dem sie darum bat, mit ihrem Mann wieder in die Stadt zurückkehren zu dürfen. Ihr Mann sei sehr krank und verzweifelt, da ihnen nirgends gestattet würde, unterzukommen. Ein diesbezüglicher Bescheid liegt nicht vor, aber der Frau wurde jedenfalls erlaubt, mit den Kindern in der Stadt zu leben. Das Schicksal ihres Ehemannes ist nicht bekannt. Aus einem Protokollvermerk vom 29. Oktober[55] kann aber geschlossen werden, daß Evert Heggemann seine Frau verlassen hatte und in der Stadt als tot galt.

Auch für Catharina Heggemann war der Fall noch nicht ausgestanden. Bereits im September des Jahres strengte sie eine Beleidigungsklage gegen Heidenreich Wieding an, der sie als "offenbare huer und offenbare Zaubersche"[56] beschimpft hatte. Dieser verteidigte sich damit, daß er nur das "gemeine geschrej" wiederholt habe, das sie als solche bezeichnete; im übrigen habe er "justo dolore commotus" gehandelt, da Catharina mit seinem Vetter angebandelt habe. Der Rat konnte sich dieser Argumentation jedoch nicht anschließen und erlegte ihm eine Geldstrafe von zwei Mark auf.

Catharina Scheventrup (1616)[57]

Während noch der Prozeß gegen Evert Heggemann andauerte, begannen im Januar 1616 die Ermittlungen im Fall Catharina Scheventrup. Diese war eine etwa 35-jährige alleinstehende Dienstmagd aus Milte, die seit fünf Jahren in Münster lebte. Sie war Mutter eines unehelichen Kindes.

Am 16.1. begann das Verfahren mit der Anhörung der Zeugen Bernd und Claus zum Busche und der Maria zum Sande, auch die Witwe Körmanns genannt. Bernd zum Busche hatte einen Monat zuvor ein Schwein der Frau Körmann geschlachtet; diese machte ihn dabei auf eine ihrer Hennen aufmerksam, die krank war und sich merkwürdig aufführte. Auf ihr Begehren hin schlachtete zum Busche das Tier, fand aber am Herzen sowie im Hirn nichts Auffälliges, sondern lediglich an den Lungen "etwas (...) das geschennen Alß obs lebendig aber gar geringe gewesen, oder kaum merklich". Später nahm er die Henne mit nach Haus, bereitete sie zu und verzehrte sie. Schaden nahm er davon nicht. Claus zum Busche bestätigte diese Angaben.

Die Witwe Körmann schilderte den Vorfall wesentlich ausführlicher. Catharina Scheventrup, die ihr bei der Wäsche half, warf bei der Mittagsmahlzeit der Henne Brot zu, obwohl Frau Körmann, die sie schon seit längerem der Zauberei verdächtigte, ihr dies untersagt hatte. Danach war das Huhn erkrankt; es verdrehte ständig den Kopf und fiel von der Hühnerstange. Ihre Schilderungen, was nach der Tötung des Tieres in seinen Innereien gefunden worden war, gingen weit über das hinaus, was die beiden Männer zuvor berichteten. Alle Eingeweide seien mit Galle übergossen gewesen, aus dem Herzen sei eine nadelgroße Schlange gekrochen; außerdem entdeckte sie dort noch ein "dingk" in Zwirnsfadendicke mit einem Auge sowie ein weiteres kleines Wesen, das wie eine Eidechse aussah. Catharina erkundigte sich kurz darauf nach dem Befinden des kranken Tieres; als ihr die Magd Grete mitteilte, dies sei tot und als vergiftet befunden worden, errötete Catharina und entfernte sich. Weiterhin berichtete Maria Körmann über verdächtige Hantierungen, die Catharina an einem Paar ihrer Schuhe vorgenommen haben sollte. Seitdem war sie nicht mehr in der Lage, diese zu tragen, ohne Schmerzen zu empfinden. Die Witwe vergaß nicht, die Ratsherren darüber zu informieren, daß Catharinas Vater wegen Zauberei verbrannt worden und sie selbst bereits wegen desselben Delikts in Sassenberg inhaftiert gewesen sei.

Die Zeugenbefragung wurde zwei Tage später mit der Anhörung von Johan Reckers und Gertrud Jaspers fortgesetzt. Dem Erstgenannten waren zwei seiner Töchter verstorben, deren Tod auf Vergiftung zurückgeführt wurde. Reckers hatte aus diesem Grund zwei Wahrsager um Rat gebeten, war aber beschieden worden, man dürfe die Täter nicht nennen. Nichtsdestotrotz erzählten ihm die beiden, "Es gehe in seinem hause auß und in eine gnant Trine, (...), welche die leute solcher that halben bezichtigen." Damit war Catharina Scheventrup gemeint, von der Johan Reckers aber wußte, daß sie zumindest beim Tod seines zweiten Kindes nicht im Hause war.

Gertrud Jaspers wohnte mit der Verdächtigen in einem Haus. An sie wandte Catharina sich um Rat, als sie feststellen mußte, daß sie mit dem Tod der Reckerschen Töchter in Verbindung gebracht wurde. Gertrud empfahl ihr, aus der Stadt zu fliehen, falls sie schuldig sei (!). Die Magd beherzigte diesen Rat; sie flüchtete, wobei Gertrud Jaspers ihr sogar noch behilflich war.

Am 12. Februar wurde Catharina Scheventrup gefangengenommen und einen Tag später erstmals gütlich vernommen. Sie hatte 28 Fragen zu beantworten, die zunächst ihr Vorleben und ihren Ruf und sodann die ihr zur Last gelegten Unglücksfälle betrafen. Catharina gab schnell ihre familiäre Vorbelastung, die Besagung durch ihren Vater und ihre eigene Haft und Folter in Sassenberg zu, verwickelte sich aber in Widersprüche, als sie zu den Vorgängen in der Stadt Münster antwortete. Dazu stellte sich bald heraus, daß ihr in Sassenberg ganz konkrete Schadensfälle vorgeworfen worden waren; diese hatte sie zuvor bestritten. Aufgrund dieser Widersprüche ordnete der Rat am 19. Februar die Vornahme der Tortur an, zuvor vereidigte man aber noch die Zeugen auf ihre Aussagen. Tatsächlich durchgeführt wurde die Folter aber erst am 3. März. Catharina legte kein Geständnis ab, bat jedoch in der Tortur, "Man mögte sich doch ihrer erbarmen umb ihres krancken leibs willen und sie lieber auß der Statt verweisen." Genau das geschah zwei Tage später. Der Rat betrachtete Catharina zwar als expurgiert, das heißt gereinigt, durch die ausgestandene Folter, da sie aber in Sassenberg des gesamten Landes und Stifts verwiesen worden war und ohne Erlaubnis in Münster gelebt hatte, wurde sie als "suspecta persona" auch hier als unerwünscht entfernt.

Anna zur Steinhorst (1618/19)

Am 16. November 1618 hörte der Rat den Schneider Bernd Wentrup und die Ehefrau des Johan Palserkamp.[58] Die beiden gaben zu Protokoll, der etwa neunjährige Ernst Palserkamp, Stiefsohn des letzteren habe in aller Öffentlichkeit berichtet, wie ihn seine Großmutter Anna zur Steinhorst das Zaubern von Ferkeln gelehrt habe. Seiner Stiefmutter erzählte der Junge darüber hinaus, Anna zur Steinhorst und ihre Schwester mehrmals beim Tanz "ufr leinen" gesehen zu haben. Die anschließend vernommene Gesa zur Steinhorst erklärte hingegen, ihrer Schwester nichts Schlechtes nachsagen zu können; diese wohne seit 40 Jahren in Münster und habe bei guten Leuten gedient. Das einzige, was ihrem guten Ruf Abbruch tat, waren zwei uneheliche Kinder.

Anna zur Steinhorst muß in der Tat bereits sehr lange in Münster gelebt haben. Sie stammte gebürtig aus Füchtorf bei Warendorf, war alleinstehend, wahrscheinlich verwitwet, mit Sicherheit über 60 Jahre alt und erarbeitete sich ihren Lebensunterhalt als Dienstmagd durch Spinnen und gelegentliches Betteln.

Die Ratsversammlung ordnete zwar am Ende dieser ersten Anhörung eine weitere Zeugenvernehmung an, beschloß aber bereits zu diesem Zeitpunkt, Anna zur Steinhorst der Stadt zu verweisen, da genügend belastende Indizien vorlägen. Weil die Frau zudem ohne Abschiedsbrief und Bewilligung in die Stadt gekommen war, erhielt der Beschluß am 19.11. eine weitere Bekräftigung. Im Hinblick auf Ernst Palserkamp, "welchen, wie es scheinet, sie bereits etlichermaßen angeführet", beschloß der Rat, ihn in die Obhut der Jesuiten-Patres zu geben, damit er die Zauberkunst wieder verlernte.

Anfang Januar 1619 wurde Anna zur Steinhorst bei dem Versuch, den Stadtgraben zu durchschwimmen, um wieder in die Stadt zu gelangen, durch Jugendliche entdeckt. Der Rat ließ sie nunmehr verhaften,[59] da ihr Enkel sie in der Zwischenzeit weiter stark belastet hatte und in ihrem Haus verdächtige Töpfchen gefunden worden waren, "darauß der Junge sich mit ihr zum fliegen geschmiret zu haben angibt".

Am 10.1. legte man ihr in einem ersten gütlichen Verhör 43 Fragen vor, von denen leider nur die schwer einzuordnenden Antworten erhalten sind. In jedem Fall beteuerte Anna ihre Unschuld und erklärte, die aufgefundenen Töpfe, in denen sich schmierige Substanzen befanden, seien Vorratsbehälter für Öl, Schmalz und Butter. Da die Aussagen der Großmutter und ihres Enkels sich entschieden widersprachen, ordnete der Rat einen Tag später ihre Konfrontation an;[60] doch auch diese ergab keine neuen Erkenntnisse. Beide blieben bei ihren vorigen Darstellungen. Anna zur Steinhorst muß sehr genau gewußt haben, was dabei für den Jungen und sie auf dem Spiel stand; sie drohte ihm ("du solt mit sterben"), warnte ihn aber auch ("Du thust dir selbst entgegen"), als der Junge nicht nur sie, sondern natürlich auch sich selbst durch ausschweifende Erzählungen über Flug, Tanz und verschiedene Untaten an Tieren erheblich belastete.

Es ist dies in der Geschichte der Münsteraner Zaubereiprozesse das erste Mal, daß Bestandteile des 'gelehrten' Hexenmusters geschildert werden. Die bisherigen Fälle kamen - soweit nachweisbar - ohne diese Elemente aus; ja sogar der Teufel wurde nur dann ins Spiel gebracht, wenn es galt, den unvorhergesehenen Tod einer Angeklagten in der Haft zu erklären. Ernst Palserkamp hingegen bewies detaillierte Sachkenntnisse, wenn er erzählte, was seine Großmutter ihn gelehrt hatte, wie dies geschah, wie sie sich auf den Flug vorbereiteten, wo der Tanz stattfand, was sich dort tat und welche Untaten im Anschluß daran begangen wurden.

Am 13. Januar vernahm man eine weitere Zeugin.[61] Die Witwe Maria Jödefeld, bei der Anna gelegentlich Flachs gesät hatte, berichtete, daß ihr zu unterschiedlichen Zeiten insgesamt vier Pferde, neun Schweine und mehrere Kühe umgekommen seien; auch sah sie einen ursächlichen Zusammenhang zwischen dem Tod einiger Pferde und dem Mißwuchs des von Anna gesäten Flachses. Vor sechs oder sieben Jahren arbeitete sie zusammen mit Anna, die sich des öfteren bei ihr verdingte, auf dem Feld im Heu, als das Wetter sehr plötzlich umschlug und ein außerordentlich starker Regen ihr ganzes Heu verdarb. Dieses Ereignis erschien ihr ebenso verdächtig wie die Tatsache, daß Anna eine besondere Beziehung zu einer ihrer Mägde hatte, die sie nicht für sonderlich fest im Glauben hielt. Auf diese Aussage hin entschied der Rat, daß genügend Indizien vorlägen, und ordnete die Vornahme der Tortur sowie weitere Zeugenanhörungen an.[62]

Zunächst hörte man am 16. Januar die Nachbarn Margaretha Bökers und Bernd Wentrup.[63] Bei ersterer hatte Anna zur Steinhorst zuletzt gewohnt; sie sollte nun Auskunft geben über die im Haushalt gefundenen Töpfchen. Frau Bökers bestritt allerdings, diese jemals gesehen noch sie benutzt zu haben, wie Anna behauptete. Was ihr jedoch auffiel, waren die zahlreichen Katzen, die sich um das Haus trieben, "also daß sie auch wol zu Irem Man gsagt, Nun tantzen die

Molckenzeuberschen, Ihr auch wol in abwesen Ires Mans davon gegrawet".

Bernd Wentrup wußte von zahlreichen Streitigkeiten zwischen Anna zur Steinhorst und Ernsts Stiefmutter, die in seinem Haus lebte, zu berichten. Anna habe den Jungen ständig vom Schulgang abgehalten und wollte ihm auch die Anwesenheit bei seiner Stiefmutter nicht gestatten. Eines Tages war Anna, als sie bei einer derartigen Gelegenheit laut rufend vor dem Haus stand, mehr oder vielleicht auch weniger aus Versehen mit einem Faß Wasser begossen worden. Am nächsten Tag war Bernd Wentrup dann eine Kuh "gar eylendß umbkommen".

Drei Tage später wurde Anna im Niesingturm dem peinlichen Verhör unterzogen.[64] Die über sechzigjährige Frau konnte ihren Peinigern keinerlei Widerstandskräfte entgegensetzen: Beinahe sofort gestand sie, die Zauberkunst vor Jahren von einer Frau namens Anneke Godde aus der Witthöver-Stiege gelernt zu haben; sie habe Gott abgesagt und sich dem Teufel ergeben, von diesem dann schwarzes Kraut erhalten und damit der Frau Jödefeld Kühe und Pferde, einem Mann namens Lütke Bracht in St. Mauritz ein Schwein und Bernd Wentrup gleichfalls Kühe vergiftet. Außer einem Giftanschlag auf ein Mädchen in Telgte gestand sie auch, ihre Enkel das Zaubern gelehrt zu haben. Beim Hexentanz hätte sie auf einer Leine tanzen sollen, von der sie aber heruntergefallen sei; beim Tanz dabei waren die besagte Anneke Godde und eine Else Lyne an der Ritterstraße. Nachmittags legte man Anna ihre Antworten nochmals vor; sie widerrief bei dieser Gelegenheit sehr viele ihrer Angaben, besonders diejenigen, die den Abfall von Gott und das Bündnis mit dem Teufel betrafen, versuchte die Unglücksfälle auf natürliche Ursachen zurückzuführen und begründete ihr Verhalten folgendermaßen: "was sie geredet, hab sie auß Peine gesagt, sie müste ia was sagen".

Auf ihre Aussagen hin ordnete der Rat die Überprüfung der Angaben Annas bezüglich der Anneke Godde und des Lütke Bracht an.[65] Er verfügte aber gleichzeitig, daß "mit iterirter tortur nechst abschneidung der haaren gegen sie etwan ubermorgen verfahren werden solle," und zwar "wegen gespürten beharrlichen verdachts unnd argwohniger variation".

Diese erneute Tortur erlitt Anna zur Steinhorst in den Morgenstunden des 25. Januar im Ludgeri-Tor.[66] Die bemitleidenswerte Frau war offensichtlich nicht mehr Herrin ihrer Sinne und gab zum Teil sehr verworrene, sich widersprechende Antworten (unter anderem nannte sie dreimal verschiedene Orte, an denen sie Ernst das Zaubern gelehrt haben wollte). Mehrmals war sie kaum in der Lage zu antworten, entweder aus Schmerz, oder auch, weil sie möglicherweise nicht wußte, was sie gestehen sollte. Die anwesenden Richtherren deuteten dieses Schweigen hingegen als Verstocktheit infolge diabolischer Einwirkung. Anna zur Steinhorst gestand letztendlich weitgehend das, was sie auch während der ersten Tortur angegeben hatte. Sie erweiterte das Geständnis um das der Tötung weiterer Tiere in Warendorf, wo sie vorher lebte, und um detaillierte Angaben zu den Ereignissen bei dem Hexentanz. Die Liste der Personen, die sie dort gesehen haben wollte, ergänzte sie durch Elske Godde, Trineke Wilmers und eine Schneiderin namens Gertrud.

In der Zwischenzeit war die Stadt Warendorf um Hilfe im Fall zur Steinhorst gebeten worden, da sich die gestandenen Delikte zum Teil dort zugetragen haben sollten. Am 28. und 29. Januar trafen zwei Antwortschreiben in Münster ein.[67] Zunächst wurde erklärt, von einer Ausweisung Annas aus Warendorf (diese hatte sie unter der Folter gestanden) sei nichts bekannt. Eine Anneke Godde war ebenfalls unbekannt. Vielen der von ihr genannten Personen war Anna fremd; auch daß Vieh umgekommen sei, wurde verneint. Einzig Margaretha Wippermann, die Ehefrau von Henrich Sterneberg, konnte sich erinnern, vor ungefähr siebzehn Jahren eine Frau namens Anna aus Füchtorf als Magd beschäftigt zu haben. Dieser kündigte sie aber schon bald den Dienst auf, "dieweill dieselbe zwischen Irem Man und deßelben brueder viel tragen gethaen und uneinigkeit gemachtt, auch der Zauberei halben verdechtig gewesen". Außerdem sei derzeit die Milch der Kühe verdorben und im Faß rot geworden, was ihren Verdacht auf die Magd weiter bekräftigte.

In zwei gütlichen Verhören vom 31. Januar und 8. Februar wurde Anna zur Steinhorst auf die Diskrepanzen zwischen ihren Aussagen und dem ermittelten Befund hingewiesen.[68] Sie erklärte diese damit, daß sie einiges nur aus Schmerz und Qual heraus zugegeben habe. Sie bestätigte noch einmal das Geständnis derjenigen Delikte, die ihr auch von Zeugen angelastet wurden und die damit 'nachprüfbar' waren. Allerdings weigerte sie sich in der gütlichen Befragung, jemand zu besagen; auch habe sie sich nie gesalbt, um auf den Tanz zu kommen.

Obwohl dem Rat nunmehr ein auch in der gütlichen Befragung bestätigtes Geständnis vorlag, ordnete er weitere Ermittlungen an.[69] Daraufhin wurden Annas Schwestern Gesa und Greta zur Steinhorst zur Vernehmung und Johan vorn Hecke sowie Jörgen Brinkmann zur

Konfrontation[70] vorbeschieden. Die beiden Schwestern, die zusammenlebten, gaben vor, nicht viel Umgang mit Anna gehabt zu haben; besonders Greta betonte, sie sei "mit ihrer schwester kaum 1 stund ihr lebenlang umbgangen". Von dem Verdacht gegen Anna hatten sie gehört, auch, daß diese verhaftet worden war. Greta hatte "seider Zeit ihr schwester nicht leiden mögen", Greta entschuldigte ihr Fernbleiben vor dem Rat um Fürbitte für Anna mit der Tatsache, daß sie nicht gut laufen könne. Ob in der Verwandtschaft schon einmal Fälle von Zauberei vorgekommen waren, wußten sie angeblich nicht. Bei der Konfrontation zwischen Anna und den Zeugen vorn Hecke und Brinkmann bestand die Frau den Männern gegenüber auf der Wahrheit ihrer Aussage. Die beiden vermeinten sie nun auch als Bettlerin wiederzuerkennen. Johan vorn Hecke waren vor Jahren mehrfach Pferde vergiftet worden; in ihnen waren armlange Schlangen mit Köpfen gefunden worden. Ein Rabe, der von einem Pferd gefressen hatte, fiel sofort danach tot um. Jörgen Brinkmann war ein Schwein und gleich eine ganze Wiese vergiftet worden, so daß alle Tiere, die darauf grasten, verstarben.

Nun endlich schien die Indizienkette gegen Anna zur Steinhorst zufriedenstellend geschlossen zu sein. Am 1. März wurde ihr der peinliche Gerichtstag für den kommenden Morgen angekündigt, nachdem sie die in einem "Extrahierten Bekenntnis" zusammengefaßten Punkte ihres Geständnisses bestätigt hatte.[71] Dieses Geständnis umfaßte sechs Punkte, von denen sich der erste auf ihren Pakt mit dem Teufel und die restlichen auf den angerichteten Schaden bezogen.

In einem siebten Punkt in der Vorform des Geständnisses war darüber hinaus der Vollzug der Teufelsbuhlschaft aufgeführt worden;[72] dieser Punkt wurde von Anna gleichwohl bestritten und aus der endgültigen Fassung herausgestrichen. Am 2. März 1619 sprachen die Richter das endgültige Urteil über Anna zur Steinhorst: "daß sie nemlich Mit dem feur vom leben zum todte hinzurichten"[73] sei. Auf Bitten ihres Beichtvaters Pater Steill wurde ihr jedoch die Gnade erwiesen, vor dem Einwerfen der Leiter in das Feuer stranguliert zu werden; dies sollte allerdings heimlich geschehen. Ihre beiden Schwestern verwies man als verdächtige Personen am gleichen Tag der Stadt. Ernst Palserkamp wurde bei einem Leinenweber "zu guter Zucht und arbeit" untergebracht, weil er noch jung war und die Hoffung bestand, daß "er sich des handels noch abthuen mögte". Eineinhalb Jahre später, am 11. September

1620, teilte er jedoch das Schicksal seiner Großtanten; er erhielt einen Taler Zehrgeld und wurde der Stadt verwiesen.[74, 75]

Die Phase 1627-1635

Elsa Buddenboems (1627)

Der Fall Elsa Buddenboems stand 1627 am Beginn einer achtjährigen Phase, in der - für Münsteraner Verhältnisse - von einer Häufung der Prozesse gesprochen werden kann. Wurden davor während eines Zeitraums von 75 Jahren gegen insgesamt sechzehn Personen Ermittlungen eingeleitet, was einer durchschnittlichen Häufung von einem Prozeß innerhalb von viereinhalb Jahren entspricht, so brachten die Jahre zwischen 1627 und 1635 ein Prozeßaufkommen von durchschnittlich zwei Verfahren pro Jahr mit sich. Nach dieser Phase fand nur noch ein einziger Prozeß statt.

Elsa Buddenboems war die 28-jährige, unverheiratete und uneheliche Tochter Gretas zur Steinhorst, die im vorangegangenen Prozeß gegen Anna zur Steinhorst als verdächtige Person ausgewiesen worden war. Es zeigte sich in diesem Fall einmal mehr, daß verwandtschaftliche Beziehungen zu Zaubereiverdächtigen und -verurteilten häufig den Anstoß zur Einleitung eines Verfahrens bildeten.

Der Rat ordnete am 23.7.1627 die Inhaftierung Elsa Buddenboems an, nachdem diese von verschiedenen Geistlichen, speziell aber vom Guardian des Minoriten-Ordens denunziert worden war.[76] Darüber hinaus gaben ein starkes öffentliches Gerücht und ihre Verwandtschaft zu Anna zur Steinhorst als maßgebliche Indizien Anlaß zur Verhaftung.

Noch am gleichen Tag wurde die Frau auf der Stadtschreiberei erstmals gütlich verhört.[77] Der konkrete Verdacht gegen Elsa Buddenboems resultierte aus einem Ereignis, das sich im Hause der Witwe Conerding zugetragen hatte, bei der Elsa bis Ostern 1627 wohnte. In Frau Conerdings Haushalt lebte eine Magd namens Else, die vom "bösen feind" besessen war. Dieser Magd schenkte Elsa einen Kupferschilling, der bei einer Teufelsaustreibung, die Pater Michael, ein Kapuzinermönch, an der Magd vornahm, eine große Rolle spielte. Während des Exorzismus sprach nämlich der Teufel aus der Dienstmagd; er "solte gsagt haben, das gelt taugte nicht, darumb könte er nicht ausfahren"; außerdem denunzierte er Elsa

Buddenboems als "hexe[77] oder Zaubersche". Der Kapuzinermönch, der das bewußte Geldstück in Händen gehabt hatte, erkrankte kurz darauf. Er brachte sein Leiden mit Elsa in Verbindung und verdächtigte sie auch wohl öffentlich, denn kurz darauf verweigerte ihr der Guardian der Minoriten die weitere Abnahme der Beichte, zu der er sich vorher sechs Jahre lang anstandslos bereit erklärt hatte. Eine andere Magd, Elschen von Rheine, die in der Nachbarschaft wohnte, hielt sich ebenfalls für besessen und machte Elsa dafür verantwortlich. Angeblich war sie nach dem Genuß einer heißen Wegge, die Elsa ihr schenkte, in diesen Zustand geraten. Von einer Frau im Armenhaus zur Aa, die gleichfalls besessen sein sollte, wußte Elsa jedoch nichts; ebenso wies sie jede Beteiligung am Tode von Hühnern des Henrich Reer zurück. Auch waren bei ihr anläßlich einer Hausdurchsuchung verdächtige Töpfe gefunden worden; Elsa erklärte allerdings, in ihnen Öl, Tran und Seife verwahrt zu haben.

In einem erneuten gütlichen Verhör legte man der Frau 46 Frageartikel vor; über die dazu abgegebenen Antworten wurde Elsa Buddenboems vereidigt, was keineswegs einer in Hexen- und Zaubereiprozessen üblichen Praxis entsprach.[78]

Immerhin achtzehn Fragen betrafen ihre familiäre Vorbelastung, ihren eigenen schlechten Ruf und die Tatsache, daß "sie Elsa dazu stille geschwiegen, unnd ihre ehr nit verthediget". Sie gab an, sich erkundigt zu haben, ob wegen ihres Gerüchts eine Verhaftung zu befürchten sei, habe sich aber auf ihre Unschuld verlassen; im übrigen berief man sich ihr gegenüber stets auf den Teufel und dessen Aussagen während der Exorzismen, so daß sie niemanden wegen Rufschädigung belangen konnte. Danach wurde sie auf die Vorgänge im Conerdingschen Hause angesprochen. Eine besondere Rolle spielte dabei das verdächtige Geldstück. Die Richtherren unterstellten ihr, den Kupferschilling "mitt teuffelschen venin bestriechen" zu haben, was Elsa energisch bestritt.

Die Frau hatte vor Ermittlungsbeginn und während des Verhörs darum gebeten, die Wasserprobe an ihr vorzunehmen. Diese Bereitschaft werteten die Richtherren jedoch als zusätzliches belastendes Indiz. Der Rat sah spätestens seit dem Prozeß gegen Gertrud Bruns diese Form des Gottesurteils als Teufelsbetrug an und hielt ihr vor, Unschuldige sollten es "nit noetig haben durch ein solchs mittel sich ehrlich zu machen". Gegen den Vorwurf, die Besessenheit der Dienstmagd Else von Rheine mit einer heißen Wegge verursacht zu haben, verwahrte sich Else entschieden: Sie könne es nicht gewesen sein, da das Mädchen danach noch ungefähr vierzehn Tage gesund auf der Straße und zur Kirche gegangen sei.

Am gleichen Tag hörte man im Fall Buddenboems die Zeugen Clara Conerding, Margaretha Lagemann, den Pelzmacher Johan Nickhorn sowie dessen Ehefrau.[79] Die Witwe Conerding belastete Elsa stark. Angeblich sollte der Teufel, der aus ihrer Dienstmagd sprach, sie auch für die Besessenheit ihrer Tochter verantwortlich gemacht haben. Auch sei ein weiteres Mädchen, welches das verdächtige Geldstück berührt hatte, danach erkrankt, aber nach Waschungen mit Weihwasser wieder genesen. Frau Hagemann, von der Elsa das Geldstück erhalten hatte, bezeugte, ihr Geld sei damals nicht "schmierig" gewesen. Bei dem Ehepaar Nickhorn hatte Elsa zwei Jahre lang gewohnt. Beide berichteten von absonderlichen Krankheiten, von denen sie während des Mietverhältnisses geplagt worden waren:

> "Were nit ohne, als sie Nickhornische einmahl ufr Neybanck, und diese Elsa gegen ihr gesessen, daß ihr so ein übel und unwesen ankommen, das es erbärmlich, dan ihr ein solcher durchlauff, Item brechen ankohmmen, daß es schrecklich, dan sie mit großer pein unden und oben ein solch abgang ghapt, das es nit zusagen, und were der koht übernatürlich, das waßer auch grün und der koht gelb, was sie aber von oben ausgebrochen, schwartz gewesen, welches Übel den gantzen tag vom morgen bis zum Abend gewehret, bis D. Gigas Inen für vergifft medicin verordnet".

Einem Geistlichen namens Willms, welcher zu der Zeit bei ihnen wohnte, war Wundersames widerfahren: In einem Nachttopf, den er abends leer vor sein Bett gestellt hatte, war morgens Wasser entdeckt worden, "darüber sich der herr Willms (...) sehr verwundert" hatte. Diese detailgetreuen, farbenprächtig ausgeschmückten Geschichten verfehlten ihre Wirkung auf die Richtherren offenbar nicht, denn sie wurden zum Bestandteil des aus Elsa herausgepreßten Geständnisses.

Gleichfalls noch am 30. Juli erachtete die Mehrheit der Ratsverordneten die vorliegenden Indizien für genügend beweiskräftig, um die Tortur zu verhängen.[80] Elsa Buddenboems, die unter Depressionen litt und sich mit Suizidabsichten trug,[81] sah ihre Lage wohl als aussichtslos an. Nachdem ihr zu Beginn des am 2. August angesetzten peinlichen Verhörs[82] die Augen verbunden worden waren, erklärte sie ihre Geständnisbereitschaft und gab zunächst zu, die Tochter der Frau Conerding mit einem Apfel vergiftet zu haben. Dieses wollte sie mit "schwarzem Zeug", das ihr der Teufel gebracht und mit welchem sie das Obst versehen hatte, bewerkstelligt haben. Auch die verdächtige Münze war mit dieser Substanz bestrichen worden. Die Krankheit des Ehepaars Nickhorn verursachte sie durch Einatmen in deren Trinkkrug; das Wasser hatte sie in den Nachttopf geschüttet und auch etwas schwarzes Kraut hinzugefügt, damit der Geistliche davon erkrankte. Dieses Kraut war ebenfalls in der heißen Wegge gewesen, die die Besessenheit der Else von Rheine verursachte, wie auch zuvor der anderen Besessenen gegeben worden, "zu dem end, das der böser Geist nicht sobald ausfahren mögte". Kühe, Pferde oder anderes Vieh wollte Elsa nicht vergiftet haben; "das sej ihr nicht zu gelassen", ebensowenig wie sie dem Guardian der Minoriten etwas hatte antun oder sich an der Heiligen Hostie vergreifen können, die sie einige Male aufgehoben und im Garten vergraben hatte. Im Alter von neun Jahren war sie von Anna zur Steinhorst in die Zauberkunst eingeweiht worden. Während des Verhörs berief sich Elsa Buddenboems insgesamt sechsmal auf ihre Jugend und Unschuld als Entschuldigungsgrund, daß sie sich habe verleiten lassen; "solches bahte sie zu erwegen und ihr gnade zu erzeigen".

Nach Verlesung des Geständnisses vor der Ratsversammlung[83] hielten die Richtherren Elsa bei einer ersten gütlichen Wiedervorlage und Bekräftigung ihrer Aussagen dazu an, Mitbeteiligte am Hexentanz zu denunzieren. Zunächst weigerte sie sich und gab vor, von Geistlichen die Auskunft erhalten zu haben, dazu nicht verpflichtet zu sein. Dann nannte sie aber doch an erster Stelle Gertrud Bruns und deren Tochter, die Ehefrau Thies von Münster sowie eine Anna Schumacher. Am 6. August trug man Elsa Buddenboems das "Extrahierte Bekentnüsß" vor, welches in elf Punkten das umfaßte, was sie am 2. August gestanden hatte. Nochmals bekräftigte sie alles. Daraufhin wurde ihr für den kommenden Tag der endliche Gerichtstag angekündigt.[84] Man verurteilte sie dazu, "mit dem feur vom Leben zum todte hingerichtet" zu werden; gnadenhalber ließ man sie aber vor der Verbrennung strangulieren. So blieben ihr zumindest die Qualen des Feuertodes bei lebendigem Leibe erspart.

Auch im Fall Elsa Buddenboems blieben die Verfolgungen und Nachstellungen nicht auf ihre Person beschränkt. Wie dem Ratsprotokoll vom 6. August zu entnehmen ist, war am Tag zuvor versucht worden, in einem Akt der Lynchjustiz ihre Schwester am Jüdefelder Tor zu ertränken. Der Rat verwahrte sich gegen derartige

Vorfälle und gab den städtischen Pförtnern "ernstlich" auf, darauf acht zu haben, daß solches sich nicht wiederholte.

Marie Brüggers (1627)[85]

Bereits kurze Zeit nach der Hinrichtung von Elsa Buddenboems wurde der Fall Marie Brüggers verhandelt. Er nahm ein tragisches Ende: Die Frau verstarb in der Haft als Folge der erlittenen Folter.

Marie Brüggers stammte aus Ottmarsbocholt, war verwitwet und Mutter von sechs Kindern, von denen nur noch der Sohn Heinrich lebte. Sie wohnte seit etwa zwanzig Jahren in Münster. Der Rat ließ sie festnehmen, weil sie seit längerem im Gerücht der Zauberei stand, ein Kind und den eigenen Mann vergiftet haben sollte und die Wasserprobe zum Nachweis ihrer Unschuld verlangt hatte. Auch bei ihr spielte der Aspekt der verwandtschaftlichen Beziehungen eine gewichtige Rolle: Zwei Geschwister Marie Brüggers waren bereits wegen Zauberei hingerichtet worden. Wie schon in vorangegangenen Prozessen versuchte der Rat auch bei ihr, einen Schuldbeweis aus der gerichtlich unverfolgt belassenen, offenen Bezichtigung als Zauberin zu konstruieren.

Besonderheiten im Hinblick auf den Hexenglauben enthält der Fall Brüggers darüber hinaus nicht. Nach der Anhörung von sieben Zeugen und der Beantwortung von 41 Frageartikeln durch die Angeklagte entschied die Ratsversammlung wegen angeblicher Widersprüche auf die Vornahme der Tortur. In dieser legte Marie Brüggers ein Teilgeständnis ab; sie verstarb noch am Nachmittag des gleichen Tages im Beisein zweier Minoriten-Patres, eines Bottmeisters und des Schließpförtners im Ludgeri-Tor.

Eine genaue Deutung der Todesursache läßt die Niederschrift der Augenzeugenberichte ihres Sterbens nicht zu. Ein offensichtliches Zusammentreffen von Schock, Apathie und geistiger Verwirrung mißdeuteten die Anwesenden als Werk des Satans, der ein Geständnis seiner Verbündeten zu verhindern trachtete und sie dabei tötete. Nun konnte kein Zweifel an ihrer Schuld mehr sein. Unter fernerer Berücksichtigung der vorliegenden Indizien und ihres Teilgeständnisses sprach der Rat das posthume Urteil über sie, und so wurde die Leiche der Marie Brüggers am 23. September 1627 aus der Stadt zur Galgheide geschleift und dort verbrannt.

Clara Voß, Henrich Lohmann (1627), Wilbrand Blising, Christian Schöttelhöver (1629), Anna Voß (1635)

Die zusammengefaßte Darstellung obiger fünf Fälle resultiert aus der Identität der Delikte, die lediglich das Umfeld des Zaubereivorwurfs betreffen: Gegen die Angeklagten prozessierte der Münsteraner Rat wegen Wahrsagerei, Geisterbeschwörung, Kurpfuscherei und Schatzgräberei. Wie im Verfahren gegen Johan Brüning 1601 sah der Rat jedoch durchaus einen Zusammenhang mit der Zauberei als gegeben an, so daß von einem völlig andersartigen Tatbestand nicht die Rede sein kann. Am interessantesten gestaltete sich der Prozeß gegen Clara Voß, die auch die 'Kapuzinerkläre' genannt wurde. Er weist eine Fülle von Elementen des magisch-abergläubischen Weltbildes der damaligen Zeit auf.

Am 20. September 1627 vernahmen die Richtherren Kerckhoff und Ahlers die Witwe Agatha Schomacher und ihren 22-jährigen Sohn Gerd zu einem Vorfall, der sich in ihrem Haus abgespielt hatte.[86] Dort trieb seit etwa drei Jahren ein Gespenst sein Unwesen; die zu Rate gezogenen Kapuziner segneten das Haus und befahlen eine Beschwörung des Geistes. Zu diesem Zweck wandte sich Frau Schomacher an Clara Voß aus Sendenhorst, die im Gerücht stand, derartiges bewerkstelligen zu können. Clara wußte angeblich schon, warum die Witwe zu ihr kam, und erklärte sich zu dem Verlangten bereit. Nachdem sie ins Haus gekommen war, hatte sie "gestracks nach weichwaßer und nach Irem Sohn gefragtt", danach das Haus geweiht und gebetet. Als die Nacht kam, gab sie vor, am Bett des Sohnes wachen zu müssen. Um Mitternacht zog Clara sich dann nackt aus und stieg zu Gerd Schomacher ins Bett, versprach ihm ein Goldstück und französische Kleidung und verführte ihn damit zu sexuellen Handlungen. Auch in der darauffolgenden Nacht war Clara bei ihm gewesen und hatte "leichtfertige lieder gesungen", später aber in der Kammer der Zeugin geschlafen. Der Sohn war seitdem angeblich vor ihren Nachstellungen nicht mehr sicher. Außerdem fanden sich nach diesem Ereignis in allen Speisen Haare und Ungeziefer. Gerd Schomacher bestätigte diese Angaben und betonte ausdrücklich, er sei nur auf Claras "Zunötigung mit ihr in fleischliche vermischung geraten".

Noch am gleichen Tag wurde Clara Voß gefangengenommen und vor die Richtherren auf die Stadtschreiberei gebracht. Auf entsprechende Fragen gab sie zu, Gerd Schomacher geküßt zu haben, bestritt aber den unterstellten Geschlechtsverkehr ganz entschieden.

Statt dessen wollte sie einen rotäugigen Geist, den sie in der Schlafkammer gesehen hatte mit einem speziellen Gebet, fünfzehn Vaterunsern und anderen Gebeten beschworen haben. Geld hatte sie dem Sohn nicht, die Kleidung nur zum Scherz angeboten. Außerdem war ihr zu Ohren gekommen, daß Frau Schomacher und eine weitere Frau ihr nachsagten, wenn sie Geister sehen könnte, müsse sie auch wohl zaubern können. Davon wollte Clara Voß jedoch nichts wissen, genausowenig, wie sie jemals gesagt habe, sie könne Zauberer vom bloßen Ansehen her erkennen.

Der Rat, dem zwischenzeitlich weitere belastende Indizien zu Ohren gekommen waren, ordnete weitere Untersuchungen an.[87] Die am 25. September[88] gehörte Zeugin Margaretha Lükenbeck stellt Clara zunächst ein gutes Zeugnis aus: Sie habe sie gern im Hause gehabt und ihr viel Gutes getan, weil diese ganz besonders gottesfürchtig sei und stets mit ausgebreiteten Armen zu beten pflege. Clara hatte angeblich den Tod ihres Mannes vorhergesehen und ihr daher geraten, ihn ein Testament machen zu lassen. Ihr gegenüber sollte sie sich allerdings dahingehend geäußert haben, daß sie die Zauberer an ihren Augen erkennen könne.

Der Pfennigmeister Ditrich Morrien belastete Clara Voß dagegen. Seine Tochter, die Frau des Richters Marck in Sendenhorst, war verstorben, nachdem sie am Tag zuvor einen von Clara zubereiteten Trank zu sich genommen hatte, der eigentlich die Steigerung ihrer Fruchtbarkeit bezwecken sollte. Außerdem sah sie den Tod des Richters voraus, der auch tatsächlich eintraf. Am 27. September sagten Agnes Langermann und Catharina Tyde aus.[89] Von Agnes Langermann war Clara ein neuer Rock angeboten worden, falls sie es bewerkstelligen konnte, eine Heirat zwischen dem gerade verwitweten Richter Marck und Marie Stael, ihrer Nichte, zu vermitteln. Darauf antwortete Clara, der Mann würde innerhalb von vier oder fünf Wochen sterben. Catharina Tyde war die Dienstmagd der zwei Tage zuvor gehörten Margaretha Lükenbeck. Clara sei in deren Haus seit ungefähr zwei Jahren ein- und ausgegangen, habe sich oftmals aufgeführt, als ob sie besessen sei, und sich damit gebrüstet, Zauberer erkennen zu können. Seit anderthalb Jahren fühlte sich die Magd krank; sie war der Meinung, daß ihr Leiden übernatürliche Ursachen haben müsse. Gleichfalls am 27. September traf ein Auskunftschreiben des Bürgermeisters von Sendenhorst in Münster ein.[90] Auch dort war bekannt, daß Clara Voß Zauberer erkennen können wollte, nicht aber, daß sie Geister bannte oder selbst als Zauberin verdächtigt wurde. Clara hatte der Schwägerin des Bürgermeisters überdies zwei Agnus Dei und zwei Marienbilder geschenkt, deren Herkunft unklar war. Unter Berücksichtigung aller dieser Indizien ordnete die Ratsversammlung die Vornahme der Tortur an der Inhaftierten an, befahl aber deren Rückstellung bis nach weiteren Zeugenvernehmungen und Untersuchungen im Falle der angeblichen Heiligtümer.[91] Am 1. Oktober wurde Clara Voß über die Herkunft der Devotionalien zur Rede gestellt.[92] Dabei verwickelte sie sich in Widersprüche. Schließlich sagte sie aus, sie habe insgesamt zehn Agnus Dei, zwei Marienbilder, ein silbernes Kreuz und etliche Rosenkränze, die ihr allerdings von Soldaten geraubt worden seien, aus Münstereifel mitgebracht; dorthin hatte sie ein Kapuzinerpater namens Konstantinus gesandt, damit sie sich von der Diffamation im Fall Schomacher befreie. Der Frau des Richters Marck wollte sie nichts eingegeben, auch nicht seinen, wohl aber ihren Tod vorhergesehen haben.

Die Vernehmungen des Johan Teckenborg am 1.10.[93] sowie des Rotger Nüse am 5.10.[94] förderten weiteres Belastungsmaterial gegen Clara Voß zutage. Das Kind des Ehepaars Teckenborg war plötzlich an einem Augenleiden erkrankt. Man hatte viel von Clara gehört und diese zu sich um Rat gebeten. Auf ihren Vorschlag hin war aus Wachs eine Kinderfigur geformt worden, die der Heiligen Seele im Stift Paderborn geopfert werden sollte. Clara erklärte sich bereit, das Opferwerk dort zu verrichten, und war mit einem Taler für den Weg ausgestattet worden. Wie sich später herausstellte, hatte sie das Angebot mehreren Personen gemacht, auch Geld dafür bekommen, das Opfer aber nachfolgend nicht dargebracht.

Am 5. Oktober führte der Stadtsekretär Hollandt im Auftrage des Rats Ermittlungen im Beginenkloster Ringe auf der Ludgeristraße durch.[95] Dort pflegte Clara 1625 die an der Pest erkrankten Schwestern Maria Moderson, Richtmut zur Beek und Anna Keppels. Diese berichteten nun, Clara habe während ihres Aufenthalts im Kloster "gantz seltzame verdechtige händele getrieben", so daß die Schwestern wünschten, "Irer wieder ledig zu werden, sonderlich auch wegen Irer vielfeltiger unzehlbarer Lügen". Dann begannen die Schwestern, einige der Geschichten wiederzugeben, die Clara ihnen erzählte; diese lassen den Rückschluß zu, daß die Frau auf der einen Seite extrem abergläubisch gewesen sein muß, andererseits aber auch über eine ausgeprägte Phantasie und einen starken Geltungstrieb verfügte.

Nach einem Streit mit der Jungfer Moderson schützte Clara vor, ebenfalls an der Pest erkrankt zu sein und ließ nach Herrn Ditrich, dem Kaplan von S. Ludgeri, schicken, um ihm zu beichten. Als der Geistliche da war, "hatte sie den Caplan in dem inficijrten gemach wol ein stund vor sich sitzen laßen, aber nit beichten wollen, endlich sich schalckhafftig angestellt, Also das der Caplan darab erschrocken"; der Mann glaubte, den Teufel aus ihr reden zu hören, und sprach daher einen lateinischen Exorzismus über sie. Am nächsten Tag erklärte die Frau ihr Benehmen auf Vorhaltungen der Jungfern damit, ihr sei einstmals von einem calvinistischen Pfaffen ein Geist ausgetrieben worden; dies sei ein fliegender Geist, der manchmal wiederkehre. Am vorigen Abend sei er ihr in Gestalt einer dicken Fliege auf die Zunge geflogen und habe sie erst um drei Uhr morgens wieder verlassen. Der Stadtsekretär Hollandt kommentierte die Niederschrift dieses Märchens mit der Randbemerkung "Horribilia!".

In der Palmwoche hörten die Schwestern nachts über ihrer Kammer merkwürdige Geräusche, ähnlich Vogelgeschrei. Clara erklärte am folgenden Morgen, dies seien keine bösen Vögel gewesen; wenn die Jungfern mit einer Todsünde behaftet gewesen wären, hätten sie sie nicht hören können. Auf der Schule zu Sankt Ludgeri wollte Clara einen weißen Geist gesehen haben, im Ausgang einen großen Hund mit feurigen Augen. Dieser war ihr bis zur Kirche der Kapuziner gefolgt und hatte sich dort in einen Priester verwandelt. Im Klosterhof selbst war Clara nachts eine tote Jungfer erschienen, die rückwärts um einen Baum lief. Das sollte angeblich ein Zeichen dafür sein, daß die arme Seele nicht erlöst werden konnte. Zwei weitere verstorbene Schwestern folgten ihr bis in den Kirchhof von S. Ludgeri und begehrten dort von ihr, für sie zu beten. Clara sprach fünfzehn Vaterunser, damit waren die Seelen erlöst und verschwanden. "Mit dergleichen Fabelwerck, welchs nit all zu erzehlen, were sie steetz umbgangen, und weren der Lügen zu viell"; so der Kommentar der Schwestern, die Clara darüber hinaus noch verdächtigten, den Tod ihrer Mutter Richtmut Münstermann verschuldet zu haben.

Am 8. Oktober wiederholte die Ratsversammlung die Anordnung der Tortur; zuvor sollte Clara aber noch von den Jesuiten in geistlichen Dingen instruiert und zur Wahrheit ermahnt werden;[96] man erhoffte sich hierdurch wohl eine Förderung ihrer Geständnisbereitschaft. Dies Mittel fruchtete jedoch nichts; Clara gab in der Folter lediglich zu, gelogen zu haben, wenn sie angeblich Geister sah.[97]

Der Rat schien mit dem Stand der Ermittlungen unzufrieden zu sein, denn er ließ weitere Zeugen vernehmen. Nachforschungen in Claras Heimatort Sendenhorst erbrachten allerdings wenig; besonders im Hinblick auf einen möglichen Zaubereiverdacht war dort nichts bekannt.[98] Am 18. beziehungsweise am 20. Oktober wurden die letzten Zeugen vernommen.[99] Der Diener Gerhard Wesseling war vor einigen Jahren an der Pest erkrankt und hielt sich zu Pflegezwecken im Hause des Notars Johannes Neuhaus und seiner Frau auf. Die Pflege übernahm Clara Voß. Angeblich sollte sie sich auch diesem in sexueller Absicht genähert haben; das Ehepaar konnte dazu jedoch nichts aussagen, und der Diener bestritt, mit Clara Geschlechtsverkehr gehabt zu haben, "dan er [sei] ohne dem viel zu schwach gewesen". Dem Ehepaar Neuhaus vertraute Clara an, "sie wehr eine so heilige Junffer nit, wie die leuthe meyneten", denn immerhin sei sie schon im Alter von siebzehn Jahren Mutter eines Kindes geworden. Vor ungefähr 13 Jahren prügelte sie sich außerdem in Sendenhorst mit einer Magd, die ihr den Liebhaber ausgespannt hatte, und beschimpfte diese als Hexe und Zauberin.

Nach einer abschließenden Befragung der inhaftierten Frau fällte der Rat am 29. Oktober das Urteil: Clara Voß sollte am kommenden Tag an den Pranger gestellt und danach auf ewige Zeiten der Stadt verwiesen werden. Man war zwar der Meinung, daß sie wegen der zahlreichen Delikte, deren sie überführt galt, eine höhere Strafe verdiene, verzichtete aber darauf, weil sie in der Tortur schon ziemlich gelitten habe[100]. Am 30. Oktober wurde das Urteil vollstreckt; die Gerichtskosten trug wiederum das Gruetamt.[101]

Henrich Lohmann aus Nordwalde war bereits wegen Wahrsagens und Nachweisung verlorener Gegenstände vorbestraft, als er im November 1627 der Stadt verwiesen wurde, weil er auch hier seine "unzimlichen" Dienste anbot. Darüber hinaus mußte er eine Geldstrafe von 25 Talern zahlen.[102]

Der Teufelsbanner, Exorzist und Schatzgräber Wilbrand Blising kam mit seinem Helfer Gerd Kruse im Juli 1629 von Drensteinfurt nach Münster, um auf Bitten des hochverschuldeten Ehepaars Einhaus in dessen Keller einen Schatz zu suchen. Der Rat ließ alle vier Beteiligten festnehmen. Es stellte sich heraus, daß Blising, der offensichtlich auf Verdienstmöglichkeiten aus war, mehrfach versucht hatte, Personen an die Möglichkeit eines Schatzes in deren Haus glauben zu machen. Wilbrand Blising, Gerd Kruse und das Ehepaar Einhaus wurden der Stadt verwiesen, Blising zudem noch am Pranger mit Ruten gestrichen.[103]

Das gleiche Urteil sprach der Rat Anfang August 1629 über Christian Schöttelhöver aus Wolbeck.[104] Er betätigte sich als Heiler in der Stadt und verfügte über einen erstaunlich großen Kreis von

Klienten. Die Grundlagen seines Wissens entnahm er mehreren Büchern, die der Rat beschlagnahmen ließ und den Jesuiten zur Zensur vorlegte. Diese bescheinigten den gefährlichen Charakter der Bücher, die voll von Magie und Aberglauben seien.[105] Erschwerend wirkte sich für Schöttelhöver aus, daß er ein Wiederholungstäter war, dem sein Treiben schon zuvor vom Weihbischof Claessens verboten worden war.[106] Nach seiner Ausweisung ließ der Rat die Bücher des Mannes verbrennen.

Anna Voß aus Ahlen war die letzte in der Reihe derjenigen, die wegen magisch-okkulter Delikte aus der Stadt entfernt wurden. Sie war Anfang April 1635 vor allem deshalb festgenommen worden, weil sie sich als Wahrsagerin betätigte; ihre Sehergabe erklärte sie aus der Tatsache, nicht auf normalem Wege, sondern durch einen Kaiserschnitt das Licht der Welt erblickt zu haben. Der Rat hielt sich nicht lange mit Anna Voß auf: Innerhalb von fünf Tagen war das Verfahren mit der Stadtverweisung abgeschlossen.[107]

Adelheid Cappenberg gnt. Schürmann (1628/1644), Grete Wesseling gnt. Bökers (1628), Henrich Kaltermann (1629), Dirich und Anna Holling (1631), Trine Schloetmann (1634)

Bei den nachfolgend aufgezählten Fällen handelt es sich um kleinere Verfahren, während derer der Rat zumeist den Zaubereivorwurf mangels Beweisen fallen ließ.

Adelheid Cappenberg, eine 26-jährige Dienstmagd aus Alverskirchen, ist in der Geschichte der Münsteraner Zaubereiprozesse die einzige Person, gegen die zweimal ermittelt wurde. Man ließ sie nach der Denunziation durch Gertrud Autendorf "wegen suspicion veneficij" verhaften; der eigentliche Grund war die Erkrankung des Schuhmachers Herman Grote, mit dem zusammen Adelheid getrunken hatte. Im Bierkrug des Schusters fand sich ein Gegenstand in Form eines Hopfenkorns; mit ihm - so war der Mann überzeugt - hatte ihn Adelheid Cappenberg vergiftet. Nachdem Zeugenvernehmungen nichts Negatives über die Frau zutage förderten, entschied die Ratsversammlung, sie aus der Haft zu entlassen, da die ihr "zugemessene that gantz zweifelhafftig" sei.[108]

Sechzehn Jahre später klagte Herman Grote auf Anraten der Kapuziner erneut wegen desselben Delikts gegen Adelheid Cappenberg. Da sie ein Dokument ihrer Unschuld, welches sie sich

1628 vom Rat hatte ausstellen lassen, vorweisen konnte, ließ der Magistrat die Klage noch am gleichen Tag fallen.[109]

Ähnlich verlief die Denunziation des Böttchers Johan Wichmann gegen die Witwe Grete Wesseling aus Nienberge. Die Frau sollte der achtjährigen Tochter des Klägers als Katze in ihrem Zimmer erschienen sein. Nach der Verwandlung in ihre menschliche Gestalt habe sie dem Kind Weinbrand mit Zucker eingegeben, wonach dieses sofort erkrankte und Symptome der Besessenheit aufwies. Da keine weiteren Beschwerden oder Verdachtsmomente gegen Grete Wesseling vorgebracht werden konnten, ließ der Rat sie frei, da ihm die Aussagen eines kranken Kindes nicht maßgeblich genug erschienen.[110]

Henrich Kaltermann kam im Sommer 1627 mit seiner Familie von Albersloh nach Münster.[111] Er flüchtete von dort, weil ihn der Pastor von Wolbeck als Zauberer diffamiert und für den Tod von Menschen und Tieren verantwortlich gemacht hatte. Im Juli 1629 wurde Kaltermann beim Bohnendiebstahl vor dem Ludgeri-Tor auf frischer Tat ertappt. Im Verhör gingen die Richtherren auch auf seine Vergangenheit und den Verdacht der Zauberei ein. Sie ließen die Ermittlungen in dieser Hinsicht aber fallen, obwohl Kaltermann um die Durchführung der Wasserprobe bat.[112] Als überführter Gartendieb mußte er in die 'Wippe'[113]; anschließend wurde er der Stadt verwiesen.

Der Flickschuster Dirich Holling und seine Frau Anna fielen am 14. September 1631 auf offenem Markt über die Witwe Buchener her; sie schlugen und bedrohten die Frau, weil Dirich Holling von ihr als Zauberer und Werwolf beschimpft worden war. Nach ihrer Festnahme sprach der vernehmende Richtherr Ahlers, dem der zweifelhafte Ruf Hollings offenbar bekannt war, ihn auf diverse Verdachtsmomente an. Der Flickschuster, der nebenbei mit Lebensmitteln handelte, konnte alle Vorwürfe entkräften. Da außer der Schlägerei nichts gegen das Ehepaar vorlag, wurde es gegen Zahlung von zwanzig Reichstalern freigelassen.[114]

Das Verfahren gegen Trine Schloetmann, eine Magd aus Hiltrup, kam über die anfänglichen Vernehmungen von fünf Zeugen nicht hinaus. Die Frau wurde von dem Stadtsoldaten Tönis von der Boor für die Besessenheit seiner neunzehnjährigen Tochter Enneke verantwortlich gemacht; deren Krankheit stellte sich ein, nachdem sie mit Trine Schloetmann und anderen Frauen Flachs gebrochen hatte. Andere Zeugen konnten berichten, daß die Magd schon lange als zaubereiverdächtig galt.[115]

Die vorliegenden Indizien können als beweiskräftig genug angesehen werden, um den Rat zu einer Festnahme veranlaßt zu haben. Wenn dies nicht geschah, so ist (mit Humborg[116]) davon auszugehen, daß Trine Schloetmann sich ihrer Verhaftung durch die Flucht entzog.

Marie Eggers, genannt Aldenroxel (1630)

Die Ermittlungen gegen die Witwe Marie Eggers aus Albachten begannen am 5. Juli 1630 mit einem Schreiben des Rats der Stadt Münster an den Gografen zum Bakenfeld, in dem um Auskunft darüber gebeten wurde, ob das Gerücht über angebliche Besagungen der Frau begründet sei.[117] In der Antwort, die am 11. Juli eintraf, wurde mitgeteilt, daß Marie Eggers und ihre Tochter Else von der am 29. April an der Helle[118] hingerichteten Gertrud Welling aus Roxel beschuldigt worden waren, gleichfalls Zauberinnen zu sein; an mehreren Plätzen wollte sie die Witwe beim Tanz und anschließenden Gelage gesehen haben. Im Juni war sie außerdem von den verurteilten Zauberinnen Anna Kruse, Maria Roling und Marie Hommels besagt worden. In der Albachtener Niederbauerschaft sollte Marie Eggers darüber hinaus seit langer Zeit im Gerücht der Zauberei stehen.

Auf dieses Schreiben hin ließ der Rat die Frau am nächsten Tag festnehmen.[119] Die Ratsversammlung hielt die vorliegenden Indizien nicht nur ausreichend genug für die Gefangennahme, sondern sogar für die Verhängung der Tortur.

Einen Tag später wurde Marie Eggers erstmals gütlich verhört.[120] Die Richtherren Kerckhoff und Ahlers kamen anfangs gar nicht zu Wort; die Verhaftete erzählte ihnen sofort unaufgefordert, auf dem Eggemannschen Erbe zu Albachten sei Vieh gestorben, für dessen Tod sie verantwortlich gemacht würde; sie sei aber unschuldig. Sie glaubte auch den Grund der Bezichtigung zu kennen:

> "Sie hetten ihr Jarlich zehen Reixsthaler zum underhalt versprochen, dweil dieselben in dreien Jaren nit verrichtet, wolten sie ihr an den hals hangen, das sie die biester solte vergeben haben";

sie vermutete also handfeste materielle Gründe hinter der Anschuldigung. Auf weitere Befragung gab sie an, über 50 Jahre alt zu sein und seit mehr als zwanzig Jahren in Münster zu leben. Von den Frauen, die sie besagt hatten, kannte sie nur Anna Kruse und Marie Hommels. Marie Eggers wußte, daß sie im Gerücht der

Zauberei stand, und machte den Bauern Eggemann dafür verantwortlich, der sich nach dem Tod seiner Tiere an 'Heiden' um Rat wandte; diese weissagten ihm, Marie Eggers sei Schuld daran. Von einem besessenen Kind am Neubrücken-Tor, welches sie bezichtigte, wollte Marie nichts gehört haben. Als sie am Ende des Verhörs ermahnt wurde, ihre Schuld zu bekennen und sich vom Teufel zu Gott zu bekehren, antwortete sie entrüstet, "der böse feind hab nie kein macht über sie gehapt, solte die auch nit überkommen".

Am 19. Juli fand die erste Zeugenanhörung statt;[121] vernommen wurden die Nachbarn Johan Muesholt, Marie zur Werwill, Elsa Harding und Gesa Bokelmann. Marie Werwill beklagte den Tod eines Kindes, "so mit dem bösen leider behafft gewesen, wisse aber nicht, wem sie es zeihen solle". Den anderen dreien war zwar das Gerücht um Marie Eggers bekannt, aber vorzuwerfen hatten sie ihr nichts.

Basierend auf den bisher vorliegenden Erkenntnissen legte der städtische Fiskal-Anwalt am 21. Juli dreizehn Frageartikel vor,[122] die die Inhaftierte am folgenden Tag beantwortete.[123] Ob sie von den verurteilten Frauen besagt worden war, wußte Marie nicht. Eine Frau namens Marie Twist, die der Hinrichtung zugeschaut hatte, erzählte ihr, es seien lediglich Personen besagt worden, die am Kalkofen[124] zu Münster lebten. Nach Tanzplätzen befragt, auf denen sie gewesen sei, antwortete sie, "sie sei ihr lebtag uff keinem tantz gewesen, könne daher keinen ort benennen". Es stellte sich heraus, daß der Tod der Kühe auf dem Eggemannschen Erbe bereits zwanzig Jahre zurücklag; damals strengte Marie beim Gografen eine Verteidigungsklage an, mußte diese aber fallenlassen, da es keine Zeugen für die Beschuldigungen ihrer Person gab. Ob Eggemann in der letzten Zeit Vieh gestorben war, wußte sie nicht; da sie nicht offen bezichtigt worden war, derartiges verschuldet zu haben, konnte sie auch keine diesbezügliche Klage anstrengen, wie es die Richtherren von ihr erwarteten. Die achte Frage lautete, ob Marie bestreiten könne, von ihren Nachbarn wie auch von anderen der Zauberei bezichtigt worden zu sein. Das war eine glatte Lüge, denn die Nachbarn hatten sie im vorangegangenen Verhör ausdrücklich *nicht* belastet. Marie gab dann auch der Überzeugung Ausdruck, daß dies nicht wahr sein könne; das Gerücht sei "allein von Eggeman herkommen, und was einer sagte, würde bald ein gemeines geschrej". Zuletzt erklärte Marie Eggers, warum sie die Ehefrau Eggemanns' beschimpft und ihr Übles gewünscht habe: Sie sei verärgert wegen der Nachrede gewesen und habe ihr gegenüber geäußert, "Gott solte geben, das es der Eggemanschen und Iren kindern also gehen mögte, wie sie bei ihr gethan".

Mit Datum vom 2. beziehungsweise 8. August gingen zwei Schreiben beim Rat der Stadt ein.[125] Ersteres war im Namen der Verwandten Marie Eggers' von einem Anwalt abgesandt worden. Er führte in dem Brief Gesichtspunkte auf, die seiner Meinung nach gegen die Verhängung der Tortur gegen die Angeklagte sprachen, und bat, deren Anordnung so lange ruhen zu lassen, bis beweiskräftigere Indizien vorlägen. Der zweite Brief war von den Verwandten selbst verfaßt worden. Diese wiesen auf die Argumentation des Verteidigers hin und baten um die Freilassung Maries. Am gleichen Tag richtete auch der Fiskal-Anwalt ein Gesuch an den Rat. Er beurteilte den Stand der Dinge entschieden anders und sprach sich für die Anordnung der Tortur aus.

Der Rat muß sich in einer Zwickmühle befunden haben, denn erstmals nahm er zur Entscheidungsfindung in einem Zaubereiprozeß fremde Hilfe in Anspruch. Am 12. August wurde das Urteil gesprochen:[126] "Mit rhat unpartheyscher Rechtsgelehrten", die allerdings ungenannt blieben, wurde Marie Eggers gegen Leistung der Urfehde freigesprochen. Sie mußte jedoch die Gerichtskosten tragen und sich verpflichten, freiwillig zur Haft zu erscheinen, falls weiterer Verdacht gegen sie entstand.[127]

Greta Bünichmann (1635)

Ende Mai 1635 begannen die Ermittlungen im Fall Greta Bünichmann. Am 24. des Monats vernahm man auf der Stadtschreiberei Herman Kömnis als Zeugen.[128] Herman Grotenhoff, dem zwei Pferde eingegangen waren, hatte sich darüber bei ihm beklagt und hinzugefügt, "er hette seinen feindt im hause, der Ime das unglück anthete". Damit meinte er die in seinem Haushalt tätige Greta Bünichmann, die auch sein Kind betreute und mit ihm in einer Kammer schlief. Das Kind wies eines Morgens merkwürdige Kratzspuren auf der Stirn auf, die für verdächtig gehalten wurden. Auf diese Begebenheit sprach Kömnis die Magd an und erhielt die Anwort, daß sie das Kind möglicherweise im Schlaf gekratzt habe. Offenbar hielt er es nun für angebracht, den Rat zu informieren.

Der am nächsten Tag zu diesem Vorfall verhörte Apotheker Werner Wernking konnte den Verdacht gegen Greta Bünichmann erhärten.[129] Die Ehefrau Grotenhoffs war mehrmals bei ihm gewesen und hatte sich ihm gegenüber "über gros und merklich unglück, so ihnen an ihren Pferden, auch kind und sonsten etliche Jaren hero wiederfahren, fast wehemütig beclagt". Seit Greta Bünichmann vor sieben Jahren ins Haus gekommen war, seien 29 Pferde gestorben. Ihr Mann bekam eine ungewöhnliche Krankheit mit merkwürdigen Symptomen, die durch Handauflegen Gretas geheilt wurde. Die Magd hatte das Kind der Grotenhoffs beim Sprechen des Vaterunsers ständig unterbrochen und zu jeder Fürbitte, die das Gebet enthielt, "Nein" gesagt. Schließlich war dem Zeugen auch die Verletzung des Kindes an der Stirn referiert worden, die aussah, als ob sie dem Kind durch Katzenpfoten zugefügt worden war.

Diese Aussagen genügten, um Greta Bünichmann noch am gleichen Tag verhaften zu lassen. Sie gab zunächst an, aus Altenroxel zu stammen und seit etwa vierzehn Jahren in Münster zu leben. Ihre Eltern waren beide tot, die Mutter war als Zauberin vor zehn Jahren an der Helle verbrannt worden. Greta bestritt auf eine entsprechende Frage hin, damals von der Mutter besagt worden zu sein. Zu den gegen sie erhobenen Vorwürfen sagte sie aus, wegen des Todes zweier Pferde aus dem Hause Grotenhoff verjagt worden zu sein; an dem Unglück selbst sei sie unschuldig, die Tiere seien wegen "Schorffs" zu stark mit 'Rattenkraut' eingerieben worden. Zu der Krankheit Grotenhoffs, die sich vor ihrem Einzug in den Haushalt ereignete, war sie durch dessen Ehefrau selbst hinzugerufen worden. Die Verletzung des Kindes entstand dadurch, daß sie diesem, als es stark schnarchte, die Hand vom Munde zog; bei dieser Gelegenheit hatte sie es mit ihren langen, ungeschnittenen Nägeln gekratzt.

Nach dem Verhör ordnete die Ratsversammlung die Anhörung weiterer Zeugen an[130]; auf der Grundlage der hierbei gewonnenen Erkenntnisse wurde am 5. Juni die Vornahme der Tortur, "iedoch cum discretione ac justo moderamine", beschlossen.[131]

Greta Bünichmann ertrug die Schmerzen der Tortur, ohne ein Geständnis abzulegen.[132] Sie bestritt die ihr zur Last gelegten Vorwürfe; als die Tortur verstärkt wurde, "sagt und rufft sie, Ihr geschehe gewalt und unrecht". Dieser Beteuerung fügte sie hinzu, sie "habe dem Grotenhoff wol 70 Taler geliehen, so sei dis ihr Danck". Da außer Unschuldsbeteuerungen nichts aus ihr herauszupressen war, wurde die Tortur ergebnislos abgebrochen.

Dann jedoch überschlugen sich die Ereignisse. Greta wollte plötzlich gegenüber Anna, der Ehefrau des Scharfrichters, die im Gefängnis ihre Wunden behandelte, ein Geständnis abgelegt haben, und zwar "uff empfangene vertröstung für sie umb gnad zu bitten".

Am 12. Juni begaben sich der Richtherr Timmerscheid sowie der Stadtsekretär Hollandt in Begleitung der Scharfrichtersfrau zu ihr ins Gefängnis, um den Sachverhalt zu überprüfen.[133] Greta erklärte sich bereit, ihr vor zwei Tagen abgelegtes Geständnis zu wiederholen. Sie gab als erstes an, vor vier oder fünf Jahren ein Kind Herman Grotenhoffs vergiftet zu haben; dieses sei mit weißem Kraut geschehen, das ihr Buhle Hänschen brachte. Kurz vorher wollte sie die Zauberkunst auf dem Rückweg von Altenroxel von einer ihr unbekannten Frau erlernt haben. Ihre Reaktion auf die Frage nach ihrer Tätigkeit auf dem Hexentanz hielt der Stadtsekretär wie folgt fest:

> "Daruff fällt sie mit beiden handen nieder uff die erd, sagt und weiset, sie hette bückend stehen, sich zum leuchter gebrauchen, und cum venia, das liecht ad posteriora appliciren lassen".

Am 15. Juni bestätigte die Inhaftierte ihr abgelegtes Geständnis in allen Punkten.[134] Nach Mitbeteiligten auf dem Tanz befragt, nannte sie "die Honhofische, Greta Valehenne, Elske Halsbandts alle uffm Lappenbrink[135], die Kippische gegen der Honhofischen, Philips Grete". Der Tanz sollte am Kreuzweg nach Coerde stattgefunden haben. Sie selbst war auf einem Bock dorthin geritten.

Da Greta Bünichmann ein Delikt gestanden hatte, von dem bislang nicht die Rede gewesen war, die Vergiftung des Grotenhoffschen Kindes, beschied der Rat nach dem Verhör Frau Grotenhoff vor und vernahm sie zum Sachverhalt. Sie bestätigte die Angaben Gretas. Vor ungefähr sechs Jahren war ihr vierjähriger Junge unter eigentümlichen Umständen verstorben; Greta Bünichmann stellte damals die Diagnose, die sich als falsch erwies. Frau Grotenhoff verdächtigte sie bereits zu diesem Zeitpunkt, hatte es aber "Greten nit zeihen oder sagen dörfen, dweil sie ihr der Zeit 15 Taler schuldig gewesen, Nach der hand, wan ihr Pferde abgestorben, hette Grete Inen noch mehr gelt geliehen, umb Pferde wieder zu kaufen".

Nach der Verifizierung dieses Geständnispunktes beschloß die Ratsversammlung, Greta Bünichmann den endlichen Gerichtstag ankündigen zu lassen.[136] Als sich die Richtherren am Morgen des 18. Juni zu diesem Zweck zu der Frau ins Gefängnis begaben, mußten sie jedoch eine Überraschung erleben: Greta Bünichmann widerrief alles, was sie zuvor gestanden hatte. Wahrscheinlich sah sie in der Zwischenzeit ein, daß ihr Geständnis nicht zu der verhofften Gnadenbezeugung, sondern geradewegs auf den Scheiterhaufen führte. Die Frau erklärte ihr Verhalten denn auch damit, "des Scharpfrichters weib hette sie geschreckt, die herrn würden den Scharpfrichter von Cosfelt und andere mit dazu ziehen, dadurch sie aus forcht bewogen, etwas zu bekennen, welchs aber alles unwahr". Greta Bünichmann war also einer arglistigen Täuschung aufgesessen; in der Hoffung, ihr Leben retten zu können, glaubte sie der betrügerischen Zusicherung der Scharfrichtersfrau, für sie Gnade erwirken zu können. Da durch den Widerruf des Geständnisses die rechtlichen Grundlagen für die erneute Verhängung der peinlichen Fragen vorlagen, wurde noch am gleichen Tag die Vornahme derselben angeordnet.[137]

Am nächsten Morgen legte sie noch vor Beginn der Tortur wahrscheinlich aus Angst ein erneutes Teilgeständnis ab, widerrief es aber sofort wieder.[138] Als daraufhin der Scharfrichter hinzugerufen wurde, "sagt sie starck, was sie gsagt und bekant, hab sie dem weibe, nemlich der Scharpfrichterschen zu gefallen gsagt, dweil dieselbig es ihr vorgesagt, und sie sonsten mit der tortur angeschreckt".[139] Danach legte man ihr eine Beinschraube an; sie blieb jedoch bei ihren Unschuldsbeteuerungen: "Sie könne nichts, wisse nichts, (...), Was sie vorhin gsagt, hab sie aus angst und bangigkeit gtan, schreiet und clagt". Man besprengte die gepeinigte Frau mit Weihwasser, aber auch das hatte keinen Erfolg. Nach einer Pause brach Greta Bünichmann dann aber zusammen, gestand den Teufelspakt und die Vergiftung der Pferde und des Kindes des Ehepaars Grotenhoff mit weißem Kraut sowie die Tötung einer Kuh in Altenroxel vor vier Jahren. Danach wurde das peinliche Verhör abgebrochen. Das weitere Geständnis, das das Schicksal der Greta Bünichmann endgültig besiegelte, liegt nicht vor.

Am 23. Juni wurde das Urteil über sie gesprochen:[140] Man verurteilte sie zum Tode durch das Feuer; "wegen gespürten rew und Leidwesens" erwies der Rat ihr jedoch die Gnade, vor der Verbrennung enthauptet zu werden. Das Urteil wurde noch am gleichen Tag vollstreckt; die Kosten des Verfahrens trug wiederum die Stadt.[141]

Anna Holthaus (1643/44)

Der Prozeß gegen Anna Holthaus ist der letzte in der Reihe der Münsteraner Zaubereiprozesse, wenn einmal von dem gescheiterten Wiederaufnahmeversuch des Verfahrens gegen Adelheid Cappenberg im September 1644 abgesehen wird. Er weist einige Gemeinsamkeiten mit dem Fall Anna zur Steinhorst 1618/19 auf, denn hier wie dort wurden die Ermittlungen aufgrund massiver Bezichtigungen eines Kindes eingeleitet.

Am 30. Dezember 1643 fand eine erste Zeugenbefragung im Fall Holthaus statt.[142] Gehört wurden Gertrud Klaholt, die seit gut zwei Monaten das Kind Arnold Ramers betreute, Bernd Heumann und Catharina zum Dyckhaus. Gertrud Klaholt hatte vor vierzehn Tagen Verdächtiges an dem Jungen bemerkt. Das Kind berichtete von einem schwarzen Mann mit feurigen Augen, der im Zimmer sein sollte; nach einem gemeinsamen Kirchgang erweiterte es seine Erzählung dahingehend, daß es die Zauberkunst von der 'alten Mutter' (Anna Holthaus) gelernt haben wollte und mit ihr auf dem Tanz gewesen sei. Nachts überkamen Arnold heftige Anfälle; auch dann sollte der besagte schwarze Mann anwesend sein.

Der Baumeister Bernd Heumann sagte nichts Nachteiliges über Anna Holthaus, in deren Nachbarschaft er gewohnt hatte, aus. Er hatte lediglich bemerkt, daß Arnold Ramers erkrankte, nachdem er in ihre Pflege übergeben worden war. Auch die Dienstmagd Catharina zum Dyckhaus bestätigte dies, wollte aber sonst nichts Schlechtes über Frau Holthaus gehört haben. Sie wußte jedoch, daß diese eine andere Frau, die Kluckische, gebeten hatte, eine Wickersche in Dülmen um Rat bezüglich der Krankheit ihres Pflegekindes zu ersuchen. Die Antwort lautete, "daß des kindts großvatter in gestalt eines schwartzen Mannes mit einem feurigen staab uf dem Erbe Ramer gienge, und dem kind solches ehlend anthäte". Danach wurde Anna Holthaus selbst befragt. Sie gab zur Person an, aus Albersloh zu stammen und seit zehn Jahren in der Hollenbecker Straße im Stadtteil Überwasser zu wohnen. Vor sieben Jahren war ihr Arnold Ramers zur Pflege und Erziehung übergeben worden. Seit einem Jahr litt der Junge unter merkwürdigen Zuständen; Anna beteuerte jedoch, ihn nichts Böses, sondern nur gute, andächtige Gebete gelehrt zu haben. Darüber wollte sie auch die Wasserprobe bestehen. Sie bestätigte, eine Frau zu der Wahrsagerin nach Dülmen geschickt zu haben.

Am 2. Januar 1644 begaben sich die Richtherren ins Hospital, um Arnold Ramers selbst zu hören.[143] Dieser erzählte ihnen wahrhaft unglaubliche Geschichten: Zunächst beschrieb er, wie ihn seine Pflegemutter vor Jahren in die Kunst des Zauberns einweihte. Danach rieb sie ihn aus einem Töpfchen ein und nahm ihn mit zum Tanz. Wie sein Buhle dort hieß, wußte Arnold nicht; er bekam aber von diesem ein Zeichen in die Stirn gekratzt. Außerdem lehrte er ihn, wie er aus Mehl Hasen, Ratten, Katzen, Mäuse, Schweine, Wölfe, Esel und Kühe machen konnte. Annas Buhle las zu Tisch die Messe; sie selbst "sei ufm kopf gestanden, zum leuchter, und sei ihr ein kertze in hindern gesetzt." Katholische Gebete hatte Anna ihn nicht gelehrt, stattdessen ein Gebet gegen die Nachtmare.[144] Bei einer Konfrontation mit Anna beharrte der Junge darauf, die Wahrheit gesagt zu haben; die Frau selbst bestritt die Vorwürfe energisch.

Am 7. Januar begaben sich die Richtherren erneut ins Hospital, weil Arnolds jetzige Pflegemutter Gertrud Klaholt nochmals vernommen werden sollte.[145] Nachdem sich aber herausstellte, daß der Junge seine Angaben in der Zwischenzeit noch erheblich ergänzt hatte, beschäftigten sich die Richtherren ausschließlich mit ihm. Arnold erzählte ihnen von einem schriftlichen Vertrag zwischen ihm und seinem Buhlen, den dieser in Arnolds Handschrift anfertigte und in einem Kästchen verwahrte.

Am 9.[146], 11.[147] und 16.[148] Januar verhörten die Richtherren erneut Zeugen wie auch Anna selbst, wobei aber durchweg kein belastendes Material zutage trat. Wohl gaben einige Zeugen an, die Angeklagte habe ihre Jungfräulichkeit bereits mit zwölf Jahren verloren und etliche Jahre mit dem Vater ihrer unehelichen Kinder zusammengelebt; auch meinte man, beobachtet zu haben, daß sie mit einer verdächtigen alten Frau Umgang gehabt habe, aber ansonsten hatten die Zeugen "von diesem weibe (...) in der that kein unfrombkeit gespüret oder gehöret." Anna Holthaus selbst betonte gleichfalls, "außer dem daß sie mit gemeltem Holthauß ein Zeitlang unerbarlich gelebt, [hätte sie] sich fromm verhalten, wüste auch nicht, daß irgentswoh in ihrer nachberschafft kühe oder viehe unzeitig verreckt, oder gestorben, weniger vergeben sein solle."

Eine Woche später ließ der Rat vom Stadtsyndikus 23 Frageartikel entwerfen, die man der Frau zur Beantwortung vorlegte.[149] Obwohl außer der Beschuldigung durch Arnold Ramers keine weiteren stichhaltigen Indizien vorlagen, zog der Rat bereits in Erwägung, gegebenenfalls zur Tortur zu schreiten.[150] Tatsächlich geschah dies aber erst Mitte des nächsten Monats. Anna Holthaus' Antworten auf die 23 Fragen brachten nur wenig neue Erkenntnisse. Man warf ihr unter anderem vor, sich zur Wasserprobe erboten zu haben. Anna hatte jedoch in gutem Glauben gehandelt; sie habe "ghört, das sich etliche ufs wasser berufen, so theils unschuldig, auch woll schuldig befunden worden". Arnold Ramers war seit sieben Jahren bei ihr; als er von ihr genommen wurde, konnte er noch laufen, später zeigten sich dann aber schwere Lähmungserscheinungen. Als ihr unterstellt wurde, sie habe dem Kind die Krankheit angezaubert, antwortete sie, sie würde, wenn sie zaubern könnte, lieber jemand anderem etwas antun als ausgerechnet dem Jungen; diesen hätte sie viel zu lieb. Alles, womit Arnold Ramers sie belastet hatte, erklärte sie als erlogen; entweder sei es ihm vom bösen Feind eingegeben worden, oder er habe es auf der Straße oder in der Schule gelernt. Auch wies sie die Vermutung zurück, das Kind nur wegen materieller Vorteile - sie bekam zu dessen Unterhalt eine wöchentliche Ration von acht Pfund Brot, einem halben Pfund Butter sowie täglich zwei Maß Getränke - bei sich behalten zu wollen. Als Arnold erkrankte, unternahm sie verschiedenes, um seine Heilung herbeizuführen. Von der schon angesprochenen Wahrsagerin in Dülmen war geraten worden, einen halben Taler an arme Leute zu geben; eine Besserung trat nicht ein. Danach waren zehn Pfund Brot an Arme verteilt worden, weil Arnolds Mutter während der Schwangerschaft angeblich derartiges gelobt hatte. Aber obwohl Anna noch zusätzlich ein halbes Pfund Wachs für ein Bild erwarb, besserte sich die Krankheit des Kindes nicht.

Weitere Zeugenvernehmungen folgten.[151] Auch sie erbrachten nichts Neues. Es kristallisierte sich lediglich heraus, daß Anna Holthaus für recht abergläubisch gehalten wurde und es wohl auch war. So sagte zum Beispiel ihre Nichte Agnes Malteser aus, Anna wäre "allzeit, so lang sie dieselbig gekent, viel mit Geists werck umbgangen, hab aber von ihr keiner Zauberei halben ghört." Auf die Bitte nach Spezifizierung des "Geistwerks" erklärte sie, Anna habe stets Krankheiten auf den Einfluß von Geistern zurückgeführt.

Am gleichen Tag legte der Stadtsyndikus Anna Holthaus nochmals 22 Fragen vor. Sie stellen eine Kompilation der bisherigen Erkenntnisse dar; auch sie förderten keine neuen Belastungsmomente zutage. Die zum Teil ungeheuer konstruierten und weit hergeholte Vermutungen enthaltenden Fragen erwecken den Eindruck, als ob mit aller Macht versucht wurde, Anna Holthaus in Widersprüche zu verwickeln oder ihr Informationen zu entlocken, die doch noch zusätzliche Belastungsmomente enthielten. Das Mittel verfing jedoch nicht, so daß letztlich nochmals auf die erfolgversprechendste Methode der Konfrontation zwischen Anna und dem Hauptbelastungszeugen Arnold Ramers zurückgegriffen wurde. In der Zwischenzeit zweifelte man seitens des Rats wohl auch an der Glaubwürdigkeit des Jungen. Unter Berufung auf den Jesuiten Martin Delrio[152] wurde empfohlen, das Kind zu entblößen, mit Rutenschlägen zu bedrohen und es zu fragen, ob es nicht möglicherweise die Zauberei von jemand anders gelernt habe. Diesem Rat kam man am 28. Januar nach. Das Resultat war, daß der Junge in Tränen ausbrach und vor Angst schrie, von seiner Anschuldigung aber nichts zurücknahm. Auch bei der nachfolgenden Konfrontation ergab sich keine Veränderung der Positionen.

Der Rat wußte nun offensichtlich nicht mehr, was zu tun war. Wieder wurden Zeugen vernommen, wieder ergab sich aus den Befragungen nur längst Bekanntes.[153] Am 12. Februar wurden dem Rat in Form von sechzehn zusammengefaßten Artikeln die Verdachtsmomente gegen Anna Holthaus vorgetragen.[154] Über sie sollte die Frau nochmals gehört werden. Daß außerdem ihre Tochter in der Zwischenzeit aus der Stadt geflüchtet war[155], wurde als zusätzliches belastendes Indiz gewertet. Auf dieser Grundlage vermeinte der Rat nunmehr zur Anordnung der Tortur berechtigt zu sein.[156]

Diese wurde am Morgen des 15. Februar im Ludgeri-Tor vorgenommen.[157] Sie erbrachte jedoch nichts. Während der Tortur fand der Scharfrichter ein Stigma auf dem Rücken der Frau, worüber er den Richtherren Mitteilung machte.

Zu einer erneuten Tortur konnte sich der Rat zunächst nicht entschließen, zumal auch keine neuen Erkenntnisse vorlagen. Aus dieser Verlegenheit half man sich, indem man den Scharfrichter, Franz Henrich von Rüden, vorbeschied und befragte.[158] Dieser berichtete, das von ihm entdeckte Stigma, welches Anna als Pestnarbe erklärte, als unempfindlich befunden zu haben. Im übrigen sei es andernorts üblich, die vermeintlichen Hexen sowohl länger als auch härter zu foltern. Als Anna Holthaus danach bei einer Visitation im Gefängnis außer Frostbeulen an den Beinen keine sonderlichen, von der Tortur herrührenden Verletzungen vorweisen konnte, was nicht verwunderlich war, da diese schon sieben Wochen zurücklag, brachte ihr dies nur die erneute Anordnung der Folter ein.[159] Doch obwohl am 10. März zu den äußersten Mitteln gegriffen und die bemitleidenswerte Frau durch beidseitige Beinschrauben, Aufziehen und Rutenstreiche gequält wurde, gestand sie nichts.

Damit waren die rechtmäßigen Grenzen des Verfahrens, an die man sich in Münster zu halten pflegte, erreicht. Am 14. März sprach der Rat daher das Urteil über Anna Holthaus: Sie wurde, obwohl sie in zweimaliger Tortur nichts gestanden hatte, der Stadt verwiesen, da Arnold Ramers die Beschuldigungen gegen sie weiter aufrecht erhielt.[160] Der Rat scheint sich der zweifelhaften Entscheidung zur zweifachen Tortur durchaus bewußt gewesen zu sein; wenn er erklärte, Anna habe "aus allerhand umbstenden den verdacht, durch ersuchung der Wickerschen uff sich geladen, also die ihr begegnete tortur gnugsam beschuldet und verursacht", versuchte er, die Verantwortung für dieses Handeln von sich selbst auf die Verurteilte zu schieben.[161]

In Bezug auf Arnold Ramers war sich der Rat gänzlich unsicher, wie mit ihm zu verfahren sei. Er wandte sich mit einem Schreiben an die Theologisch-Juristische Fakultät in Köln und bat dort um Auskunft, "dweil keine beßerunge gespüret, noch verhoffet wird, (...), es [das Kind] seiner bekentnüß nach uff die gegenwertige Zeit alle nacht vom Bulen heimgesucht wirdt, und mit demselben unzucht treibet".[162] Die Antwort der Kölner Universität liegt leider nicht vor. Sie war jedoch Tagesordnungspunkt der Ratsversammlung vom 8. Juli 1644.[163] Ohne den Ratschlag des Kölner Expertengremiums zu referieren, teilt das Protokoll mit, daß man nicht geneigt war, diesen zu befolgen, und daß verschiedene Geistliche sich darüber "fast hefftig verwundert [hätten], , da in dergleichen casibus anderwertz andersst judicirt" worden sei. Es wurde angeordnet, Arnold Ramers versuchsweise in einem Kloster unterzubringen.

Anna Holthaus war zu diesem Zeitpunkt längst tot.[164] Sie wurde am 15. März um die Mittagsstunde vom Freigrafen der Stadt verwiesen und danach von Dietrich Bökers, dem Knecht des Scharfrichters, vom Ludgeri-Tor aus der Stadt herausgeführt. Der Knecht berichtete später, Anna sei verzweifelt gewesen und habe Suizidabsichten geäußert. Die erst fünf Tage zurückliegende harte Tortur muß den Lebenswillen dieser Frau, die trotz ihres Alters während der ganzen Zeit den Beschuldigungen, Verhören und Foltern standgehalten hatte, gebrochen haben. Als der Knecht zur Stadt zurückging, wurde Anna von einer Gruppe von Jungen zunächst mit Steinen beworfen, dann ergriffen und in den Stadtgraben gedrängt. Dort ertrank sie.

Beleidigungsklagen wegen Zauberei

Während der Arbeit mit dem Quellenmaterial - hier vor allem der Ratsprotokolle - fiel das zeitweilig recht häufige Vorkommen von Beleidigungsklagen wegen Zauberei auf.[165] Bei eingehender Betrachtung stellten sich gewisse Kriterien heraus, die interessante Aufschlüsse zu vermitteln vermögen. Zum einen ist dies das zeitliche Auftreten der Beleidigungsklagen, zum anderen deren Inhalt. Die Beschuldigungen beinhalten Informationsmaterial zum Volksglauben hinsichtlich Zauberei und Hexerei über bereits besprochene Fälle hinaus. Weiterhin ist der Entscheidungsfindung des Rates in derartigen Fällen eine nicht immer unerhebliche Bedeutung beizumessen. Einen Ausnahmefall stellt die Beleidigungsklage der Clara Lange gegen Catharina Kerstiens aus dem Jahre 1627 dar. Sie wird daher gesondert behandelt.

Auftreten und Inhalt der Klagen

Insgesamt wurden bei der Durchsicht der Ratsprotokolle 22 Beleidigungsklagen wegen Zauberei entdeckt. Die früheste verhandelte der Rat im April 1616, die letzte im November 1643. Achtzehn Klagen wurden von Frauen angestrengt, drei von Männern, und einmal klagte ein Ehepaar. Die bereits bei den Zaubereiprozessen nachweisbare Betroffenheit überwiegend des weiblichen Geschlechts wird hierdurch zusätzlich bestätigt. Über die Person der Klägerinnen läßt sich Konkretes nicht aussagen, da die Protokollauszüge hierzu wenig Informationen enthalten. Sieben Frauen waren nachweislich Witwen, vier verheiratet, eine ledig.

In sechs Fällen stehen die Beleidigungsklagen im Zusammenhang mit Zaubereiprozessen. Es handelt sich hierbei zunächst um die Klage der Catharina Heggemann, Schwester von Evert Heggemann, gegen Heidenreich Wieding vom September 1616. Im Mai 1627[166] und im Juli 1630[167] klagten erst die Tochter, später die Ehefrau des Zimmermanns Johan Heesen. Die beiden Frauen waren die Nichte und die Schwester der in der Folter gestorbenen Marie Brüggers. In den Monaten Juni, Juli und August des Jahres 1635 strengte die Witwe Honhoff drei Verteidigungsklagen vor dem Rat an.[168] Frau Honhoff war am 15. Juni des Jahres von Greta Bünichmann besagt worden. Da ihre erste Beleidigungsklage zeitlich vor der Besagung liegt, kann davon ausgegangen werden, daß Greta Bünichmann sie als bekannte Zaubereiverdächtige denunzierte.

Wie bereits erwähnt, verteilen sich die Beleidigungsklagen auf den Zeitraum von 1616-1643. Die größte Häufung liegt dabei mit siebzehn Klagen eindeutig im Zeitraum zwischen 1627 und 1635, also in exakt der Spanne, in die auch das vermehrte Auftreten der Zaubereiprozesse fällt. Bis auf wenige Ausnahmen gruppieren sie sich dabei um die Prozesse herum; sie treten nie zeitlich völlig losgelöst von ihnen auf. Dies läßt zwei Rückschlüsse zu: Zum einen könnte es ein Hinweis auf die mögliche 'Signal'wirkung der Prozesse sein. Die offizielle Verhandlung eines Zaubereiverdachts war natürlich schnell Stadtgespräch und wird eine beträchtliche Anheizung der Stimmung zur Folge gehabt haben, so daß lange gehegte Verdächtigungen und Befürchtungen in diesem Klima leichter geäußert werden konnten. Zum anderen bestand offenbar in diesem Zeitraum (1627-1630) ein verstärktes Bedürfnis, Mitmenschen zu verdächtigen und zu beschimpfen. Daß sich diese Tendenz nicht nur auf Zaubereiverdächtigungen bezog, belegt das Ratsprotokoll vom 28. März 1631.[169] Zu diesem Zeitpunkt mußte der Rat feststellen, daß "ein Zeithero viell schmehungen in dieser Statt ergangen, so schier impune oder doch langsam erörtert werden, (...)". Man sah sich also dem Ansturm der gerichtlich ausgetragenen Konflikte und Klagen nicht mehr gewachsen und ordnete im weiteren Rationalisierungsmaßnahmen zu deren Bewältigung an. Dies ist ein deutlicher Hinweis auf das Vorhandensein einer zunehmend aggressiven Stimmung in der Stadt, auf deren Ursachen später noch einzugehen sein wird.

Tatbestandlich handelte es sich bei den Beleidigungsklagen meist um Beschimpfungen als (Milch-)Zauberin, zum Teil durch andere ehrenrührige Bezeichnungen ergänzt. Zweimal - in beiden Fällen klagten Männer - waren die Betroffenen als Werwölfe beschimpft worden[170]; bei einer der Klagen kam hinzu, daß auch von "schmieren und fliegen" die Rede gewesen war. Im Juni 1635 klagte Elsa Rottmann gegen Christina Hüseken, diese diffamiere sie, "als ob sie eine verstorbene Person im fürübergehen über die strasse vergifftet und bezaubert"[171] haben solle. Die Tote, die Schwester der Beklagten, solle "mit dem anblasen vergifftet" worden sein. In zwei Klagen wurden Tierverwandlungen angesprochen.[172] Die beiden betreffenden Frauen wehrten sich gegen den Vorwurf, sich "in ein ratze verendert", also durch die Verwandlung in eine Ratte ihre Fähigkeit zur Zauberei unter Beweis gestellt zu haben.

Im allgemeinen entschied der Rat Beleidigungsklagen wegen Zauberei dahingehend, daß die beiden Parteien 'Hand und Mund' gegeneinander halten sollten, besonders dann, wenn die Beleidigungen provoziert oder durch Beschimpfungen vergolten worden waren. Falls die Beschuldigten die Vorwürfe leugneten, lag die Beweislast auf seiten der Kläger, denen es jedoch nicht immer gelang, Zeugen beizubringen. In einem Einzelfall wurde eine (später wieder zurückgenommene) Stadtverweisung ausgesprochen, die daraus resultierte, daß zu der Beleidigung noch Sachbeschädigung hinzukam: Der Beschuldigte hatte der Klägerin die Fenster eingeworfen.[173] In nur einem einzigen Fall sprach der Rat eine wirklich harte Strafe aus, und zwar in der Beleidigungsklage der Clara Lange gegen Catharina Kerstiens.

Die Klage Clara Lange vs. Catharina Kerstiens

Das Besondere an dieser Klage ist, daß sie ein Mitglied der städtischen Oberschicht betraf. Clara Lange war die zweite Ehefrau des Stadtsekretärs Henrich Hollandt. Soweit nachweisbar, handelt es sich hier um den einzigen Fall von Zaubereiverdächtigung, der sich auf einer höheren gesellschaftlichen Ebene abspielte als der große Rest der Beleidigungen und Prozesse. Auch die Beklagte Catharina Kerstiens entstammte einer angesehenen Familie aus dem Schmiedeamt.

Dem Protokollvermerk vom 22. Oktober 1627[174] zufolge befand sie sich zu diesem Zeitpunkt bereits vierzehn Tage in Haft, weil sie Clara Lange verleumdet hatte, von der gut zwei Monate zuvor hingerichteten Elsa Buddenboems als Zauberin denunziert worden zu sein. Catharina Kerstiens wurde gezwungen, die Beschuldigung öffentlich zu widerrufen und "mit gebogenen knien umb Gottes willen verzeihung" zu erbitten. Ursprünglich war vom Rat beschlossen worden, sie zudem auf dem Pranger mit Ruten streichen zu lassen. Man ließ diese Entscheidung aber fallen, da sie sich reumütig zeigte, und verwies sie 'nur' der Stadt. Nach flehentlichen Bitten (sie war verheiratet und hatte kleine Kinder) und mit Zustimmung des Sekretärs Hollandt durfte sie die Stadt einen Monat später wieder betreten. Der Marktmeister Philip zur Möllen, der an der Verbreitung des Gerüchts beteiligt war, wurde ebenfalls verhaftet und für einen gewissen Zeitraum seines Amtes enthoben.

Im Gegensatz zum moderaten Verhalten bei Beleidigungen, die in den sozial niedrigeren Schichten ausgetragen wurden, reagierte die städtische Elite also außerordentlich gereizt, wenn ein Mitglied aus ihren eigenen Reihen angegriffen wurde. Der gleiche Tatbestand, dem sonst durch die Anordnung einer friedlichen Einigung zur Aufrechterhaltung von Ruhe und Ordnung ein fast schon wohlwollendes Desinteresse zuteil wurde, empörte nun die Gemüter und führte zu einem drastischen Strafmaß. Offenbar war Zauberei in Münster kein Delikt, das mit Führungsschichten in Verbindung gebracht werden sollte und konnte. Dies entspricht einer allgemeinen Tendenz, nach der die sozialen Unterschichten von Hexenverfolgung und -prozessen weit stärker betroffen waren als die gesellschaftlich dominanten Gruppen.[175] In dieser Hinsicht stellte Münster also keine Ausnahme dar.

Randdelikte

Hauptsächlich sollen unter dieser Bezeichnung Delikte aufgeführt werden, die in Münster häufig im Umfeld der Zauberei auftraten und ihr zum Teil zugeordnet wurden.

Wie schon in den geschilderten Prozessen zu sehen war, konzentrierten sich die Ermittlungen des Rates durchaus nicht immer auf klar definierte Fälle von Zauberei. Gewisse Formen der Schatzgräberei, Nachweisung, Geisterbeschwörung und des Heilens wurden, sofern die Ausübenden sich magisch-abergläubischer Methoden bedienten, gleichfalls in die Nähe der Zauberei und des Aberglaubens gerückt. Daneben existierten aber auch noch andere Delikte, denen zuweilen der Ruch des Zauberischen anhing.

Mit Sicherheit trifft dies auf den Glauben an Werwölfe zu, der sich vereinzelt in den Quellen fand. Im vorangegangenen Abschnitt wurden bereits zwei Beleidigungsklagen angeführt, in denen die Kläger als Werwölfe beschimpft worden waren. Darüber hinaus liegen aus dem Jahr 1631 Informationen über einen Prozeß gegen einen vermeintlichen Werwolf aus Senden vor.[176] Die Mitteilungen sind spärlich; offenbar wurden sämtliche Ermittlungen in Senden durchgeführt. Es handelte sich bei dem Betroffenen um einen gewissen Johan Schemmermann, gegen den zunächst wegen Zaubereiverdachts ermittelt wurde. Die Ratsversammlung vom 11. Juli war sich nicht einig, ob gegen den Mann die Tortur zu verhängen sei, und gab dem Gografen Lübbert Meier den Bescheid weiterer Inquisition auf. Wahrscheinlich ist dann zwischenzeitlich anders entschieden worden, denn am 4. August verurteilte ihn der Rat von Münster, "weil er an der Zauberej nit allein, und das er Gott Allmechtigen verleugnet, und dem bösen feindt sich ergeben und zugesagt, sondern auch als ein Wahrwolff sein und andere biester gebissen und getödtet" habe, zum Tode durch das Feuer; weil der Mann sich bußfertig zeigte, wurde ihm die Gnade der vorherigen Strangulation gewährt. In Münster selbst war der Glaube an Werwölfe kein Bestandteil der durchgeführten Prozesse.

Auf eine Vermengung von Zauberei und Wahrsagerei weist ein Vorfall vom März 1634 hin.[177] Henrich Berchaus aus Altenberge war gefangengenommen worden, weil er einen Schuhmachergesellen namens Tönis Luggen auf offener Straße verprügelte; dies geschah "wegen bezichtigten diebstalls uff einer hexen oder vermeinten Wahrsagerinnen von Telgt falsche anzeig" hin. Henrich Berchaus hatte offenbar blindes Vertrauen in die Auskunft der Wahrsagerin und bezweifelte ihre Glaubwürdigkeit nicht. Der Stadtsekretär als Repräsentant der Obrigkeit stellte die Frau jedoch auf eine Stufe mit einer Hexe. Hier werden die Unterschiede in der Rezeption derartiger Praktiken zwischen Bevölkerung und städtischer Elite sichtbar.

Hin und wieder wurden Zauberei und Diebstahl zusammengerückt. Dies war der Fall bei Henrich Kaltermann, bei dem der Zaubereiverdacht aber nicht weiter verfolgt wurde, und bei einer Diebin namens Clara Bone, die im Oktober 1630 vor ihren Richtern stand; außer über ihren Tuchdiebstahl begehrten diese auch noch Auskunft über die Todesumstände ihres zweiten Mannes, der vergiftet worden sein sollte.[178] Auch hier ermittelte der Rat nicht weiter im Hinblick auf Zauberei. Gleiches geschah mitunter bei Ehebruch oder Sittlichkeitsdelikten. Sowohl Claus Gerling als auch Evert Heggemann gestanden einen Ehebruch, nicht aber Zauberei. Clara Voß hatte sich ungebührlicherweise an den jungen Gerd Schomacher herangemacht, und auch Wilbrand Blising hatte 1629 seiner Klientin, die im damaligen Prozeß als Zeugin gegen ihn auftrat, eindeutige Avancen gemacht.[179] Es ist allerdings nicht zu vermuten, daß hier ein ursächlicher Zusammenhang, beispielsweise in Form eines Liebeszaubers, vorlag. Derartige Praktiken sind in den Quellen nicht nachzuweisen. Wahrscheinlicher ist die Annahme, daß der schlechte Ruf eines Angeklagten hier nur um einen weiteren Punkt ergänzt wurde. Im Falle erfolgloser Ermittlungen und geständnisunwilliger Angeklagter in Zaubereiprozessen konnte der Rat darüber hinaus froh sein, wenn die Angeklagten ein Delikt zugaben, das eine Stadtverweisung rechtfertigte. Eine traditionelle Verbindung von Zauberei und Diebstahl beziehungsweise Ehebruch ist also nicht gegeben.

Ebenso muß jede Verknüpfung mit Delikten, die den menschlichen Reproduktionsbereich betrafen, verneint werden. Auch ist keine einzige der Münsteraner Angeklagten eine Hebamme gewesen. Wohl berief sich Elsa Lülesmann 1627 auf die "anreitzung des bösen feindts"[180], als sie ihr Neugeborenes erstach; ihre Strafe (Enthauptung und anschließende Pfählung) entsprach aber der einer Kindesmörderin. Der plötzliche Tod eines scheinbar gesunden Kindes brachte Anna Aschbrock im Februar 1616 zwar vor die Richtherren, aber als Klagende, da sie von einem Nachbarn als "Schandsack und Kindsmörderin" beschimpft worden war.[181] Der Rat verfolgte den Vorfall nicht weiter, geschweige, daß er ihn mit Zauberei in Verbindung brachte. Selbst bei einem Kindesmord im Jahre 1547, in dessen Vorfeld ein Abortversuch mittels diverser Kräuter und Tränke unternommen worden war, fand keine Verknüpfung mit Magie statt.[182]

Es kann also davon ausgegangen werden, daß der Münsterische Rat von einem ganz bestimmten Deliktbild der Zauberei geprägt war. Vergehen, die den menschlichen Reproduktionsbereich, Liebe und Sexualität betrafen, gehörten einwandfrei nicht dazu.

Lynchjustiz

Die in mehreren Fällen nachweisbare Lynchjustiz an zaubereiverdächtigen Frauen bringt offenkundige Differenzen zwischen Volksempfinden und offiziellem Ratsverhalten zum Vorschein.

Am deutlichsten wird dies am Beispiel der Anna Holthaus. Diese Frau konnte der Zauberei nicht überführt werden; man verwies sie der Stadt, weil sie Umgang mit "Wickerschen" gehabt hatte. Kaum befand sie sich außerhalb der Stadt, wurde sie von Straßenjungen ertränkt. Diese führten stellvertretend für die Bevölkerung das aus, was die Frau in ihren Augen verdiente. Man hielt sie für schuldig und war mit dem Urteil des Rates nicht einverstanden; daher wurde sie ihrer 'gerechten' Strafe zugeführt.

Ähnliches geschah in den Jahren 1627 und 1630. Im Mai 1630[183] wurde eine namentlich nicht bekannte Frau "außerhalb dieser Statt durch etliche Buben und Studenten" mit einem Seil gefesselt und ins Wasser geworfen, "druff auch der frawen todt im waßer erfolgt". Diese Tragödie geschah, weil die Frau als zaubereiverdächtig galt.

Am 5. August 1627 widerfuhr ähnliches der Schwester von Elsa Buddenboems, deren Prozeß kurz vor der Urteilsverkündung stand. Ob sie dabei zu Tode kam, bleibt unklar. Vorkommnisse dieser Art müssen sich häufiger ereignet und dem Rat einiges Kopfzerbrechen bereitet haben. Am 6. August 1627, unmittelbar nach dem Überfall auf die Schwester Elsa Buddenboems, reagierte er durch eine Verfügung, die die Ausübung von Selbstjustiz in Fällen von Zaubereiverdacht unter strenge Strafe stellte.[184] Eltern und Handwerker wurden im besonderen dazu angehalten, "ihre kinder in besserem Zwange und gehorsam" zu halten sowie "ihren Knecht und Jungen dergleichen muthwillen ernstlich [zu] verbieten, sie davon abhalten, und ein ieder uff sein kinder, kostgenger, knecht, Megde, auch Jungen und gantzes haußgesinde dergestalt acht gebe und sie im Zaum halte". Bei Zuwiderhandlungen der Kinder oder des Gesindes drohte der Rat Erziehungsberechtigten und Lehrherren Strafen an.[185]

Der Rat zeigte hier deutlich, daß er nicht gewillt war, derartiges zu dulden. Zum einen griffen diese Vorkommnisse natürlich seine Autorität als oberste Justizinstanz in der Stadt an, andererseits war eine Stimmung, die sich in Akten der Lynchjustiz entlud, zur Aufrechterhaltung von Ruhe und Ordnung sowie eines verträglichen Sozialklimas tunlichst einzudämmen. Nicht zuletzt versuchte der Rat aber auch, durch den Erlaß die betroffenen Personen zu schützen; er betonte die besondere Unrechtmäßigkeit der Lynchjustiz, indem er hervorhob, die Überfallenen seien "gleichwohl vor der Obrigkeit noch nicht angeklagt, weniger verdammet gewesens".

Das Ende der Prozesse

Das Verfahren gegen Anna Holthaus 1644 war der letzte Zaubereiprozeß, der in Münster geführt wurde. Welche Gründe könnten für das Ende der Prozesse zu diesem Zeitpunkt verantwortlich sein?

Zum einen muß gesagt werden, daß das Ende der langsam auslaufenden Prozeßserie eigentlich schon 1635 erreicht war. Danach folgte ein Zeitraum von acht Jahren, in denen im Hinblick auf Zauberei überhaupt nichts geschah. Der Prozeß Holthaus kann bereits als Sonderfall gewertet werden, denn er ist nur und ausschließlich durch die hartnäckigen Beschuldigungen des Kinds Arnold Ramers ausgelöst worden, dessen vermutlich psychopathische Disposition noch zu erörtern sein wird. Anna Holthaus wäre ohne diese Bezichtigung nie der Zauberei angeklagt worden, denn sie hatte einen guten Ruf; keiner der vernommenen Zeugen konnte ihr einen derartigen Verdacht nachsagen. Insofern war das Kapitel Zaubereiprozesse bereits 1644 abgeschlossen.

Hinzu kommt, daß Münster nie der Ausgangspunkt von Massenprozessen gewesen ist. Die verhandelten Fälle waren Einzelerscheinungen, die in keinem Zusammenhang zueinander standen. Auch das beschleunigte das Ende der Prozesse; der ideologische Grund, der sie nährte, war in Münster einfach zu dünn.

1643 wurde Münster im Vorfeld der Friedensverhandlungen zur Beendigung des Dreißigjährigen Krieges von Kaiser Ferdinand III. für neutral erklärt; 1645 begannen die Friedensverhandlungen. Dieses Ereignis wird die städtische Mentalität nachhaltig geprägt haben. Obwohl stichhaltige Beweise fehlen, sollte davon ausgegangen werden, daß Auswirkungen im Bereich des Zauberglaubens wahrscheinlich sind. In einer Stadt, in der sich Gesandte aller Herren Länder aufhalten, um ein weltbewegendes Ereignis vorzubereiten, und in der alle Anstrengungen unternommen werden, diese standesgemäß zu beherbergen und ihnen ein angenehmes Leben zu bieten,[186] färbt ein solches Klima, ein neues Lebensgefühl, wohl auf alle Schichten der Bevölkerung ab.

1650 starb Fürstbischof Ferdinand von Bayern; seine Nachfolge trat Christoph Bernhard von Galen an. Ihn zeichnete eine vorsichtige Haltung gegenüber dem Hexenglauben aus, und unter seiner Herrschaft gingen die Hexenprozesse im Fürstbistum Münster generell bis auf Einzelfälle zurück.[187] Dies ist insofern von Bedeutung für die Stadt Münster, als Christoph Bernhard ein konsequent absolutistisch gesonnener Landesherr war, der die Hauptstadt seines Fürstbistums nach mehrjährigen Auseinandersetzungen 1661 ihrer städtischen Freiheiten beraubte. Der Rat wurde nun nicht mehr gewählt, sondern vom Fürstbischof ernannt; der Einfluß auf die städtische Jurisdiktion ging hierdurch verloren. Seitdem waren es der Landesherr beziehungsweise sein Stadtrichter, die darüber entschieden, ob Prozesse wegen Zauberei eröffnet wurden oder nicht. Diese beiden äußeren Gründe mögen hauptsächlich für das Ende der Prozesse verantwortlich gewesen sein; der Glaube an Zauberei und Magie wird jedoch wohl nur langsam aus den Köpfen der Bevölkerung verschwunden sein.

Ergebnisse

Zwischen 1552 und 1644 ermittelte der Rat in 29 nachweisbaren Verfahren gegen insgesamt 40 Personen wegen Zaubereiverdachts. Während dieses Zeitraums kann eine Häufung der Prozesse in den Jahren 1627 und 1635 beobachtet werden. Die einzelnen Verfahren stehen unabhängig voneinander im Raum; es sind Einzelprozesse, die keine weiteren nach sich zogen. Es handelte sich dabei durchaus nicht immer um reine Zaubereiprozesse; auch Beschwörungen, Segnungen, Heilungen usw. brachte der Rat mit Zauberei in Verbindung und ermittelte dementsprechend. Andere Delikte außer den genannten abergläubischen Praktiken fielen jedoch nicht unter den Zaubereibegriff. Mehrere Fälle von Lynchjustiz belegen, daß das Gerechtigkeitsempfinden der Obrigkeit und das der Bevölkerung zum Teil erheblich voneinander abwich.

'Die Tränenprobe' von A. Oberländer, aus : 'Ausgeburten des Menschenwahns' von B.E.König, um 1900

Der prozessuale Verlauf der Zauberei-verfahren in Münster

Im nachfolgenden Abschnitt sollen zunächst die rechtlichen Grundlagen, aufgrund derer in Münster gegen vermeintliche Zauberer und Hexen vorgegangen wurde, dargestellt werden. Darauf folgt die idealtypische Beschreibung eines Prozeßverlaufs mit seinen einzelnen Stadien Einleitung, Vorverfahren, peinliches Verhör und Urteil.

Die rechtlichen Grundlagen

In Münster wurde gegen Zaubereiverdächtige auf der Grundlage der 1532 von Kaiser Karl V. erlassenen Constitutio Criminalis Carolina (CCC) ermittelt und prozessiert. Eigene Verordnungen oder der Erlaß von Hexenordnungen durch die Fürstbischöfe Ernst und Ferdinand von Bayern sind nicht bekannt. Die beiden Landesfürsten, die gleichzeitig Erzbischöfe von Köln waren, erließen dort 1607 beziehungsweise 1628 die 'Kurkölnische Hexenordnung', so daß eine gleichartige Verfügung für das Fürstbistum Münster im Bereich des Denkbaren läge.[1]

Die Carolina war die erste verbindliche Gesetzessammlung auf Reichsebene; sie behielt ihre Gültigkeit bis zum Jahre 1806.[2] Ihr Verfahrensgrundsatz war das Inquisitionsprinzip, das heißt, die Wahrheitserforschung erfolgte 'ex officio', von Amts wegen. Damit wurde das im Mittelalter gültige privatrechtliche Verfahrensprinzip, in dem die in ihren Rechten verletzte Privatperson selbst eine Klage anstrengen mußte, mit seinen charakteristischen Elementen Gottesurteil, Reinigungseid und Eidhelfer durch die Offizialmaxime, die "den amtlichen Strafverfolgungsorganen die Initiative zur Verbrechensfahndung und Verfahrensdurchführung als Amtspflicht auferlegt"[3], ersetzt. Im Inquisitionsprozeß genügten "schon bloßer Verdacht, Denunziation oder Besagung"[4] zur Eröffnung des Verfahrens, wobei gleichzeitig die Verpflichtung des Klägers zum Nachweis seiner Anschuldigungen entfiel. Darüber hinaus erforderte die Carolina die Schriftlichkeit des Verfahrens, da als alleinige Grundlage des Urteils das Inquisitionsprotokoll galt. Die sogenannte 'salvatorische Klausel', die es den Reichsfürsten auch weiterhin ermöglichte, an ihren vorherigen Rechtsbräuchen festzuhalten, schränkte die Carolina in ihrer Reichseinheitlichkeit nicht ein.[5]

Das Verfahren gegen Hexen und Zauberer war in der Carolina nicht eindeutig geregelt; es setzte sich aus Grundsätzen sowohl des Akkusations- wie des Inquisitionsprinzips zusammen.[6] Ebensowenig wurde der Tatbestand konkret formuliert;[7] offenbar konnte ein Allgemeinkonsens über das Verständnis des Delikts vorausgesetzt werden. In vier Artikeln sprach die Carolina die Zauberei an: In Artikel 21: "Von anzeygung der die mit zauberei, warzusagen understehn"; in Artikel 44: "Von zauberey gnugsam anzeygung"; in Artikel 52: "So die gefragt person zauberey bekent" und in Artikel 109: "Straff der Zauberey". Im letzten Artikel unterschied die Carolina scharf zwischen schädigender und nicht-schädigender Zauberei: Gegen denjenigen, der mit seiner Zauberei anderen Schaden zufügte, war die Todesstrafe durch Verbrennung zu verhängen; falls niemand zu Schaden gekommen war, sollte der Täter "sunst gestrafft werden, nach gelegenheit der sach".[8] Durch die unklare Formulierung waren Mißbräuchen, wie sie selbstverständlich vorkamen, Tür und Tor geöffnet.

In Artikel 21 wurden Zauberei und Wahrsagerei eindeutig miteinander in Verbindung gebracht: Niemand sollte aufgrund von Anzeigen, die aus Wahrsagerei herrührten, verhaftet oder der peinlichen Frage unterzogen werden. Artikel 44 nannte die Indizien, die eine Festnahme und das peinliche Verhör rechtfertigten. Folgende Verdachtsmomente wurden angeführt: Das Angebot, andere Zauberei zu lehren, die Bedrohung durch Zauberei und das nachfolgende Eintreffen des angedrohten Schadensfalls, die Gemeinschaft mit Zauberern, der Umgang mit zaubereiverdächtigen Dingen, Gebärden usw., besonders, wenn die betreffende Person auch sonst im Gerücht der Zauberei stand.[9]

Für den Fall, daß im Verhör ein Geständnis abgelegt wurde, schrieb Artikel 52 eine Präzisierung der Angaben vor. Es sollte ausfindig gemacht werden, wo, wie, wann und von wem die Zauberei erlernt wurde und wer geschädigt worden war; Gegenstände, die zur Zauberei benutzt wurden, sollten eingezogen und überprüft werden.

Der Inquisitionsprozeß bediente sich der Tortur als Mittel zur Wahrheitsfindung. Allerdings beinhaltete die Carolina keine exakte Regelung für das Maß der angewandten Folter. Artikel 58 sah vor, die Entscheidung über "vil, offt oder wenig, hart oder linder [solle] nach ermessung eyns guten vernünfftigen Richters, fürgenommen werden".[10] Diese Bestimmung erwies sich in der Folgezeit als verhängnisvoll, da die Vernunft der Richter von den Verfassern der Carolina erheblich überschätzt wurde.

Eine Verurteilung wegen Zauberei oder anderer Delikte durfte nach Artikel 60 nur dann erfolgen, wenn "inn der selben, bekenter thatt halb solche warheyt befunden wirdt die keyn unschuldiger also sagen unnd wissen kündt"; das heißt, das Gestandene mußte glaubwürdig sein. Lag kein Geständnis vor, konnte ein Urteil nur mittels Überführung durch mehrere glaubwürdige Zeugen gefällt werden.[11]

Der "endliche" oder auch "peinliche Gerichtstag" beendete das Verfahren. Er war zwar nur mehr demonstrative Geste, da das Urteil schon vorher feststand, wurde indes beibehalten, weil vor allem die Öffentlichkeit der Urteilsverkündung Machtdemonstration und Abschreckung zugleich garantierte, aber auch das zuschauende Volk zufriedenstellte, das einen geständigen Missetäter seiner als gerecht empfundenen Strafe zugeführt sah.[12]

Die Einleitung des Verfahrens

Die Carolina ermöglichte prinzipiell zwei Methoden, ein Verfahren wegen Zauberei einzuleiten: zum einen von Amts wegen, durch einen öffentlichen Ankläger der Strafverfolgungsbehörde, zum anderen durch die Klage eines Verletzten nach dem alten Akkusationsprinzip. Aber:

> "Auch das Verfahren beim Akkusationsprinzip ist ein Inquisitionsprozeß, weil die Obrigkeit das durch private Klage in Gang gesetzte Verfahren nach der Inquisitionsmaxime durchführt. Auf den Kläger wird nur zuweilen zurückgegriffen".[13]

Für das Hexerei- und Zaubereidelikt als 'crimen exceptum' galten darüber hinaus besondere Verfahrensgrundsätze, die die - vielfach anonyme - Denunziation als Mittel zur Einleitung eines Prozesses ermöglichten.[14] Eine derartige Praxis förderte die Ausweitung der Prozesse, denn sie ermutigte Denunzianten: Ein Privatkläger mußte dem Angeklagten im Falle der Nicht-Verurteilung Sicherheiten leisten, ein Denunziant dagegen blieb im Hintergrund und hatte derartige Konsequenzen nicht zu fürchten.

In Münster ist in fast allen Fällen die Einleitung eines Zaubereiverfahrens nach Denunziationen erfolgt. Meist umschrieb das Rats- oder Kriminalprotokoll dies mit Floskeln wie "diffamata Venefitij", "verdechtigt angeben worden" oder "Zauberei halben bezichtiget"; zum Teil wurde der Name des Denunzianten aber auch offen genannt: "uff clag und denunciation Gertrud Autendorffs" im Fall der Adelheid Cappenberg oder auch "uff denunciation Johan Wichmann Böderkers", der Grete Wesseling beim Rat anzeigte. Die Denunzianten konnten sich ihrer Anonymität also keineswegs sicher sein. Henrich Lohmann wurde 1627 auf Anzeige des Freigrafen festgenommen.

In mehreren Fällen können Geistliche für die Einleitung des Verfahrens verantwortlich gemacht werden. Sie zeigten nachweislich Elsa Buddenboems und Christian Schöttelhöver an,[15] gaben 1644 Herman Grote den Rat, ein erneutes Verfahren gegen Adelheid Cappenberg anzustrengen, und haben vermutlich auch die Ermittlungen gegen Anna Holthaus ursächlich beeinflußt.[16] Wer für die Einleitung der Verfahren gegen Evert Heggemann, Marie Brüggers und Anna Voß verantwortlich zeichnete, wird aus den Akten nicht ersichtlich. Es besteht die Möglichkeit, vor allem im Fall Heggemann, dessen unverfolgte Verteidigungsklage mit Sicherheit bekannt war, daß hier der Rat von sich aus eingegriffen hat.

Gesichert nachweisbar ist diese Form der Verfahrenseinleitung nur bei Marie Eggers. Die Untersuchungen begannen mit einem Brief des Rats an den Gografen Knippenberg, in dem um Auskunft über angebliche Besagungen Marie Eggers' gebeten wurde. Bei Besagungen durch andere Hexen waren Untersuchungen von Amts wegen die Regel.[17] Es handelte sich im Fall Eggers jedoch um eine Erscheinung, die in Münster einmalig blieb.

Bei weitem nicht nach jeder Denunziation veranlaßte der Rat die sofortige Festnahme der angegebenen Person. Die vorgebrachten Indizien wurden nur in fünf Fällen für so schwerwiegend gehalten, daß eine unmittelbare Inhaftierung erfolgte. Zumeist zog die Anzeige jedoch Zeugenvernehmungen nach sich um die Indizien und den Tatbestand zu erhärten und die Festnahme als gerechtfertigt erscheinen zu lassen. Teilweise wurde den Zeugen Stillschweigen über die Verhöre auferlegt.[18] Hatte die Ratsversammlung nach Erwägung der vorliegenden Indizien die Festnahme beschlossen, so wurde den städtischen Bottmeistern in ihrer Funktion als Rats- und Polizeidienern[19] die Vornahme der Inhaftierung "ex officio" übertragen.

Die Verdachtsmomente

Welche Indizien hielt der Münsteraner Magistrat für beweiskräftig genug, um die Verhaftung einer denunzierten Person zu rechtfertigen? Die Prozeßunterlagen des 16. Jahrhunderts sind hinsichtlich der Verdachtsmomente wenig aussagekräftig; die Betreffenden waren allgemein mit "thoeverije berüchtiget", standen also im Gerücht der Zauberei.

Im 17. Jahrhundert ging der Rat dazu über, die jeweils ausschlaggebenden Faktoren für die Inhaftierung im Rats- oder Kriminalprotokoll festhalten zu lassen. Allerdings ist eine gewisse Vernachlässigung dieser Praxis während der Phase der Prozeßhäufung nicht zu übersehen. Oft wurde nur ein einziges Indiz, der Verdacht aufgrund einer Denunziation, genannt. Dem Rat müssen aber weitere Verdachtsmomente vorgelegen haben, zumal er ja im Vorfeld häufig schon Zeugen vernahm; auch wird in den ersten Verhören der Angeklagten ersichtlich, daß die Richtherren bereits über detaillierte Kenntnisse und Belastungsmaterialien verfügten. Möglicherweise liegt hier ein Hinweis auf eine erhöhte Bereitschaft vor, Verdächtige bereits bei einem Minimum der erforderlichen Indizien verhaften zu lassen.

Das für eine Verhaftung wichtigste und am häufigsten angeführte Indiz war das Gerücht. Es wurde nicht bei allen Verhafteten genannt: Anna Holthaus zum Beispiel war niemals Gegenstand des öffentlichen Gerüchtes gewesen, daher war es für den Rat fast unmöglich, Belastungsmaterial gegen sie zu finden. Sobald eine Person nämlich - durch welche Gründe auch immer - in das Gerücht gekommen war, setzte sich dieses wie ein Lauffeuer durch die Stadt fort. Als Folge wurden Ereignisse, die lange zurücklagen, nachträglich zun Teil radikal ursächlich umgedeutet. Ein prägnantes Beispiel dafür ist die Aussage der Frau Klute im Prozeß gegen Gertrud Bruns: Ihre

Übelkeit nach dem Genuß der von der Angeklagten erworbenen Erbsen führte sie damals auf ihre Schwangerschaft zurück; nachdem Gertrud Bruns verhaftet worden war, hielt sie es für das Resultat von Zauberei. Den guten Ruf wiederherzustellen, war unter diesen Umständen außerordentlich schwierig, denn die Bereitschaft, Unglücksfälle auf einen sich plötzlich anbietenden Sündenbock abzuschieben, war äußerst ausgeprägt.

Die einzige Möglichkeit, sich des bedrohlichen Gerüchts zu erwehren, war eine Verteidigungsklage gegen den Verursacher der üblen Nachrede. Doch das war nicht immer einfach, da dazu die offene Bezichtigung "in faciem" und die Beibringung von Zeugen erforderlich waren. Davor jedoch hüteten sich die Verleumder, die selbstverständlich keinen Wert darauf legten, selber vor Gericht gezogen zu werden. Elsa Buddenboems wurde in dieser Hinsicht besonders übel mitgespielt. Sie war von einer Besessenen bezichtigt worden, aus der angeblich der Teufel sprach. Als die Frau sich in der Folge bemühte, das um sich greifende Gerücht durch eine Klage einzudämmen, verwies man sie beständig auf den Teufel als Verleumder, so daß sie dieser Möglichkeit völlig beraubt wurde.

Für viele der Angeklagten war es darüber hinaus aus finanziellen Gründen schwierig bis unmöglich, den Weg einer Verteidigungsklage zu beschreiten. Dies galt beispielsweise für Evert Heggemann, der ausdrücklich betonte, es seien die hohen Unkosten gewesen, die ihn von der Fortführung seiner Verteidigungsklage gegen Bernd Kock abhielten.[20] Gleiches galt für Gertrud Bruns. Zu dem finanziellen Aspekt kam noch die Mühseligkeit und Länge einer solchen Klage hinzu, die sich, wie bei Heggemann zu sehen war, durchaus über ein ganzes Jahr erstrecken konnte, ohne zu einem Ergebnis zu kommen.

Wurde der gerichtliche Weg zur Wiederherstellung von Ruf und Ehre allerdings nicht beschritten, so konnte sich das außerordentlich verhängnisvoll auswirken. Der Rat betrachtete die ungeahndete Ehrbeschmutzung als erheblich verdächtiges Indiz, ja quasi als Schuldeingeständnis. So mußte sich Marie Brüggers fragen lassen, ob sie ihre Verteidigungsklage "darumb fur die obricheit nit pringen dürffen, da einer der unschuldig sich gewust hette, es Ungezweiffel zum hogsten werde geeiffert haben". Mitunter befanden sich die Angeklagten also in einem unverschuldeten Teufelskreis, da der Rat Entschuldigungsgründe nicht gelten ließ (zumindest gibt es keine Hinweise darauf, daß er es tat); die Verursacher des Gerüchtes andererseits aber auch nicht gestellt werden konnten.

Die Gründe für die Entstehung des Gerüchts können im einzelnen nur selten nachvollzogen werden, da die Quellen darüber keinen Aufschluß geben. Es kann eigentlich nur eine sichere Ursache festgestellt werden, und das war die Verdächtigung aufgrund einer familiären oder freundschaftlichen Beziehung zu jemandem, der der Zauberei verdächtig oder gar wegen dieses Delikts verurteilt worden war. Das Bekanntwerden dieser verhängnisvollen Verbindung, das sich kaum vermeiden ließ, führte nicht nur zur Verdächtigung durch Nachbarn und Bekannte, ja sogar Blutsverwandte, sondern stellte auch für den Rat ein weiteres wichtiges Indiz zur Festnahme dar. Wie sehr das Verdachtsmoment der Verwandtschaft auch im Denken der Bevölkerung verankert war, zeigen die Beleidigungsklagen der Catharina Heggemann gegen Heidenreich Wieding und der Anna Brüggers gegen die Frau des Johan Lüken genauso wie die Lynchjustiz an der Schwester Elsa Buddenboems.[21]

Neben diesen drei Hauptbelasungsfaktoren wurden in den Protokollen aber noch weitere Verdachtsmomente genannt, die ein ungünstiges Licht auf die betroffene Person warfen. So erzielten Frauen, die im Bewußtsein ihrer Unschuld um die Durchführung der Wasserprobe baten, spätestens seit 1611 damit genau das Gegenteil: Sie wurden nur um so mehr verdächtigt. Im Prozeß gegen Gertrud Bruns war die Wasserprobe vom Rat als Teufelsbetrug verworfen worden, ohne daß sich diese Haltung allerdings in der Folgezeit in der Bevölkerung durchgesetzt hätte. So baten die Frauen weiterhin nichtsahnend um das Gottesurteil, um dann, wie Anna Holthaus, hören zu müssen, daß "ehrliche Leutte und frawens personen, Ihre frommigkeit mit dem waßer zu bezeugen nicht nöttig haben".

Als verdächtig galt es ebenfalls, wenn Personen sich ihrer Verhaftung durch Flucht oder Verborgenhalten zu entziehen suchten. Greta Wesseling war bei der beabsichtigten Festnahme durch die Stadtdiener nicht angetroffen worden. Die Frau konnte ihre Abwesenheit jedoch glaubhaft erklären.[22] Marie Brüggers verbarg sich tagelang auf dem Dachboden, nachdem der Bottmeister Jost Reckers scherzhafterweise vor dem Haus gerufen hatte, die Zauberinnen sollten ausgewiesen werden; der städtische Bedienstete berichtete dies dem Rat in ausdrücklich belastender Absicht. Catharina Scheventrup versuchte gleichfalls, ihren Häschern zu entkommen; auch ihr wurde vorgeworfen, "warumb sie sich gestern erst vor den dieneren verleugnen lassen und in die Cammer verborgen? Antw. dweill sie unschuldig, uf das gerücht kommen." Im Prozeß gegen Anna Holthaus gab die

Flucht ihrer Tochter(!) aus der Stadt den Anstoß zur Verhängung der Folter.

Allzu große Teilnahme an einem Schadensfall, der auf Zauberei zurückgeführt wurde, war ebenfalls nicht angebracht; besonders wenn eine Person bereits im Gerücht stand, führte dieses Verhalten nur zu einer Bestätigung des Verdachts. Anna Holthaus konnte auf diese Weise endlich eines suspekten Verhaltens überführt werden.[23]

Hinzu kam die Beschuldigung durch "gute, ehrliche Leute", Schadensfälle an Mensch und Tier verursacht zu haben, besonders wenn diese Zeugen auch noch bereit waren, ihre Aussagen eidlich zu bekräftigen. Da es sich bei den Beschuldigten bis auf eine Ausnahme um Personen von sehr niedrigem sozialem Status handelte, die Belastungszeugen jedoch häufig gesellschaftlich angesehener waren als diese, neigte der Rat dazu, eher letztere für glaubwürdig zu halten als die immer wieder ihre Unschuld beteuernden Opfer der Denunziation. Des weiteren kamen als Indiz Drohungen in Frage, die die verdächtige Person gegenüber anderen ausstieß, die später wirklich Schaden erlitten. Dieses Indiz wurde nur einmal, im Prozeß gegen Marie Eggers, genannt; sie hatte der jetzigen Bewohnerin des Eggemannschen Erbes, die sie für die Verbreitung des Gerüchts verantwortlich machte, Übles gewünscht.

Eine Besagung als auslösendes Indiz für einen Zaubereiprozeß spielte in Münster so gut wie keine Rolle. Als einziges Fallbeispiel sind die Ermittlungen gegen Marie Eggers zu nennen, die einwandfrei durch die Denunziation verurteilter Zauberinnen ausgelöst wurden. In diesem Punkt ist der Auffassung Humborgs, die Besagung sei das weitaus verhängnisvollste Indizium gewesen, zu widersprechen.[24] Er nennt zwar mit Catharina Scheventrup, Evert Heggemann und Greta Bünichmann drei weitere Angeklagte, die von ihren Verwandten besagt worden sein sollten; diese Anschuldigungen lagen jedoch teilweise bereits um Jahre zurück und bildeten nicht die Grundlage des obrigkeitlichen Einschreitens. Der Rat berief sich bei der Festnahme ausdrücklich auf das bestehende Verwandtschaftsverhältnis zu diesen Personen; wären die Denunziationen Ausgangspunkt der Ermittlungen gewesen, hätten die Prozesse zum Teil bereits wesentlich früher eingeleitet werden müssen. So spielten sie während der Verhandlungen zwar eine Rolle, wurden aber lediglich als zusätzlich belastendes Indiz zum bestehenden Gerücht und zum ohnehin verdächtigen Verwandtschaftsverhältnis gewertet.

Einen Sonderfall stellten die Bezichtigungen durch Kinder und Besessene dar. Auf die hartnäckige Verleumdung von Kindern hin leitete der Rat zwar Ermittlungen gegen zwei Frauen ein, aber er schien aufgrund des jugendlichen Alters der Denunzianten doch an ihrer Aussagekraft und Glaubwürdigkeit zu zweifeln. Gegen Anna zur Steinhorst entschied er zunächst ohne Eröffnung eines Verfahrens auf Stadtverweisung und entfernte damit den Stein des Anstoßes. Erst ihr heimlicher Versuch, in die Stadt zurückzukehren, veranlaßte den Rat, dann doch gegen sie zu prozessieren. Arnold Ramers wurde sogar mit der vermeintlichen Tortur konfrontiert, um wahrheitsgemäße Aussagen aus ihm herauszuzwingen. Doch obwohl er seine Beschuldigungen nicht zurücknahm, hielt der Rat es nicht für gerechtfertigt, eine Anklage allein auf dieses Indiz zu stützen. Ausdrücklich betonte der städtische Syndicus in seiner Zusammenfassung der vorliegenden Indizien vom 12.2. 1644, daß "hierauß allein ein bestendigs Indicium nicht zu schepffen" sei; erst in einer Zusammenschau mit anderen vorliegenden Momenten könne es "pro pleno indicio" gehalten werden.

Ähnlich reserviert stand der Rat Bezichtigungen durch Besessene gegenüber. Als ursächliches Indiz für eine Festnahme wurde eine derartige Beschuldigung in keinem Fall genannt. Eine gewisse Beachtung der Besagung durch den Teufel selbst kann als gesichert gelten, da in den Verhören Fragen zu dieser Thematik vorkommen. Einwandfrei ist die Anschuldigung durch Besessene aber als ein solches Indiz zu werten, das ebenfalls nur im Zusammenspiel mit anderen an Beweiskraft gewann.

Hinsichtlich der Indizien, die in Münster zur Festnahme eines Zaubereiverdächtigen führten, kann also von einer Übereinstimmung mit den Vorschriften der Carolina ausgegangen werden. Dies war jedoch leicht zu bewerkstelligen, da deren Verfahrensgrundsätze "derart ungenau [waren], daß beinahe jeder in Zaubereiverdacht geraten"[25] konnte. Es sollte betont werden, daß - mit Abstrichen in der Phase der gehäuften Prozesse - der Rat zumeist Wert darauf legte, seine Anklage nicht nur auf ein einziges Indizium, sondern auf mehrere Belastungsfaktoren zu stützen.

Das Vorverfahren

War jemand aufgrund der als ausreichend erachteten Indizien inhaftiert worden, so begann mit Zeugenvernehmungen und gütlichen Verhören das Vorverfahren gegen die betreffende Person. Die Wasserprobe als Gottesurteil zum Nachweis der Schuld oder

Unschuld nimmt dabei eine gesonderte Position ein.

Ob das Vorverfahren mit einer Zeugenvernehmung oder mit einem Verhör der Angeklagten begann, unterlag keiner festen Regelung. Waren aber bereits im Vorfeld Zeugen gehört worden, so fand in der Regel als erste weitere Maßnahme ein gütliches Verhör der Beschuldigten statt.

Sobald sich die Betroffenen im Gefängnis befanden, ließ der Rat in ihren Wohnungen Hausdurchsuchungen vornehmen, um eventuelles Belastungsmaterial sicherstellen zu können. Meistens fand man jedoch nichts oder zumindest nicht das Erwartete.

Das gütliche Verhör

Ein gütliches Verhör der Angeklagten nahmen immer die Richtherren vor; es fand meist kurz nach der Festnahme statt.

Am Beginn einer Befragung stand die Angabe der Personalien: Name, Alter, Herkunft, Beruf und Stand der Eltern; darauf folgten Fragen, die die zur Last gelegten Delikte betrafen. Die Richtherren trugen während des gütlichen Verhörs den Gefangenen die gegen sie vorliegenden Indizien und Beweise vor und versuchten auf diese Weise, ein Geständnis zu erlangen. Sie hatten damit aber nur selten Erfolg. Lagen neue Erkenntnisse oder Belastungsmaterialien vor, wurden die Verhöre wiederholt.

In insgesamt sechs Fällen ließ der Rat Frageartikel formulieren, die den Beklagten zur Beantwortung vorgelegt wurden. Dies geschah in den Prozessen Evert Heggemann (44 Fragen), Anna zur Steinhorst (43 Fragen), Elsa Buddenboems (46 Fragen), Marie Brüggers (41 Fragen), Marie Eggers (13 Fragen) und Anna Holthaus (27 beziehungsweise 23 Fragen). Bis auf Greta Bünichmann sind damit sämtliche 'großen' Prozesse vertreten, also diejenigen, die den Rat am intensivsten beschäftigten und in denen die belastendsten Indizien vorlagen. Greta Bünichmann legte ein freiwilliges Geständnis ab, daher war die Formulierung von Frageartikeln nicht notwendig.

Wie bereits gesagt, wurde die Formulierung der Frageartikel vom Rat in Auftrag gegeben. Humborg vermutet den Verfasser der Fragen in der Person des Stadtschreibers.[26] Dieser Ansicht muß widersprochen werden, da derartige Funktionen in Zaubereiprozessen, aber auch generell nicht in dessen Aufgabenbereich fielen. Zuständig für die Erhebung und Durchführung der Anklage war vielmehr der sogenannte "procurator fisci"[7], der öffentliche Kläger, der in zwei Fällen auch explizit als Verfasser der Frageartikel genannt wird.[28] Im Prozeß gegen Anna Holthaus stammten die Inditionalartikel aus der Feder des Stadtsyndikus Witfeld.[29] Hier kann von einer Personenidentität ausgegangen werden, da die Stellung des Stadtsyndikus die Funktion eines Anklägers im Auftrage des Rates durchaus implizierte.

Erstaunlich mutet die Tatsache an, daß mindesten drei der Beschuldigten, denen die "articuli inditionales" vorgelegt wurden, ihre Aussage unter Eid ablegten. Dies entspricht einer im Hexenprozeß durchaus unüblichen Praxis.[30] Die Regel war es wohl auch in Münster nicht, zumal die vorgenommenen Vereidigungen sich auf die Inditionalartikel beschränkten.

Ein besonderes Interesse gilt der Art der Fragestellung. In Hexen- und Zaubereiprozessen war es keine Seltenheit, vorformulierte Frageschemata einzusetzen, nach denen die Angeklagten teilweise "zurechtgefoltert" wurden.[31] Suggestivfragen waren ebenfalls verbreitet.[32]

Ein festes Frageschema kann in Münster nicht nachgewiesen werden, dazu variierten die Fragen zu sehr in der Anzahl und im Inhalt. Sie wurden speziell für jeden Fall neu entworfen, wie auch die diesbezüglichen Ratsanordnungen jeweils beweisen. Sicherlich orientierten sie sich aber an einem gewissen Rahmen, der schon durch das Delikt vorgegeben war. Die Art der Frageformulierung ist nicht so eindeutig zu beurteilen. Konkrete Suggestivfragen, bei der der Frageformulierung bereits die erwartete Antwort entnommen werden kann, sind sehr selten. Während die Fragen in den übrigen gütlichen Verhören eher reine Informationsfragen waren, wurden sie bei den Inditional-Artikeln derart gestellt, daß die Angeklagte häufig nur mit ja oder nein antworten konnte. Durch eine geschickte Zusammenstellung der Fragen konnte so leicht ein Schuldvorwurf konstruiert werden. Die Angeklagten erkannten es zum Teil und versuchten, durch zusätzliche Ausführungen ihrer Sicht der Dinge Genüge zu tun.

Die Zeugenvernehmung

Der Ort der Zeugenvernehmung ist den Protokollen nicht immer zu entnehmen; wenn er genannt wird, handelt es sich meist um die Stadtschreiberei.[33] Vernommen wurden sie in der Regel von beiden

Richtherren gemeinsam; zusätzlich waren noch zwei oder drei Bottmeister anwesend.

Der Zeugenkreis rekrutierte sich überwiegend aus Nachbarn, Bekannten und Verwandten. Im Falle der Schatzgräber und Geisterbeschwörer kamen noch die ehemaligen Klienten hinzu. Selbstverständlich waren Personen, die mit den Beklagten in tagtäglichem Kontakt standen, am ehesten in der Lage, ein Leumundszeugnis auszustellen und über ihr Tun und Lassen Auskunft zu geben; meistens waren die Zeugen auch gern bereit dazu.

Ihre Aussagen sind dabei von höchst unterschiedlicher Qualität. Durchaus verwertbare Hinweise stehen neben regelrechten Schauermärchen, die in dem Maße zunehmen, in dem es nicht gelingt, den Beschuldigten ein Geständnis zu entringen. Ein exemplarisches Beispiel für eine derartige Entwicklung ist der Prozeß gegen Evert Heggemann. Im Vorfeld der Ermittlungen, während der laufenden Verteidigungsklage, gaben die vorgeladenen Zeugen je nach Standpunkt eine verläßliche Schilderung der Ereignisse aus ihrer Sicht. Wohl sind Sympathien für oder Antipathien gegen die streitenden Parteien zu verspüren, aber alles in allem scheinen die Berichte relativ objektiv. Dies ändert sich im Verlauf der nachfolgenden Ermittlungen: Die Zeugenaussagen wurden immer abenteuerlicher. Je länger sich der Angeklagte in Haft befand, desto mehr waren die Zeugen bereit, auch die unwahrscheinlichsten Ereignisse auf den Einfluß Everts zurückzuführen, desto mehr befand der Rat sich aber auch in Zugzwang, dem Inhaftierten etwas nachweisen zu können, das die Haft oder eine Tortur rechtfertigte. Insofern profitierten beide Parteien, da der einen neue, wenn auch zweifelhafte, Indizien vorgelegt wurden, die andere Verdächtigungen äußern und sich damit psychische Entlastung schaffen konnte.

Es ist dabei durchaus nicht immer so gewesen, daß alle Zeugen, die die Ermittlungsbehörde hörte, die Verdächtigen durch ihre Aussagen belasteten. Wurde die nachbarliche Gemeinschaft als gut oder freundschaftlich empfunden, so kommt dies in den Angaben auch teilweise zum Ausdruck. Doch diese Haltung war einem Wandel unterworfen. Zum einen mag das daran gelegen haben, daß einigen Zeugen zwischenzeitlich Zweifel an der Unschuld des Angeklagten gekommen waren, zum anderen war es sicherlich nicht angezeigt, allzu große Sympathien für einen Zaubereiverdächtigen zu zeigen, wenn Verwandtschaft oder bloße Bekanntschaft mit ihm als starkes Schuldindiz gewertet wurde.

Die Zahl der vernommenen Zeugen variierte beträchtlich und spiegelt von Fall zu Fall sehr deutlich die Beweisnöte der Ermittlungsbehörden wider. Ein Minimum von gerade einem Zeugen wurde im Fall Wesseling mit Johan Wichmann, der gleichzeitig der Denunziant war, gehört. Auf der anderen Seite steht der Prozeß Heggemann mit dem Maximum von 26 teils mehrfach vernommenen Zeugen. Im Prozeß gegen Anna Holthaus, der ebenfalls lange nichts nachgewiesen werden konnte, wurden immerhin 21 Zeugen gehört.

Wichen die Angaben der Beschuldigten und der Zeugen zu einem bestimmten Punkt in unvereinbarer Weise voneinander ab, wurde gelegentlich eine Konfrontation der beiden Parteien angeordnet. Anna zur Steinhorst und Anna Holthaus stellte der Rat den beiden sie belastenden Kindern gegenüber, ohne daß dabei ein Resultat erzielt worden wäre. Christian Schöttelhöver sah sich am 24. Juli 1629 mit Johan Witbusch konfrontiert, weil er bestritt, diesem die für seine Krankheit verantwortliche Frau denunziert zu haben. Bei dieser Gelegenheit sagte...

> "...derselbig Ime in faciem, Schottelhower habs Ime gsagt, Es were ein lange fraw, sein Nachbarin, hette zween söhne und zwo Tochtere die hette ihne uffr banck angeblasen. Schweiget er Christian druff still, und negirt es nit weiter".

Damit war seine Schuld erwiesen; die Bezichtigung "in faciem" galt auch hier als Grundlage der Wahrheitsfindung.

Ob die Zeugen so "natürlich" vereidigt wurden, wie Humborg behauptet[34], ist anzuzweifeln. Sie mußten ihre Aussagen sicherlich vor allem dann beschwören, wenn von ihrer Aussage die Anordnung der Tortur abhängig gemacht wurde. Fast genauso oft fehlen jedoch diesbezügliche Hinweise in den Protokollen, so daß die Vereidigung dieser Zeugen nicht vorausgesetzt werden kann. Hin und wieder boten Zeugen aber auch an, "voriges alles uffm nothfall mittel aidts zu bekrefftigen". Unter Berücksichtigung des letzteren kann davon ausgegangen werden, daß Zeugenvereidigungen nicht automatisch vorgenommen wurden und zudem einer gewissen Freiwilligkeit unterlagen. Wert auf einen Eid wurde seitens des Rats nur dann gelegt, wenn es sich um prozeßentscheidende Aussagen handelte.

Das Gottesurteil (Ordal)

Gottesurteile als prozessuale Beweismittel haben eine lange Tradition; schon das frühe Mittelalter kannte sie als subsidiären Bestandteil des öffentlichen germanischen Gerichtsverfahrens.[35] Nachdem die Ordale 1215 durch das Laterankonzil verboten worden waren, nahm ihre Bedeutung langsam ab. Die Rechtsbücher des 13. Jahrhunderts, Sachsen- und Schwabenspiegel, erwähnen sie zwar noch, "mit zunehmender Rationalisierung des mystischen Mittelalters schwanden aber Glauben und Furcht gegenüber den Gottesurteilen".[36]

Ein Gottesurteil konnte auf unterschiedliche Art und Weise bestanden werden: als Feuerprobe, als Probe des kalten oder heißen Wassers, als Wiegeprobe, als Tränen- oder Nadelprobe, als Speiseprobe usw. Die Probe des kalten Wassers hielt sich bis in die frühe Neuzeit hinein und erlebte dort als sogenanntes 'Hexenbad' in Hexenprozessen "noch einmal einen beträchtlichen Aufschwung, besonders in Westfalen und überhaupt Niedersachsen".[37] Beim 'Hexenbad' wurden den Probanden die Arme kreuzweise mit den Füßen zusammengebunden; dann warf man sie an einem Seil dreimal hintereinander ins Wasser. Als schuldig galt, wer dabei nicht unterging.

Der Glaube an die Wirksamkeit des 'Hexenbades' beruhte ursprünglich auf der Vorstellung, das Wasser als ein durch Christi Taufe geheiligtes Element stoße Teufelsbündner ab.[38] Dazu gesellte sich im 16. und 17. Jahrhundert die scholastisch-wissenschaftliche 'Erkenntnis',

> "...der Teufel sei leichter und ätherischer Natur. Da der Teufel mit dem Abschluß des Teufelspaktes und der Vollziehung der Buhlschaft sein Opfer körperlich und geistig durchdrungen habe, müsse folgerichtig eine vom Teufel besessene Hexe ebenfalls leichter sein und könne im Wasser nicht untergehen".[39]

Obwohl zeitgenössische Juristen und Hexentheoretiker wie Jean Bodin, der Jesuit Martin Delrio oder der Trierer Weihbischof Peter Binsfeld der Hexenprobe kritisch gegenüberstanden, ja selbst der 'Hexenhammer' die Feuerprobe als Gottesurteil verwarf, da solche Proben seiner Meinung nach nur mit Hilfe von Dämonen bestanden werden konnten und ein freiwilliges Anerbieten daher nur besonders verdächtig sein mußte,[40] fand diese eine weite Verbreitung vor allem als "westfälische Spezialität".[41] Doch selbst im nordwestdeutschen Raum sind regionale Unterschiede auf engstem Raum zu beobachten. Während beispielsweise die Wasserprobe in der Stadt Osnabrück zum unverzichtbaren Bestandteil des Beweisverfahrens gehörte,[42] kam sie im Hochstift Osnabrück nur hin und wieder zur Anwendung und spielte in den Prozessen keine ausschlaggebende Rolle[43].

Kamen im Rahmen der Münsteraner Zaubereiprozesse Ordale zur Anwendung, und wenn ja, welche?

In Münster - als westfälischer Stadt - war die Wasserprobe das bekannteste Gottesurteil. Nachweislich wurde sie im Jahre 1574 bei zwei verdächtigen Frauen, der Meyerschen tho Bruninck und der Molnerschen, angewandt; leider liegen keine Informationen zum Ausgang der Wasserprobe und zu deren Stellenwert innerhalb des Prozesses vor. Da beide Frauen auf dem Scheiterhaufen starben, wird der Ausgang des Gottesurteils für sie möglicherweise ungünstig gewesen sein.

Dann aber veränderte sich die Haltung des Rats gegenüber der Wasserprobe, ohne daß die Gründe hierfür nachvollzogen werden können. Als Anna Kirlahei 1594 während des Verhörs gefragt wurde, ob sie nicht unlängst ihre Bereitschaft zur Wasserprobe signalisiert habe, bestritt sie dies. Eine solche Reaktion zeigt aber nur jemand, der weiß, daß sein Angebot nicht unbedingt positiv aufgenommen wird. Im Fall Gertrud Bruns' zeigte sich der Sinneswandel des Rats dann ganz offenkundig. Sie habe "ihr leben prostituirt, In deme sie gebetten, Man solte sie zum Waßer oder feür kommen lassen" hieß es; der Rat wertete ihr Angebot als ein belastendes Indiz und ließ sie verhaften. Im Beschluß der Freilassung mangels Beweisen begründete der Rat seine Einstellung zur Wasserprobe: Er hielt sie für einen Teufelsbetrug, weil jeder Körper natürlicherweise dazu neige, unterzugehen, es aber nicht zu vermuten sei, daß Gott an Zauberinnen ein Wunder tue, und Bodin und andere die Wasserprobe für ein Experiment des Teufels hielten, der die Menschen hierdurch faszinieren wolle. Die Beweiskraft der Wasserprobe wurde also nicht etwa aus rationalen Gründen und durch Infragestellung des zugrundeliegenden Glaubensmodells bezweifelt, sondern weil der Rat - unter ausdrücklicher Berufung auf den Teufelsglauben - sich nicht entschließen konnte, dem Teufel innerhalb der Indizienkette eines Zaubereiprozesses eine hervorragende Position zukommen zu lassen. Die Wasserprobe war ein Teufelsbetrug und somit nichts, auf dessen Basis verläßlich ermittelt werden konnte[44].

In der Folgezeit wurde das Angebot Beschuldigter zur Wasserprobe regelmäßig als belastendes Moment gewertet. Diese Erfahrung machten Elsa Buddenboems, Marie Brüggers, Henrich Kaltermann und Anna Holthaus, die sich im festen Glauben an ihre Unschuld dem Gottesurteil ausliefern wollten. Durchgeführt wurde die Wasserprobe in keinem Fall mehr.

Ein weiteres Ordal, das gelegentlich in den Quellen angesprochen wird, ist die Nadelprobe. Der Scharfrichter suchte am Körper des Delinquenten ein Mal oder eine Narbe und stach mit einer Nadel hinein. Wenn danach kein Blut floß und keine Schmerzreaktion erfolgte, war das 'stigma diabolicum', mit dem der Teufel seine Verbündeten kennzeichnete, gefunden.

Ein angebliches Stigma vermeinte der Scharfrichter während der Tortur von Anna Holthaus gefunden zu haben. Bei einer späteren Befragung gab er an, mit einer Nadel auf das Mal an der Schulter gedrückt zu haben, welches sich als schmerzunempfindlich und undurchlässig erwies. Als Beweismittel oder Indiz für die vier Tage später angeordnete zweite Tortur wurde das Stigma nicht angeführt. Eine Rasur des Körpers ordnete der Rat bei Evert Heggemann und Anna zur Steinhorst vor Wiederholung der Folter an. Das Scheren der Körperhaare sollte im allgemeinen das Auffinden eines vorhandenen Stigmas erleichtern. In beiden Fällen schweigen die Quellen jedoch über das Ergebnis der Rasur. Dies und die nachgeordnete Stellung während der Ermittlungen lassen vermuten, daß der Nadelprobe als Beweismittel keine besondere Bedeutung beigemessen wurde. Sie wurde nur dann angewandt, wenn der Rat sich in Beweisnot befand und in dieser Situation auch prozessuale Mittel des Hexenverfahrens heranzog, auf die er üblicherweise verzichtete.

Die Verteidigung

Die Verteidigung im Hexendelikt als 'crimen exceptum' stieß auf besondere Schwierigkeiten; sie wurde erschwert und stellenweise eingeschränkt.[45] Nach dem Prozeßverfahren des 'Hexenhammer' bestand kein Anrecht auf eine Verteidigung; ein Anwalt konnte vom Richter abgelehnt werden. Zusätzlich wurde die Verteidigung dadurch behindert, daß die Namen der Zeugen geheimgehalten werden konnten.[46] Darüber hinaus war es für einen Advokaten nicht ungefährlich, die Verteidigung in einem Hexenprozeß zu übernehmen. Das Eintreten für die Beschuldigten konnte als Indiz der Hexerei gewertet werden[47], daher war Vorsicht geboten. Unter solchen Voraussetzungen waren die äußeren Bedingungen für eine effektive Verteidigung denkbar schlecht.

Kam dann noch hinzu, daß die Angeklagten wie im Falle Münsters durchweg arm waren und die Möglichkeit einer Verteidigung sich schon aus finanziellen Gründen erübrigte, verwundert es nicht, in den Prozeßakten kaum Spuren einer anwaltlichen Tätigkeit zu finden.

Humborg irrt jedoch, wenn er behauptet, in den Münsteraner Prozessen fehle jede Spur einer Anwaltsbetätigung.[48] Marie Eggers wurde verteidigt, und zwar auf Veranlassung ihrer Verwandten. Die Kriminalakte zum Fall Eggers beinhaltet zwei von der Verwandtschaft eingesandte Schriftstücke, von denen eines die Würdigung der vorliegenden Indizien durch den leider ungenannten Anwalt enthält.

Zunächst ging der Anwalt auf die Besagung Marie Eggers' durch vier hingerichtete Zauberinnen ein. Er bezeichnete diese Denunziationen als "fragiles", weil sie häufig aus Zorn, Schmerz oder anderen Gefühlsausbrüchen heraus geäußert würden. Die Besagerinnen seien außerdem Werkzeuge des Teufels, die versuchten, durch falsche Denunziationen Unschuldigen zu schaden. Ein solches Indiz allein rechtfertige nicht die Verhängung der Tortur. Nach Delrio und Artikel 33 der CCC bestehe die Verpflichtung, über Zeit und Ort der angeblichen Missetat zu inquirieren. Darüber seien die verbrannten Hexen nicht befragt worden. Farinacius und Marsilius[49] lehrten daneben einhellig, ein einfacher Schwur der Hexen genüge zur Wahrheitsfindung nicht, dazu bedürfe es eines speziellen Eides, der aber nicht geleistet worden sei. Daher seien die Denunziationen null und nichtig. Dann ging der Anwalt auf das Gerücht um Marie Eggers ein, erklärte es aber für unbewiesen. "Damit dan seine Principalinn absque legitimis indicijs unschuldigh nicht Torquirt werden möge", bat der Anwalt, weil die Folter dem Tode gleichkomme und viele Menschen lieber stürben, als die Tortur zu erleiden, sie freizulassen.

Der anschließende Brief der Verwandten griff die Argumentation des Anwalts, dessen Meriten in der Rechtsprechung er lobend erwähnt, nochmals auf. Der Ursprung des Gerüchts wurde auf den Rat von Zigeunern oder Heiden zurückgeführt; ob deren Angaben als glaubwürdig gelten konnten, baten die Verwandten den Rat zu bedenken. Eggemann, der das Gerücht verbreitet habe, sei Marie Eggers "spinfeiandt", und das aus dem Grund, weil er ihr ein jährliches Almosen versprochen hatte, jetzt aber zahlungsunfähig sei. Dies sei die Ursache - "damit er sich ab obligatione befreien megte" -, weshalb er sich unterstünde, Marie Eggers "nicht Allein umb glimpff und ehr, sondern Auch leib und leben zu pringen". Die Eingaben hatten Erfolg, Marie Eggers wurde vier Tage später freigelassen.

Die Argumentation ihres Verteidigers fußte auf einem Nachweis von Verfahrensmängeln und unzureichenden Indizien, die die Schuld seiner Klientin ausschlossen. Auf diese Weise suchte er sie vor der Tortur, deren Anwendung auf unsicherer Grundlage er als inhuman bezeichnete, zu bewahren. Er stellte den gegebenen Rahmen des Zauber- und Teufelsglaubens niemals in Frage, sondern bemühte sich, innerhalb der Grenzen dieses Denkmodells die Unschuld seiner Mandantin möglichst folgerichtig herzuleiten.

Die zusätzlichen Argumente taten ein übriges. Dem Rat, der Personen verurteilen ließ, weil sie an Wahrsager glaubten und diese konsultierten, vorzuhalten, die Besagung durch Zigeuner als glaubwürdig zu werten, war ein äußerst geschickter Schachzug, auf den der Rat eingehen mußte, wenn er sich nicht selbst ad absurdum führen wollte. Der Zusatz, der Verbreiter des Gerüchts sei der Angeklagten spinnefeind, spielte auf Bestimmungen der Carolina hinsichtlich der Qualität der Belastungszeugen an.[50]

Die Zuziehung eines Verteidigers war also in den Münsteraner Zauberprozessen grundsätzlich möglich. Sein erstes und einziges Auftreten in einem Prozeß war darüber hinaus keine leere Farce, sondern bewahrte Marie Eggers höchstwahrscheinlich vor Tortur und Verurteilung.

Das peinliche Verhör

Das im Inquisitionsprozeß vorgesehene Mittel der Wahrheitsfindung, die Folter, nahm einen zentralen Platz im Ermittlungsgeschehen ein. Da für das von Amts wegen eingeleitete Verfahren unter anderem die Erforschung der materiellen Wahrheit als Urteilsgrundlage als spezifisch angesehen werden kann,[51] bildete das Geständnis die unabdingbare Voraussetzung einer Verurteilung. Gerade in den Hexenprozessen legten die Angeklagten aber nur sehr selten ohne Druckmittel ein Geständnis ab, ganz einfach aus dem Grund, weil sie im Sinne der Anklage unschuldig waren und nichts zu gestehen hatten; deshalb kam es aber gerade auch hier zur massenhaften

Anwendung der Tortur, die bald zum grausigen Spezifikum der Zaubereianklage wurde:

> "Ohne die Folter wäre der Hexenprozeß nie das geworden, als was er in der Geschichte der Menschheit dasteht. Die Tortur war der Hauptnerv aller Beweisführung, die Folter war das eigentliche Symbol des Hexenprozesses."[52]

Die Konzeption des Hexenverbrechens als 'crimen exceptum' förderte zusätzlich die Anwendung und vorschnelle Anordnung der Tortur, zumal die Vorschriften der Carolina nicht dazu angetan waren, Mißbräuche einzudämmen. Daß die abgelegten Geständnisse falsch sein könnten und nur auf den unerträglichen Schmerz der Folter zurückzuführen waren, wurde nicht in Betracht gezogen;

> "...vielmehr standen die Zeitgenossen im Banne der von der Scholastik entwickelten Lehre von der menschlichen Willensfreiheit, wonach auch die Tortur nicht zu falschen Geständnissen nötigen, wohl aber die äußeren Voraussetzungen für das Bekenntnis der reinen, unverstellten Wahrheit schaffen konnte".[53]

Nach Artikel 44 der Carolina konnten die gleichen Indizien, die eine Verhaftung wegen Zaubereiverdachts rechtfertigten, auch zur Anordnung der Tortur angewandt werden. Vor der eigentlichen Durchführung sollte auf etwaige Entlastungsmomente hingewiesen werden (Artikel 47):

> "Unnd solcher erinnerung ist darumb not, daß mancher auß eynfalt oder schrecken, nit fürzuschlagen weist, ob er gleich unschuldig ist, wie er sich des entschuldigen und außführen soll".[54]

Die Tortur selbst sollte in Anwesenheit eines Richters, zweier Gerichtsdiener und des Gerichtsschreibers vorgenommen werden. Suggestivfragen waren nicht erlaubt (Artikel 56). Das in der Tortur abgelegte Geständnis mußte nach erneuter Verlesung vom Angeklagten bestätigt werden. Die Tortur konnte nach Widerruf durch den Beschuldigten wiederholt werden, wenn die Verdachtsmomente nach wie vor bestanden (Artikel 57).

Neben das Motiv des Erzwingens eines Geständnisses trat eine weitere, ältere Bedeutung der Folter: "Tortura purgat a crimine".[5] Das Überstehen einer Tortur reinigte den Angeschuldigten vom Schuldvorwurf und entkräftete denselben.

Eine verhängnisvolle Auswirkung des exzessiven Foltergebrauchs resultierte aus dem Glauben an den Sabbat als Bestandteil des Hexenmusters: Da sich dort ganze Heerscharen von Teufelsanbetern trafen, mußten den Angeklagten zwangsläufig die Namen anderer Teilnehmer bekannt sein. Diese wurden erfoltert, womit theoretisch die Grundlage neuer, immer weiter um sich greifender Massenprozesse geschaffen war.

Gründe für die Anordnung der Folter

Hatte der Münsteraner Rat nach Verlesung aller Zeugenaussagen und Verhörprotokolle auf die Verhängung der Tortur entschieden, so hielt der Stadtsekretär diesen Beschluß nebst Angabe der ausschlaggebenden Gründe im Rats- oder Kriminalprotokoll fest. Ein besonders ausführlicher Beleg ist der Beschluß gegen Elsa Buddenboems vom 30. Juli 1627:

> "(...) So ward nach erwegung aller underlaufender Umbstenden per majora vota es dafür geachtet, daß gnugsame Indicia ad torturam vorhanden, wie dan deren Indiciorum, so Binsfeldius de veneficijs setzt, alhie viel concurriren, diese Elsa auch nit allein mit der starcken langwerenden fama behafft, welchs sie auch selbsten gewüsst, und es ihr offtermahlen under Augen vorgeworfen, sondern auch sie von der verdechtigen und umb gleichen criminis willen hingerichteten Personen herkommen [Nichte Annas zur Steinhorst!], die that auch und das übel leider bei etlichen, so zu eßen von ihr was empfangen, erfolget, Derwegen dan per majora aus disen und mehren umbstenden und adminiculis (:bevorab, da ihr die Zauberej nit allein von Weltlichen, sondern auch underschiedtlichen Geistlichen under Augen vorgehalten, gantz aber ohne, daß sie bei der Oberkeit sich iemahlen darüber clagend angeben oder zur defension erbotten, oblatio auch ad probam aquae frigidae mit hinzu kombt:) beschloßen, daß sie tortura

subijcirt werden solle, Und ist dabei per Dominos Judices Civitatis referirt, wie wanckel und verdechtig sie sich in ihren gestib. bey gegeben antworten erzeigt, das gesicht offtmahlen wandelend und die Augen gleichsam steetig nach der erden wendend, quae vacillatio auch indicium licet remotus, gibt."[56]

Von allen Personen, gegen die in Münster wegen Zaubereiverdachts verhandelt wurde, erlitten zwölf mit Sicherheit die Tortur, bei drei weiteren Fällen im 16. Jahrhundert kann es als gesichert gelten. Gegen vier Angeklagte verhängte der Rat die Folter zweimal.

Die zur Begründung angeführten Indizien waren zumeist mit denjenigen, die zur Verhaftung geführt hatten, identisch, sofern sie nicht in der Zwischenzeit entkräftet werden konnten. Da unterdessen neue Erkenntnisse durch Verhöre und Zeugenvernehmungen, in einigen Fällen auch auswärtige Ermittlungen, dazugekommen waren, verbreiterte sich die Argumentationsgrundlage für die Anordnung der Tortur meist noch. Die Ermittlungen führten aber nicht zwangsläufig in die Folterkammer, denn mindestens der Hälfte der Angeklagten blieb dieser Weg erspart.

Auf Wiederholung der Tortur wurde in den Prozessen Heggemann, zur Steinhorst, Bünichmann und Holthaus entschieden. Im Fall Evert Heggemann erkannte der Rat zunächst auf Stadtverweisung, änderte aber während der laufenden Ratsversammlung seinen Beschluß in die erneute Tortur um, weil er die Indizien für nicht genügend widerlegt hielt. Die Aussagen Annas zur Steinhorst enthielten Widersprüche; darüber hinaus ergaben sich zwischen erster und zweiter Tortur durch Zeugenvernehmungen neue Erkenntnisse. Greta Bünichmann widerstand der ersten Folter, um danach ein Geständnis in Güte abzulegen; als sie dieses widerrief, traf sie die Anordnung der erneuten Tortur, wobei der Rat seine Entscheidung unter ausdrücklicher Berufung auf die Carolina begründete.

Im Falle Anna Holthaus umging der Rat die bestehenden Gesetze eindeutig. Da keine neuen Indizien vorlagen, beschloß er nach Befragung des Scharfrichters, die erste Tortur, "so kein halb stund gewehret, pro Levi zu achten", und ordnete daher eine Wiederholung an. Auch im Prozeß Heggemann wurde den gesetzlichen Vorschriften nicht Genüge getan (neue Erkenntnisse lagen nicht vor), während der Rat sich in den übrigen beiden Fällen im Einklang mit der bestehenden Gesetzgebung befand.

Ort, Zeit, Methode, Zweck

Die peinlichen Verhöre fanden sowohl im Niesingturm wie auch im Ludgeritor statt.[57] Sie wurden sehr früh morgens vollzogen, in der Regel zwischen fünf und sieben Uhr. Hinsichtlich der am Stadtrand gelegenen Örtlichkeiten und der gewählten Zeit kann Humborg zugestimmt werden, der als Ursache die möglichst weitgehende Abschirmung der Tortur von der Außenwelt annimmt.[58]

Bei einem peinlichen Verhör waren die Richtherren, der Gerichtsschreiber und mehrere Bottmeister anwesend. Zu Beginn trugen die Richtherren den Inquisiten nochmals alle vorliegenden Indizien vor und ermahnten sie, die Wahrheit zu bekennen. Blieb der einleitende Appell ohne Erfolg - das war die Regel -, begann der Scharfrichter, seines Amtes zu walten.

Womit und wie lange in Münster gefoltert wurde, wird aus den Protokollen nur sehr bruchstückhaft ersichtlich. Allgemein galt die Regel, die Tortur in drei bis fünf aufeinanderfolgenden Graden vorzunehmen.[59] Zunächst führte der Scharfrichter den Angeklagten die Folterinstrumente vor (die sogenannte territio). Danach entkleidete er die Häftlinge; bei dieser Gelegenheit wurde häufig die Rasur der Körperhaare vorgenommen, um die Suche nach dem 'Stigma diabolicum' zu erleichtern. War ein Körpermal entdeckt, führte der Scharfrichter die Nadelprobe durch. Darauf folgte das Anlegen von Folterinstrumenten, jedoch zunächst ohne deren Anwendung. Das Anlegen der Daumenschrauben stellte häufig das erste Stadium der 'territio realis' dar. Als nächste Grade folgten die Beinschrauben oder "Spanische Stiefel" und das Aufziehen. Bei dieser Foltermethode wurden die Angeklagten auf dem Rücken gefesselt und dann an den Händen mit einem Seil - manchmal über eine Leiter - hochgezogen. Zusätzlich konnten den Aufgezogenen Gewichte an die Füße gehängt werden, um die Schmerzen noch zu steigern. Als weitere Foltermethoden waren Schlafentzug, das Abreißen der Finger- und Zehennägel, der 'Bock' - die Gefangenen saßen rittlings auf einem mit einer scharfen Klinge bewehrten Holzbock -, verschiedene Brand- sowie Hunger- und Durstfoltern bekannt und verbreitet.[60] Dem brutalen Erfindungsreichtum der Folterknechte waren kaum Grenzen gesetzt.

Ein ausführliches Tortur-Protokoll liegt in Münster nur im Fall Anna zur Steinhorst vor, in allen anderen Prozessen hat der Sekretär die Niederschrift erst nach Beendigung der Folter getätigt, so daß die Protokolle nur sehr kurz sind und kaum auf Einzelheiten eingehen.

Über die dabei angewandten Methoden wird auch bei der Tortur Annas zur Steinhorst nichts bekannt; offenbar legte der Scharfrichter aber zwischenzeitlich Pausen ein, da des öfteren von Erlassung und Fortführung der Folter die Rede ist. Aus weiteren bruchstückhaften Einflechtungen in anderen Protokollen ergibt sich folgendes Bild: Nach der erfolglosen Aufforderung der Richtherren, die Wahrheit zu sagen, trat der Scharfrichter hinzu und bedrohte die Angeklagten zunächst mit der Tortur oder "vermittels vorzeygung der ruhten". Wahrscheinlich entblößte er sie auch, da während der Folter der Anna Holthaus von ihrem "blossen rücken" die Rede ist. Elsa Buddenboems wurden die Augen verbunden; nach dieser Maßnahme legte die Frau bereits ein Geständnis ab. Greta Bünichmann und Anna Holthaus bekamen die "Spanischen Stiefel" zu spüren. Auch das Aufziehen war bekannt. Anna Holthaus durchlitt während der zweiten Tortur eine Kombination von Beinschrauben, Aufziehen und Streichen mit Ruten, ohne daß sie ein Geständnis abgelegt hätte.

Als von Evert Heggemann in der ersten Folter kein Geständnis erzwungen werden konnte, verfügte der Rat bei der Anordnung der Wiederholung,

> "...daß alßdan etwan des Nachrichters Jungen und andere per diem et noctem bei Ime Continue verpleiben, damit Ime die ruhe verhindert und er dessto mehr zur Confeszion ermahnet und gehalten werde".

Weitere Foltermethoden wie zum Beispiel Daumenschrauben werden nicht genannt, womit aber nicht ausgeschlossen werden soll, daß sie nicht doch angewandt wurden.

Über die Dauer der Tortur sind noch weniger Daten verfügbar. Zwar beschloß der Rat, Anna Holthaus einer erneuten Tortur zu unterziehen, da die erste nur eine halbe Stunde gedauert habe; aber ob diese Zeitangabe verläßlich ist, sei dahingestellt: Der Rat war immerhin auf der Suche nach einer Begründung für die Wiederholung der Folter. Im Protokoll der Tortur vom 23. September 1627, das sich mit dem im Gefängnis erfolgten Tod der Marie Brüggers beschäftigte, ist die Zeitangabe "des morgens zwischen 5. und 7. uhren" enthalten. Zieht man von diesem Zeitraum noch die Verlesung der Indizien und die Ermahnung durch die Richtherren ab, so würde sich eine Dauer der Tortur von vielleicht einer guten Stunde ergeben. Das ist im Vergleich zur andernorts üblichen Praxis noch ein durchaus moderates Maß. Trotzdem darf nicht übersehen werden, daß mehrere Opfer, die Botter Gese, Anna Kirlahei und Marie Brüggers, die Folter nicht überlebten.

Während der Tortur kamen Weihrauch und Weihwasser zum Einsatz, um den Teufel auszutreiben und die Angeklagten eher zum Geständnis bewegen zu können. Mehrfach kann die Anwesenheit von Geistlichen belegt werden. Ihre Aufgabe bestand vorrangig darin, die Gefangenen zu einem Geständnis zu bewegen, was jedoch nicht immer gelang.

Der Zweck der Folter war die Ablegung eines Geständnisses durch die Angeklagten. Den Zaubereivorwurf bestätigten unter der Folter aber nur Anna zur Steinhorst, Elsa Buddenboems, Greta Bünichmann und vermutlich die drei verurteilten Frauen aus dem 16. Jahrhundert. Grete Gerling, Evert Heggemann und Clara Voß legten zwar Geständnisse ab, diese betrafen jedoch Kuppelei, Ehebruch und Betrug, nicht aber Zauberei. Die Krumfingersche, Catharina Scheventrup und Anna Holthaus gestanden überhaupt nichts und beharrten bis zuletzt auf ihrer Unschuld. Insofern erzielte die Folter in nur der Hälfte aller Fälle das als gewünscht vorausgesetzte Ergebnis; dieses Verhältnis kann als Indiz für die mangelnde Bereitschaft, Hexen um jeden Preis zu 'erfoltern', gewertet werden.

Der Folter kam - wie bereits angedeutet - darüber hinaus die Funktion zu, Denunziationen über Mittäter und -täterinnen zu erpressen. Die Rolle der Besagungen ist nun in Münster außerordentlich gering. Anna zur Steinhorst, Elsa Buddenboems und Greta Bünichmann wurden nach Ablegung des Geständnisses angehalten, Komplizen zu nennen. Alle drei Frauen gaben nach anfänglichen Weigerungen mehrere andere Frauen an, die ebenfalls auf dem Hexentanz gewesen sein sollten. Unter den angegebenen Namen sind zwei bekannte: Elsa Buddenboems denunzierte unter anderen Gertrud Bruns, deren eigener Prozeß damals bereits sechzehn Jahre zurück lag - ein Indiz dafür, wie lange das Gerücht einer Person anhing, selbst wenn sie freigesprochen wurde -. Greta Bünichmann gab als Komplizin die Honhofische an, die in mehreren Verteidigungsklagen ihren Ruf gegen die Zaubereinachsage zu retten versuchte. Der Rat reagierte in keinem einzigen Fall auf die Denunziationen. Selbst die beiden Frauen, denen das Gerücht der Zauberei anhing, bleiben unbehelligt. Über die Gründe kann lediglich spekuliert werden, aber als wichtiger Hinweis sollte dieser Umstand festgehalten werden.

Gewisse Hinweise deuten darauf hin, daß das Resultat einer Tortur bis zum Beginn des 17. Jahrhunderts vom Rat auch unter dem Aspekt der Purgation vom Schuldvorwurf beurteilt wurde. Am 4. März 1616 erfolgte der Beschluß der Stadtverweisung Catharina Scheventrups, nachdem sie "auch in decreta tortura bey voriger negation, daß sie mit der Zauberkhunst nit behafft, verharret, Also habita indicia dadurch mehrentheils expurgirt." Eine derartige Bewertung findet sich in den späteren Prozessen nicht mehr. Mehrfach weisen Urteilsbegründungen jedoch auf den Strafcharakter der Tortur hin: Am 29. Oktober 1627 betonte das Ratsprotokoll nach einer Aufzählung sämtlicher von Clara Voß begangenen Delikte zwar, sie habe eigentlich eine schärfere Strafe verdient, weil sie aber "in tortura dafür ziemlich gelitten" habe, solle sie nur mit der Stadtverweisung bestraft werden.

Während ihres Aufenthalts in den Gefängnissen und Folterkammern erhielten die Gefangenen von den Bottmeistern ihre tägliche Verpflegung.[61] Die Haftbedingungen müssen sehr schlecht gewesen sein: Anna Holthaus, die von Januar bis März einsaß, waren vom Frost die Beine angeschwollen und aufgebrochen. Die durch die Folter verursachten Verletzungen behandelte die Frau des Scharfrichters. Diese verfügte offenbar generell über eine gewisse Erfahrung und Geschicklichkeit in der Heilkunst und betrieb sie auch öffentlich in der Stadt, was mitunter zu Streitigkeiten führte. In einer Eingabe vom 22. März 1630 beklagten sich die Barbiere der Stadt über die unbefugte Ausübung ihres Gewerbes durch die Frau des Scharfrichters. Der Rat duldete derartiges nicht, er befahl den Betreffenden unter Androhung von zwanzig Mark Geldstrafe, "das sie sich alles wundartzens, wie auch barbirens und scherens gentzlich enthalten sollen."[62]

Das Urteil

Bekannte sich eine Person der Zauberei schuldig und bestätigte ihr Geständnis in einer gütlichen Verlesung durch die Richter, lagen die rechtlichen Grundlagen für die Anordnung des endlichen Gerichtstages vor. Nachfolgend soll zunächst der Ablauf dieses Rechtsaktes geschildert werden, um anschließend auf solche Strafmaßstäbe einzugehen, die bei Nichtvorlage eines Geständnisses oder Überführung einer anderen Straftat angelegt wurden.

Die Todesstrafe

In den Münsteraner Zaubereiprozessen wurden nachweislich fünf Todesurteile ausgesprochen; in einem sechsten Fall, die Kottersche betreffend, kann eine solche Strafe ebenfalls vorausgesetzt werden. Zur Verurteilung der Meyerschen tho Bruninck und der Molnerschen im Jahre 1574 liegen keine weiteren Informationen vor; wohl hingegen über die im 17. Jahrhundert ausgesprochenen Todesurteile über Anna zur Steinhorst, Elsa Buddenboems und Greta Bünichmann.

Nachdem die geständige Inquisitin außerhalb der Tortur ihr Geständnis bestätigt hatte (die sogenannte 'Urgicht'), ließen die Richtherren ein 'Extrahiertes Bekenntnis' verfassen, das in mehreren Punkten die Hauptbestandteile des Geständnisses und damit die Grundlage der Verurteilung enthielt.

Danach erfolgte die Ankündigung des endlichen Gerichtstages. Da das Urteil schon vorher feststand, war die Abhaltung dieses Rechtstages nicht mehr als ein öffentlicher Schauprozeß, der aber deshalb so wichtig war, da hier vor aller Augen und Ohren das Geständnis wiederholt wurde.[63]

In Münster meldete man den Delinquentinnen den Gerichtstag erst 24 Stunden vor der Urteilsverkündung an, obwohl Artikel 79 der Carolina einen Zeitraum von drei Tagen vorsah, um den Todeskandidaten Gelegenheit zu geben, sich mit dem Urteil abzufinden und auf ihr Ende vorzubereiten. Vor dem Gang ins Gefängnis ließ der Rat dem bischöflichen Stadtrichter mitteilen, "daß er (...) ietzo an die RhatCammer khommen und sich mit den Richteherrn in die gefengknüsß erfügen mögte," um dort seiner ihm noch zugebilligten Aufgabe, der Angeklagten den Gerichtstag anzukündigen, nachzukommen. Der Richter verweigerte jedoch auf Geheiß des Landesherren regelmäßig seine Teilnahme, so daß der Rat dessen Pflichten den Richtherren übertrug. Im Gefängnis mußte die Angeklagte das 'Extrahierte Bekenntnis' bestätigen. Danach erfolgte die Ladung vor das Gericht, "bei noch klimmender Sonne" und "zum dritten Leuten". Am nächsten Morgen führte man die "Arme Sünderin", wie sie jetzt hieß, zum Richtplatz an der Galgheide[64], der für Verbrennungen vorgesehen war. Dort bestätigte sie auf freiem sächsischen Grund und Boden vor des Rates "Peinlichem Halsgerichtt stehend, ungefangen und ungespannen nochmahlen die ihr vorgelesene erschreckliche Unthaten (...), das sie nemlich Gott dem Allmechtigen und allen Gottes Heiligen geschöpff und Creaturen abgesagt, und dem bösen feindt von der höllen sich ergeben (...)".[65]

Danach wurden zwei Bottmeister vom Richtplatz zur Ratskammer geschickt, um von dem dort gleichzeitig tagenden Rat das Urteil zu empfangen. Das Strafmaß war durch Artikel 109 der Carolina vorgeschrieben: Tod durch Verbrennen. Das Urteil, das schon vorher feststand - im Fall Anna zur Steinhorst faßte der Rat den Beschluß bereits einen Tag vor dem endlichen Gerichtstag -, orientierte sich an dieser Maßgabe und wurde noch am gleichen Tag vollstreckt. Bei allen drei Delinquentinnen, die im 17. Jahrhundert wegen Zauberei hingerichtet wurden, machte der Rat von seinem Begnadigungsrecht Gebrauch und ließ die Frauen vor der Verbrennung auf weniger qualvolle Weise töten: Anna zur Steinhorst (auf Bitten ihres Beichtvaters Pater Steill) und Elsa Buddenboems wurden stranguliert, Greta Bünichmann enthauptet.

Über die näheren Umstände der Hinrichtungen ist nichts bekannt. Sie waren in jedem Fall öffentlich, und es gibt keinen Grund anzunehmen, daß sie nicht auch in Münster das Volksspektakel waren, zu dem sich vor allem die Hexenhinrichtungen entwickelt hatten.[66] Ein Hinweis hierauf ergibt sich aus der ausdrücklichen Anordnung des Rats, Anna zur Steinhorst vor der Verbrennung "heimlich" durch den Scharfrichter erdrosseln zu lassen. Der Rat schien den Volkeswillen, der offenbar auf einer Verbrennung bei lebendigem Leibe bestand, zu achten und gleichzeitig zu fürchten, und sorgte so dafür, daß die Öffentlichkeit nicht um das erwartete Strafgericht betrogen wurde.

Drei Frauen starben vor Abschluß des Verfahrens an den Folgen der Tortur. Obwohl der Rat beim Tode der Anna Kirlahei zunächst über das weitere Vorgehen im Zweifel war, kam er in allen drei Fällen zu dem Ergebnis, daß genügend Indizien vorlägen, die die Verbrennung der Leichname und damit die posthume Bestrafung rechtfertigten.

Die Stadtverweisung

Konnten Angeklagte des Zaubereivorwurfs nicht überführt werden, wurden die betreffenden Personen in den allermeisten Fällen der Stadt verwiesen. Dies traf auch auf diejenigen zu, die der Rat wegen Geisterbeschwörungen und anderer Delikte am Rande des Zaubereivorwurfs bestrafte. Die Stadtverweisung war mit achtzehn Verurteilungen, davon zwei unsicher und acht mit Körper- und Ehrenstrafen kombiniert, das am häufigsten ausgesprochene

Strafmaß. Mitunter - wie zunächst bei Anna zur Steinhorst geschehen - wurde die Stadtverweisung im Eilverfahren, nur nach Zeugenverhören, verhängt. Der Rat war offenbar bemüht, den Stein des Anstoßes so schnell wie möglich aus der Stadt zu entfernen.

Möglich war dieses 'Schnellverfahren' unter anderem deshalb, weil das Urteil auf einem einfachen, mehrheitlichen Ratsbeschluß beruhte und nicht die Anberaumung eines speziellen Gerichtstages erforderte. Die Ausführung des Urteils oblag dem Freigrafen, der die Verurteilten bis zur Stadtmauer führte. Dies geschah, wie dem Bericht des Scharfrichterknechts über die Ausweisung der Anna Holthaus zu entnehmen war, um zwölf Uhr mittags. Mit der Verweisung verbunden war das Schwören des Urfehde-Eides "de non vindicano carcerem per se vel alium seu alios".[67] Die Verweisung konnte nach einiger Zeit wieder rückgängig gemacht werden. Bei Clara Voß wurde sie dahingehend präzisiert, daß sie sich der Stadt nur bis auf zwei Meilen nähern durfte.

Eine Stadtverweisung war für die Betroffenen keineswegs eine leichte Strafe, da sie fast immer den Ausschluß aus der sozialen Gemeinschaft nach sich zog. Mitunter versuchten die Betroffenen wie beispielsweise Anna zur Steinhorst unbemerkt wieder in die Stadt zurückzukehren. Wurden sie entdeckt, folgten harte Strafen. Auch Personen, die sich ohne Erlaubnis in der Stadt aufhielten, so etwa Catharina Scheventrup, mußten damit rechnen, ausgewiesen zu werden, falls ihre Anwesenheit bemerkt wurde. Auf jeden Fall nahm der Rat den unerlaubten Aufenthalt regelmäßig zum Anlaß, die ausgesprochene Stadtverweisung noch zusätzlich zu begründen.

Bittschreiben wie das der Ehefrau Evert Heggemanns bestätigten die mißliche Situation Ausgewiesener. Herausgerissen aus ihrem sozialen Umfeld und der schützenden Gemeinschaft der Stadt, ohne Broterwerb und dem ständigen Mißtrauen derjenigen ausgesetzt, denen sie als Fremde gegenübertraten, bedeutete die Stadtverweisung eine reale Existenzbedohung. Sichtbar wird dies im Falle Anna Holthaus, die während der Herausführung aus der Stadt - bevor sie ertränkt wurde - deutliche Suizidabsichten äußerte. Ernst Palserkamp, Enkel der Anna zur Steinhorst, der wenig später ebenfalls der Stadt verwiesen wurde, ließ sich als Soldat anwerben.[68] Obwohl dieses Leben gefährlich war und die Existenz oft nicht sicherte, sondern bedrohte, bestand hier eine Möglichkeit des Eintauchens in eine Masse, die nach Herkunft und Ruf wenig fragte.

Körper- und Ehrenstrafen

In sieben Fällen sprach der Rat die Stadtverweisung in Kombination mit Körper- und Ehrenstrafen aus. Dies geschah zur Verschärfung des Strafmaßes bei Angeklagten, deren Vergehen als besonders verabscheuenswert angesehen wurden.

Betroffen von dieser Maßnahme waren alle Personen, die aufgrund von Beschwörungen, Segnungen, Heilungen und ähnlichem verurteilt wurden. Daneben traf diese Strafe Claus und Grete Gerling sowie Henrich Kaltermann, die zwar nicht der Zauberei, aber des Ehebruchs und der Kuppelei beziehungsweise des Gartendiebstahls überführt werden konnten.

Die Strafe bestand zumeist darin, daß die Verurteilten auf dem Pranger, auch Kaeck oder Kach genannt, stehen mußten.[69] Dort waren sie dem Spott der Allgemeinheit ausgesetzt. Eine zusätzliche Strafverschärfung bestand darin, "anderen zum abschewlichen Exempel mit ruhten gehawen"[70] zu werden. Öffentlich gezüchtigt wurden Claus Gerling, Wilbrand Blising, Christian Schöttelhöver und Anna Voß. Weitere Körper- und Ehrenstrafen waren das Tragen der Schandsteine (Claus Gerling), das Abschneiden eines oder beider Ohren (Grete Gerling) und die Wippe, die den überführten Gartendieb Henrich Kaltermann am Mauritz-Tor in die Fluten des Stadtgrabens tauchte. In den Prozessen Blising und Schöttelhöver ordnete der Rat zusätzlich die Verbrennung verdächtiger Bücher an; gleiches geschah im Fall Johan Brüning, in dem allerdings eine Klage überhaupt nicht erhoben wurde.

Konfiskation

"Die Frage, inwieweit man, über die Beitreibung der tatsächlichen Kosten hinaus, das Vermögen der Verurteilten und hingerichteten Zauberer und Hexen konfiszieren könne, war im 16. und 17. Jahrhundert unter den Gelehrten streitig."[71] Die Meinungsverschiedenheiten rührten daher, daß nach kanonischem Recht eine Güterkonfiskation bei Verurteilungen wegen Zauberei erlaubt war, Artikel 218 der Carolina diese jedoch eingeschränkt sehen wollte.[72] Bereicherungen im Zuge der Hexenprozesse sind aber sicherlich vorgekommen[73], wie es auch im Interesse eines Scharfrichters liegen konnte, aus finanziellen Gründen möglichst viele Prozesse 'erfolgreich' zum Abschluß zu bringen.

In Münster ist in keinem Fall das Vermögen einer Verurteilten konfisziert worden. Der Rat ließ zwar vier Monate nach dem Tod Annas zur Steinhorst eine in ihrer Wohnung beschlagnahmte Truhe öffnen, verwandte deren Inhalt jedoch für den Unterhalt Ernst Palserkamps.[74] Überdies enthielt die Truhe außer einigen Kleidungsstücken nur eine geringe Summe Bargeld. Elsa Buddenboems diktierte am Vortag ihres Todes dem Bottmeister Jacob Storck ihr Testament. Danach verfügte sie über eine Barschaft von sechs Reichstalern. Ihr Besitz an Kleidung und Hausgerät, der nur das Nötigste umfaßte, sollte verkauft werden; 24 Schillinge davon erhielten die Armen, den Rest die Minoriten. Sie vermachte damit nichtsahnend ihren eigenen Denunzianten ihr geringes Vermögen.

In diesen wie auch in den meisten anderen Prozessen mußte das städtische Gruetamt für die Kosten des Verfahrens aufkommen, weil es sich bei fast allen Angeklagten um mittellose Personen handelte. Die einzigen Frauen, die über ein gewisses Vermögen verfügten, waren Gertrud Bruns und Marie Eggers. Beide trugen die Kosten des Verfahrens selbst. Beide wurden aber auch freigesprochen, so daß eine eventuelle Bereicherungsabsicht des Rats mit Sicherheit verneint werden kann.

Die Aussicht auf Vermögenskonfiskationen als ein Motiv zur Einleitung von Zaubereiprozessen kann in Münster daher ausgeschlossen werden.

Freispruch

Mitunter kam es vor, daß Angeklagte ganz vom erhobenen Schuldvorwurf freigesprochen und ohne Strafe wieder freigelassen wurden. Dies betraf in Münster immerhin acht Personen; gegen Johan Brüning wurde gar nicht erst Anklage erhoben. Dirich und Anna Holling kamen mit einer Geldstrafe von zwanzig Talern davon, nachdem die Ermittlungen wegen Zauberei eingestellt worden waren. Gegen Trine Schloetmann liegt kein Urteil vor, da sie vermutlich ihr Heil in der Flucht suchte.

Welche Gründe die Richter letztendlich zu einem Freispruch bewogen, kann heute nicht mehr ganz zweifelsfrei nachvollzogen werden, weil ihre Maßstäbe scheinbar variierten. Im Fall Grete Wesseling ist die Freilassung wohl darauf zurückzuführen, daß der Rat den belastenden Aussagen eines kranken Kindes nicht genügend Beweiskraft beimaß. Den Freispruch Adelheid Cappenbergs begründete der Rat damit, daß die ihr "zugemessene that gantz zweifelhafftig" sei. Vermutlich haben hier die positiven Leumundszeugnisse der befragten Nachbarn den Ausschlag gegeben. Warum aber Gertrud Bruns freigesprochen wurde, gegen die nicht unerhebliche Indizien wie das Gerücht, die Belastung durch zwei Zeuginnen und ihr Ersuchen um Durchführung der Wasserprobe vorlagen, bleibt auf den ersten Blick rätselhaft. Bei einem derartigen Sachverhalt gab es in den später nachfolgenden Prozessen ab 1627 niemanden, der nicht zumindest der Stadt verwiesen worden wäre. Dieses Indiz deutet meines Erachtens eindeutig auf eine Verschärfung in der Behandlung von Zaubereiverdächtigen seitens des Rats während des Zeitraums von 1627-1635 hin.

Ergebnisse

Für den Bereich des prozessualen Verlaufs einer Zaubereianklage in Münster kann festgehalten werden, daß sich der Stadtrat als Träger der Blutgerichtsbarkeit im wesentlichen an die prozeßrechtlichen Bestimmungen des Reichsgesetzes, der Carolina, hielt. Abweichungen traten auf im Bereich der Begründung einer wiederholten Folter - obwohl der Gebrauch der Tortur im Rahmen der damaligen Verhältnisse eher als moderat bezeichnet werden kann - und bei der Verkündigung des endlichen Gerichtstages. Im Verlauf mehrerer Prozesse zitierte der Rat beziehungsweise der Fiskal-Anwalt in seiner Funktion als öffentlicher Ankläger außer der Carolina die Werke des französischen Juristen Jean Bodin und des Trierer Weihbischofs Peter Binsfeld, so daß deren Kenntnis gleichfalls vorausgesetzt werden kann.

Die strafrechtliche Verfolgung von Zaubereidelikten geschah in Münster nach den Prinzipien des Inquisitionsprozesses, wobei die Einleitung des Verfahrens bis auf eine Ausnahme stets nach Denunziationen aus der Bevölkerung erfolgte. Besagungen spielten bei der Eröffnung eines Prozesses eine außerordentlich untergeordnete Rolle, auch Denunziationen geständiger Zauberinnen ging der Rat nicht nach. Aus diesem Grund und weil auf den exzessiven Gebrauch der Folter verzichtet wurde, hat es in Münster keine Massenprozesse gegeben.

Das häufigste Urteil in Münsteraner Verfahren war die Stadtverweisung nicht geständiger beziehungsweise überführter

Zaubereiverdächtiger. Freisprüche kamen gleichfalls vor. Eine Verteilungsquote von sechs geständigen Zauberinnen, von denen ein Fall zudem unsicher, aber wahrscheinlich ist, innerhalb eines Zeitraums von 92 Jahren entspricht jedoch in keinster Weise einer Konzeption des Zaubereiverbrechens als 'crimen exceptum', als das es in der damaligen Rechtstheorie und -praxis gehandhabt wurde. Auch in der Phase der vermehrten Prozesse zwischen 1627 und 1635 exaltierten die Urteile nicht, obwohl es scheint, daß der Rat während dieser Zeit geneigter war, Prozesse einzuleiten.

Der Inquisitionsprozeß, in dem die Folter das dominierende Beweisverfahren war, hat von seiner Konzeption her einen nicht unerheblichen Beitrag zur Ausweitung der Hexenprozesse geleistet. Daß das Verfahren nicht zwangsläufig zu Massenverfolgungen führte, sondern lediglich das Instrumentarium bot, das durch einen entsprechenden Hexenglauben und Verfolgungswillen ergänzt werden mußte, zeigt das Beispiel Münster.

Die Elemente des Zauber- und Hexenglaubens in Münster und ihre Rezeption

Nachdem feststeht, daß die Justiz der Stadt Münster sich keineswegs durch die Massenverfolgung von Hexen hervortat, sollen nunmehr die ideologischen Grundlagen des Zaubereiprozesses und ihre Akzeptanz untersucht werden. Welche Bestandteile des 'gelehrten' Hexenmusters waren in Münster vertreten, wie intensiv wurde an sie geglaubt und wer glaubte an sie? Gab es Unterschiede in der Rezeption der Glaubenselemente in den verschiedenen Gruppen der Prozeßbeteiligten, und wenn ja, wie wirkte sich dies aus?

Zur Beantwortung dieser Fragen werden zunächst die Prozeßunterlagen auf die Anklagepunkte und deren Einordnung im Rahmen des Hexenmusters hin untersucht werden. Danach - was ungleich schwerer ist - sollen die Träger des Zauberglaubens, Geistlichkeit, Rat und Bevölkerung, und ihre Rolle bei der Verbreitung des Zauberglaubens überprüft werden, insoweit die Quellen Hinweise auf die jeweilige Haltung enthalten.

Die Elemente des Zauber- und Hexenglaubens

Das Hexenmuster des 16. und 17. Jahrhunderts bestand aus uralten Elementen des Volksglaubens, der Magie und Zauber schon immer als Bestandteile des täglichen Lebens begriffen hatte, und aus der 'wissenschaftlichen' Hexenlehre der Scholastik, die die populären Vorstellungen langsam überlagerte und durchdrang. Der fundamentale Unterschied zwischen beiden Konzeptionen von Zauberei war jedoch der, daß in der gelehrten Tradition der Teufel eine herausragende und absolut notwendige Rolle spielte[1]: "The witch was no longer merely a worker of malefice. She was also a servant of the devil."[2] So entstand im Spätmittelalter aus den beiden Strängen der volkstümlichen und der intellektuellen Tradition folgendes Modell des Verbrechenstatbestandes des 'crimen magiae':

> "Zu den Hauptkennzeichen einer Hexe (...) gehörten die Abschwörung Gottes und der Pakt mit dem Teufel, der geschlechtliche Umgang mit dem Teufel, also die 'Teufelsbuhlschaft' als Bekräftigung dieses Paktes, der Schadenzauber, der Flug durch die Luft und die Verwandlung in Tiere sowie die Teilnahme am Hexensabbat, der Teufelstanzversammlung."[3]

Inwieweit und in welcher Gewichtung diese einzelnen Elemente in den Münsteraner Zaubereiprozessen vertreten waren, soll nachfolgend überprüft werden.

Der Teufelspakt

Die Lehre vom Teufels- oder Dämonenpakt hat bereits eine sehr lange Tradition und kann in ihren Ursprüngen auf den Kirchenvater Augustinus zurückgeführt werden, der die antiken Götter zu Dämonen umfunktionierte und den Glauben an sie als Aberglauben und damit als Abfall von Gott brandmarkte.[4] Die Idee vom Pakt mit dem Teufel als Grundlage des als allgegenwärtig angesehenen (Schaden-)Zaubers wurde aber nicht vor dem 13. Jahrhundert von den Theoretikern der Scholastik aufgegriffen und weitergesponnen: "Wenn auch wahrscheinlich nicht gewollt, so entwickelte sich dennoch damals auch in wissenschaftlichen Kreisen jene Atmosphäre, die die angeblichen Beziehungen zwischen Mensch und Dämon als Realität ansah (...)";[5] bedeutende Ziehväter dieses Konstrukts waren Albertus Magnus, Thomas von Aquin, Bonaventura, Duns Scotus und Wilhelmus Parisiensis.[6]

Das 'Vertragsverhältnis' zwischen Mensch und Teufel wurde nunmehr zur realen Basis der Hexenkünste, wobei beide Parteien wechselseitigen Nutzen voneinander hatten: Der Teufel versprach seinen Anhängern, für sie zu sorgen und ihnen ein besseres Leben zu garantieren; als Gegenleistung verlangte er die Verleugnung des christlichen Glaubens, seine Anbetung und die Zusicherung, Böses zu tun.[7] Den Vollzug des Paktes sahen die kirchlichen Theoretiker zunächst als eine Art schriftlich fixiertes Bündnis an, in dem der Mensch als gleichberechtigter Partner mit dem Teufel verhandelte.

Später setzte sich unter deutlicher Anlehnung an die ketzerische Teufelsverehrung ein von Unterwürfigkeit und Verehrung geprägtes Bild des Paktes durch, in dem der Neuling in der Hexensekte den Vertragsschluß mit dem Teufel durch ein Homagium, den Kuß, besiegelte.[8] Die Glaubenswelt des einfachen Volks schmückte die Umstände des Pakt-Vollzugs mit zahlreichen "dem volkstümlichen Verständnis näherstehenden Varianten"[9] zusätzlich aus, so daß sich ein regional differenziertes, in jedem Fall aber von der kirchlichen Lehre durchaus abweichendes Bild ergab.

In den Münsteraner Prozeßakten geben nur die Fälle zur Steinhorst, Buddenboems, Bünichmann und Holthaus über die Elemente des Teufelsglaubens im Hexenprozeß und damit über die Präliminarien und Umstände des Teufelspaktes ausführlicher Aufschluß; kurze Hinweise darauf enthalten außerdem fünf weitere Verfahren. Alle ausführlichen Aussagen wurden bezeichnenderweise unter der Folter abgelegt, wenn einmal von den Erzählungen Ernst Palserkamps und Arnold Ramers' abgesehen wird, die jedoch als Kinder kaum Konsequenzen zu befürchten hatten und deren Ausführungen eher den Eindruck abenteuerlicher Erlebnisberichte vermitteln.

Die einleitenden Modalitäten eines Teufelspaktes glichen sich in allen Fällen: Durch Verführung anderer waren die Betroffenen dazu verleitet worden, Gott zu verleugnen und den Teufel zu verehren. Im Falle Elsa Buddenboems war es angeblich ihre Tante Anna zur Steinhorst gewesen, die sie folgendermaßen einwies:

> "Sie solte drei fueß zurück tretten, Gott und allen seinen Heiligen, und alles was Gott geschaffen allen Creaturen, absagen, und dem bosen feinde anhangen."

Meist geschah dies außerhalb der Stadt. Eine feste Formel zur Abschwörung war offenbar nicht bekannt; die Richtherren gaben sich mit einer schematisierten Darstellung jedenfalls zufrieden. Der einzige, der darüber hinaus eine schriftliche Abmachung mit dem Teufel getroffen haben wollte, war Arnold Ramers. In dieser mit schwarzer Tinte ausgefertigten Handschrift übereignete er sich mit Leib und Seele seinem Buhlen, der das Schriftstück danach in einem Kästchen, "alwo viel Zettulen eingewesen", verwahrte. Zur Bestätigung des Paktes erhielten die Frauen in der Regel ein Geldgeschenk in Höhe eines halben Reichstalers, der sich jedoch im Falle Elsa Buddenboems in Pferdeexkremente verwandelte. Anna zur Steinhorst wollte mehrfach Geld vom Teufel empfangen, ihm aber selbst auch zwei Schillinge gegeben haben, und Marie Brüggers bekam achtzehn Pfennige von dem Küster(!) in Ottmarsbocholt, der sie zuvor zum Teufelspakt überredete. Zum Zeichen ihrer Zugehörigkeit zur Hexensekte waren Greta Bünichmann vom Teufel an der Ferse, Arnold Ramers hingegen an der Stirn durch ein Stigma gekennzeichnet worden.

Die Motive für den Teufelspakt aus der Sicht der menschlichen Vertragspartner waren meist materieller Natur: Anneke Godde, die Anna zur Steinhorst überredete, versprach ihr, "das solte ihr die Kost geben"; der Teufel selbst bestätigte diese Aussicht, indem er ihr zusagte, "er wolte sie ihr lebtag füden oder underhalten." Die unbekannte Frau, die Greta Bünichmann im Sentruper Busch zwischen Altenroxel und Münster in die Zauberei einwies, bot ihr an, "sie wolte ihr was lehren, das sie nit bedürfte allein zugehen"; für die alleinstehende Dienstmagd sicherlich ein besonderer Anreiz.

Über das Aussehen des Teufels wußten seine vermeintlichen Komplizinnen erstaunlich wenig zu berichten. Arnold Ramers erwähnte seiner Pflegerin gegenüber zunächst einen schwarzen Mann mit feurigen Augen, dann einen Buhlen, der weiblichen Geschlechts war. Später beschrieb er das Aussehen seiner Buhlteufelin als Frauengestalt mit einem Schweinekopf. Der Gefährte seiner ehemaligen Pflegemutter war hingegen männlichen Geschlechts gewesen, "ein gewaltiger dicker Man, mit grausamen großen augen." Elsa Buddenboems erschien der Teufel als Junker auf einem großen Pferd; er trug einen Hut mit einer roten Feder. Der Name des Teufels war meistens Hänschen. Anna zur Steinhorst gab gleich mehrere Bezeichnungen an: Henrich, Herman Teufel, aber auch Beelzebub und Satanas. Arnold Ramers wollte zunächst keinen Namen nennen, nach einiger Nachhilfe durch die Richtherren - "wie ihme etwan anleitung auß den anfang seiner wörter gegeben" - gab er an, dieser heiße Federbusch. Wie der Buhle seiner Pflegemutter hieß, wußte er nicht, es sollte jedoch ein lateinischer Name sein.

Diese wenigen Informationen sind alles, was die Münsteraner Zauberinnen über ihren Pakt mit dem Teufel berichten konnten. Hinzu kommt noch eine Aussage Elsa Buddenboems, die gefragt wurde, wie sie ihre Verbrechen so lange hatte geheimhalten können. Sie antwortete darauf: "Der böser feind pflege das zu versprechen, daß ers uffhalten wolte, damit es die leute sobald nicht mercken, das sie es gethan".

Hier wird eine mögliche Fürsorgepflicht des Teufels für seine Komplizinnen angesprochen, die allerdings ein Einzelfall bleibt. Die

Erfahrungen der Frauen mit dem Teufel waren durchweg schlecht oder mit den Worten Annas zur Steinhorst gesagt: "Das Teufels kindt hat mich betrogen".

Die Teufelsbuhlschaft

Die Idee der Teufelsbuhlschaft und damit der geschlechtlichen Verbindung als Krönung und Besiegelung des Bündnisses zwischen Mensch und Dämon begann gleichfalls im 13. Jahrhundert durch die Scholastik Gestalt und Bedeutung anzunehmen[10], indem sie antike, mythologische Traditionen aufgriff und diese weiterentwickelte. Die Scholastik stützte sich dabei auf das Konzept der Incubus- und Succubus-Lehre, mit der sie die (umstrittene) Wahrscheinlichkeit einer sexuellen Vereinigung zwischen dem Teufel als körperlosem Wesen und seinen Verehrerinnen zu begründen suchte. Sie löste das Problem dadurch,

> "...daß man jedem bösen Geist einen ätherischen, sehr dünnen zerfließenden Körper zudachte, womit er (durch Zusammenziehen der atomischen Luftteile) die Scheingestalt eines wirklichen fleischlichen Körpers annehmen konnte. In dieser Weise war er imstande, den Menschen je nach Bedürfnis in männlicher oder weiblicher Gestalt zu erscheinen und sich geschlechtlich mit ihnen zu verbinden".[11]

Probleme bereitete weiterhin die Frage, ob aus einer derartigen Verbindung Nachkommenschaft entstehen konnte. Darüber waren die Meinungen geteilt, denn Scheinleiber sind im allgemeinen nicht zeugungsfähig. Letztlich "aber folgte die Heilige Mutter Kirche der maßgebenden Entscheidung des *Doctor angelicus*, des heiligen Thomas von Aquin (...). Nach Thomas war der Teufel als *incubus* nur dann zeugungsfähig, wenn er zuvor als *succubus* empfangen hatte. Deshalb wechselte er behende zwischen beiden Stellungen...".[12] Auf diese Weise konnten zuweilen Kinder gezeugt werden,[13] andererseits hielt man aber auch Mißgeburten, Wechselbälge und die raupenähnlichen Elben für die Produkte eines teuflischen Umgangs.[14]

Die Beschaffenheit des Sexualaktes zwischen Mensch und Teufel beschäftigte die Gemüter der Theologen in herausragender Weise. Dem entspricht die Bedeutung, die der Buhlschaft innerhalb des

Hexenbegriffs zukam. Gerade die Sexualität galt als bevorzugtes Wirkungsfeld der Dämonen, auf der einen Seite durch die Betonung der Buhlschaft als unabdingbarem Bestandteil der Hexenlehre, die die Teufelsanbeterin gleichzeitig zu seiner Sex-Sklavin machte,[15] auf der anderen Seite durch den angerichteten Schaden, von dem sich ein großer Teil auf den menschlichen Sexualbereich bezog. Diese klerikale Fixiertheit auf Reproduktionsfunktionen und deren Mißbrauch muß im Zusammenhang mit den extrem sexualfeindlichen Tendenzen des Spätmittelalters gesehen werden, das die Begriffe 'Sünde' und 'Fortpflanzung' konstant miteinander in Verbindung brachte. Jede Abweichung von der kirchlich geprägten Sozialnorm - und handelte es sich nur um die 'falsche' Ausübung des Geschlechtsaktes in einer unerlaubten Stellung oder zu einer unerlaubten Zeit - wurde verboten und bestraft.[16] Um wieviel mehr mußte dann die Teufelsbuhlschaft die Kriterien der Widernatürlichkeit erfüllen? Das 'Verdienst' des Hexenhammers war es, diese Verbindung aufzuzeigen und den geschlechtlichen Umgang mit dem Teufel prinzipiell mit dem Aspekt der Sodomie zu verknüpfen.[17] Da die Teufelsvorstellung von teriomorphen Beigaben beherrscht war (der Böse erschien in der Gestalt eines Ziegenbocks, mit Hörnern, Krallen, einem Pferde- oder Kuhfuß), bot sich die Verbindung mit dem Delikt der Bestialität an. Es erstaunt daher nicht, in Hexenprozessen mitunter eine ausgesprochene zoophiloide Atmosphäre vorzufinden.[18]

In der Forschung herrscht die Auffassung vor, dem Aspekt der Teufelsbuhlschaft sei in den Befragungen während der Prozesse große Bedeutung beigemessen worden.[19] Diese Meinung kann für Münster nicht aufrechterhalten werden, denn die angebliche geschlechtliche Verbindung mit dem Teufel kam hier nur außerordentlich selten vor.

Zwar sprachen die Angeklagten und auch die Richtherren vom Teufel gewöhnlich als dem "Buhlen" der Frauen, was die sexuelle Vereinigung impliziert und ihre Zugehörigkeit zur Hexenlehre auch in Münster dokumentiert, doch nähere Beschreibungen der Buhlschaft fehlen völlig. Anna zur Steinhorst sagte nur aus, sie sei dem Teufel zu alt gewesen; ob sich diese Angabe auf den Tanz oder die Buhlschaft bezog, wird nicht deutlich. Bei der gütlichen Bestätigung ihres Geständnisses gab sie zwar an, dem Teufel zugesagt zu haben, "welcher seinen willen mit ihr geschaffet", bestritt diese Aussage aber bei der Vorlesung des 'Extrahierten Bekenntnisses'; in der endgültigen Reinschrift ihres Geständnisses erschien der Punkt der fleischlichen Vermischung nicht mehr. Die Prozeßakten im Fall Elsa

Buddenboems enthalten nicht einen einzigen Hinweis zum Thema Teufelsbuhlschaft. Gleiches gilt für den Fall Bünichmann, in dem die Frau während der Verhöre lediglich mehrmals ihren Buhlen Hänschen erwähnte, aber weder über eine sexuelle Beziehung zu ihm berichtete noch danach gefragt wurde. Die ausführlichsten Informationen zum Bereich der Teufelsbuhlschaft stammen ausgerechnet von dem neunjährigen Arnold Ramers. Der Prozeß Holthaus ist überdies der einzige, in dem die Richtherren nachweislich Fragen zu diesem Komplex stellten. Nachdem seine Pflegemutter ihn in die Zauberkunst eingewiesen hatte, nahm sie Arnold mit auf den Tanz, "alwo Ime ein bole gegeben worden". Über die Art und Weise ihres Kontaktes sagte er nur aus, "der böser lige bei Ime zwischen den beinen, und treibe unzucht mit Ime". Weitere Details sexueller Ausschweifungen schilderte der phantasiebegabte Knabe allerdings nicht mehr.

Aus diesen wenigen Informationen kann geschlossen werden, daß die Teufelsbuhlschaft als Bestandteil des Hexenmusters sowohl bei der Bevölkerung als auch den Richtherren als Vertretern der Oberschicht bekannt war. Aus Gründen, über die Unklarheit herrscht, spielte dieser Aspekt in den Prozessen aber nur eine sehr untergeordnete, ja fast überhaupt keine Rolle.

Der Hexensabbat

Die Vorstellung einer nächtlichen Hexenversammlung mit der Anbetung des Teufels und orgiastischen Ausschweifungen ist auf die Ketzer-Inquisition zurückzuführen, in deren Verfolgungspraxis gegenüber Sekten wie der Katharer der Sabbatgedanke Eingang gefunden hatte. Die Teilnahme am Hexensabbat galt als Grundlage der angeblichen Fähigkeit zur Schadenzauberei. Die Beschreibungen über den Ablauf einer solchen Versammlung sind jedoch uneinheitlich.[20] Französische, spanische und italienische Quellen überliefern den Sabbat als eine Parodie der katholischen Messe.[21] Die Sexualität spielte erneut eine wichtige Rolle, da auf dem Sabbat alle Teilnehmer zunächst mit dem Teufel und dann untereinander verkehrten. Den sinnlich-ausschweifenden Charakter betonten Tänze, die nackte Hexen aufführten.[22] Die dazugehörige Musik wurde aus seltsamen Instrumenten, zum Teil aus Gebeinen, erzeugt. In der Regel gehörte auch ein Gelage zum Ablauf des Sabbats, bei dem die merkwürdigsten Dinge, wie Kinderfleisch, verzehrt wurden. Salz fehlte als Speisenzusatz immer. Der Teufel selbst erschien als Mann, Bock oder

Kröte, um sich anbeten zu lassen. Danach wies er seine Anhängerschaft in die Künste ein, die sie in seinem Namen praktizieren sollte, und stattete sie mit dem dafür erforderlichen Rüstzeug aus.[23]

Die Vorstellung vom Hexensabbat als Versammlung der teufelsverehrenden Massen unterstrich den Glauben an deren Sektencharakter. Wer dort gewesen war, mußte zwangsläufig auch andere Teilnehmer(innen) gesehen haben. Auf dieser Grundlage wurden die Besagungen erfoltert, die den Ausgangspunkt großer Massenprozesse bildeten.

Ein Problem für die Theoretiker des Sabbats bestand in der Art und Weise, wie die Hexen zu den oft weit entfernten Versammlungsplätzen gelangen konnten. Der Glaube an nachtfahrende Frauen, die 'strigae', die als Eulen, auf Tieren oder Besen, gerüstet durch eine Zaubersalbe mit der Göttin Diana auf Erkundungsflug gingen, bestand im Volk schon lange, bevor ihn sich die Hexentheoretiker zu eigen machten. Aber: "Die Kirche bekämpfte bis ins 12. Jahrhundert hinein die volkstümlichen Flugvorstellungen als heidnisch. Sie grenzte sich von diesem ihr fremden Volksglauben ab."[24] Die Ablehnung artikulierte sich maßgeblich im 'Canon Episcopi', der den Glauben an die 'strigae' als Irrlehre und teuflische Illusion bezeichnete und dessen Bekämpfung anordnete. Im 13. Jahrhundert setzte sich in kirchlichen Kreisen dann aber die Anschauung durch, nicht Diana, wohl aber der Teufel sei in der Lage, menschliche Körper durch die Luft zu tragen.[25] Damit war die Brücke geschaffen, die einen lückenlosen Aufbau des Hexenkonstrukts ermöglichte.

Wie bereits angedeutet, folgten die Sabbatvorstellungen keiner durchgehenden Linie. Diese Beobachtung gilt sowohl für die Hexentheoretiker wie auch für die prozeßführenden Institutionen auf lokaler Ebene. In Münster, wo nicht nach vorgefertigten Fragekatalogen gefoltert wurde, läßt sich eine einheitliche Haltung der Richter kaum belegen. Die Schilderungen der Betroffenen selbst fallen umfassender aus als beispielsweise bei der Buhlschaft, sind aber insgesamt so dürftig, daß auch hier keine durchgehende Tradition belegt werden kann.

Vom 'Sabbat' als Umschreibung der nächtlichen Aktivitäten ist nie die Rede, die Frauen waren auf dem 'Tanz'. Einen festen Tanzplatz gab es nicht. Wohl lag der angegebene Ort meist außerhalb der Stadt ,häufig an Kreuzwegen[26], im Prozeß zur Steinhorst fand der Tanz jedoch innerhalb der Stadt statt, zunächst auf der Lyrmauer, dann auf dem Schilde, zuletzt am Bült.[27] Ebensowenig herrschte Einigkeit über die Art und Weise, wie der Tanzplatz erreicht werden konnte.

Ernst Palserkamp war angeblich, nachdem er seine Fußsohlen, Schenkelinnenseiten und Achselhöhlen "auß einem pötken, so Ime sein beste mutter behandet", eingerieben hatte, zum Tanz geflogen. Die erforderliche Salbe war Anna zur Steinhorst zuvor dort vom Teufel ausgehändigt worden. Die Frau selber bestritt bis zuletzt energisch, sich jemals "geschmiret" zu haben. Auf die Vorhaltungen der Richtherren, als "rechtschaffene Zaubersche" hätte sie dies doch wohl tun müssen, entgegnete sie, der Teufel selbst habe sie geholt. Im Prozeß Buddenboems spielte der Flug keine Rolle. Greta Bünichmann wollte auf einem Bock zum Tanz geritten sein; allerdings war ihr diese Antwort wohl von der Frau des Scharfrichters vorgegeben worden. Arnold Ramers' Antwort auf das Transportproblem paßte sich deutlich seiner Lebenswelt an: Da das Kind gelähmt war und nicht laufen konnte, war es vom Teufel mit einer Schiebkarre zum Tanz geholt worden. Die Methode, sich zum Flug einzureiben, war allerdings auch ihm bekannt. Ernst Palserkamp zufolge fand die Hexenversammlung in den Nächten des Donnerstag und Freitag statt, und Arnold Ramers war in einer Donnerstag-Nacht in die Zauberkunst eingewiesen worden.[28]

Die Beschreibungen über den Ablauf des Hexentanzes sind uneinheitlich; die ausführlichsten Informationen lieferten erneut die beiden kindlichen Denunzianten. Selbstverständlich wurde getanzt, und zwar nach Angaben Ernst Palserkamps paarweise auf einer Leine. Von dieser Leine fiel Anna zur Steinhorst während des Tanzes herab; der Teufel schlug sie deshalb und forderte sie auf, "sie solte mehr tantzen, solte so plump nit sein". Für die Musik sorgte der Herr und Meister selbst, indem er auf einer schwarzen Fidel spielte, zuweilen aber auch die Trommel mit einem Hasenschwanz schlug. Danach wurde gegessen. Viele schöne Männer und Frauen saßen während des Mahls am Tisch; die Speisenfolge bestand einesteils aus Kinderfleisch, andererseits aus Gerichten, die sich in Schweine- oder Pferdekot verwandelten. Am Kopf des Tisches saß der Teufel. Der Buhle Anna Holthaus' las während des Mahls die Messe. Später zauberten die Anwesenden aus Mehl nach Anleitung des Teufels Hasen, Ratten, Katzen, auch Böcke und Ziegen, auf denen die TeilnehmerInnen ritten, niemals aber Schafe und Tauben.

Elsa Buddenboems und Anna Holthaus kam auf dem Hexentanz eine besondere Funktion zu: Sie dienten als Leuchter. Dazu bückten sie sich oder stellten sich auf den Kopf, dann steckte man ihnen eine Kerze ins Hinterteil.[29]

Weitere Informationen über in Münster geläufige Sabbat-Vorstellungen liegen nicht vor. Trotz der detaillierten und phantasievoll ausgeschmückten Erzählungen der beiden Kinder kann nicht davon ausgegangen werden, daß der Glaube an den Hexentanz in seiner kirchlich geprägten Form eine populäre Basis hatte. Ein gewisses Grundgerüst war sicherlich vorhanden, so der Glaube an die Flugfähigkeit nach dem Einreiben mit einer Salbe,[30] aber gerade dieses Element der Hexenlehre stammte ja auch ursprünglich aus der Tradition des Volksglaubens. Einem verbreiteten und exakten Wissen über die Vorgänge auf dem Sabbat widerspricht auch die Tatsache, daß Greta Bünichmann die einzelnen Punkte ihrer Aussage von der Frau des Scharfrichters vorgesagt worden waren; diese verfügte schon aus beruflichen Gründen eher über den Erfahrungsschatz der bei Hexenprozessen erfolterten Angaben.

Elsa Buddenboems sagte über den Sabbat überhaupt nichts aus. Aus der Aufforderung, Komplizen zu nennen, rettete sie sich nach kurzer Zeit mit der Bemerkung:
"Es weren sonst Irer [der TeilnehmerInnen] viel, kämen nicht eben alle zusamen, etliche nun, etliche dann, Sie were auch allzeit nicht zum dantz berufen". Mit dieser Schutzbehauptung, mit der die Richtherren sich zufrieden gaben, erreichte sie, nicht weiter zu den Vorgängen auf dem Tanz befragt zu werden.

Der Schadenzauber - Das Maleficium

In ihrer voll ausgeprägten Form beinhaltete die Hexenlehre der Kirche neben den Elementen Teufelspakt, -buhlschaft und der Sabbatvorstellung zusätzliche Aspekte, die im traditionellen Volksglauben wurzelten. Neben dem bereits angesprochenen Flug der Hexen betraf dies in erster Linie den Schadenzauber, der neben der 'weißen' Magie als hilfreicher Zauberei schon immer als Bestandteil der Volkskultur existierte.[31] Durch die neue Hexenlehre rückte der positive Aspekt der Zauberei in den Hintergrund, da als Basis aller magischen Handlungen nunmehr der Teufelspakt vorausgesetzt wurde. Auf der Grundlage der Apostasie war es gleichgültig, ob ein Zauber schädigte, heilte oder wirkungslos blieb: Allein der Teufelspakt rechtfertigte die Verfolgung. Obgleich Artikel 109 der Carolina nur die Bestrafung des Schadenzaubers zwingend vorschrieb, setzte sich in der Praxis auch die Verurteilung der nichtschädigenden Zauberei durch.[32] Der Teufelspakt begründete auch die Unterscheidung in Zauberei auf der einen und Hexerei auf der anderen Seite, denn von Hexerei konnte nur dann die Rede sein, wenn der Teufel im Spiel war.[33]

Die einzelnen Elemente des Maleficiums umfaßten im Volksglauben ein breites Spektrum. An erster Stelle stand zunächst der Krankheits-, aber auch der Heilzauber, der sowohl Menschen als auch Tiere betraf.[34] Diese Möglichkeit wurde stets in Betracht gezogen, wenn unerwartet Krankheiten auftraten, die den diagnostischen Horizont der Zeit sprengten. Ein spezifisches Krankheitsbild, welches eindeutig auf Zauberei hinwies, ist nicht überliefert, wenn auch Kopfschmerzen, Unsinnigkeit, Blindheit und Lähmung häufig damit in Verbindung gebracht wurden.[35] Ein typischer Viehzauber der ländlichen alpinen Regionen war die Milch- oder Butterzauberei, die dann vermutet wurde, wenn die Tiere keine Milch gaben oder die Butterherstellung mißlang.[36] Weitere Möglichkeiten zauberischer Einwirkung bestanden in Fruchtbarkeits-, Liebes- und Wetterzauber, aber auch Schatzbeschwörungen und Abwehrrituale brachte der Volksglaube mit magischen Grundelementen in Verbindung.

Seitens der Hexentheoretiker, hier vor allem der Autoren des 'Malleus Maleficarum', manifestierte sich ein wesentlicher Anteil der hexischen Schädigungen erneut im menschlichen Sexualbereich. Der Katalog der in Frage kommenden Malefizien reichte vom Impotenzzauber über die Verursachung von Unfruchtbarkeit hin zur Tötung von Kindern im Mutterleib oder kurz nach der Geburt, letzteres hauptsächlich durch die verruchten Hexenhebammen.[37]

Die Mittel zur Durchführung der verschiedenen Schädigungen erhielten die Mitglieder der Teufelssekte auf dem Sabbat, wobei die Anwendung von Pulvern oder Salben, die unter anderem Hostien enthalten konnten, an erster Stelle stand.[38] Im Volksglauben spielte daneben das 'veneficium', der Giftmord, eine bedeutende Rolle, in dessen Konzeption natürliche Giftwirkung und magische Umkleidung zusammentrafen.[39] Der Begriff unterlag jedoch einer Doppeldeutigkeit: Die Rechtsprechung faßte bis Ende des 15. Jahrhunderts das 'veneficium' im Sinne der Volkstradition als kombiniertes Tötungs- und Zaubereidelikt auf. Danach erfolgte eine Trennung der beiden Tatbestände[40]; der Aspekt der Zauberei fiel nunmehr dem scholastisch begründeten 'maleficium' im Rahmen der Hexendelikte zu.

Eine Reihe zauberischer Schädigungen konnte durch Fernwirkung erzielt werden. Dazu gehören der böse Blick, das Beschwören ('incantatio'), das Loswerfen ('sortilegium') und die Anfertigung von Bildern aus Wachs oder Blei.[41] Ein Blick auf die Carolina zeigt, daß auch Drohungen und Flüchen durchaus zauberische Wirkung zugeschrieben wurde.

Der Glaube an Tierverwandlungen als Element der Volkstradition steht in Zusammenhang mit den Flugvorstellungen. Das Volk brachte beispielsweise Katzen gern in Verbindung mit Zauberei;[42] aber auch der Glaube an Werwölfe ist in diese Kategorie einzuordnen.

Welche Rolle spielte nun das Maleficium in den Münsteraner Zaubereiprozessen? Bei der Einleitung des Verfahrens wurde dem Schadenzauber absolute Priorität eingeräumt: Fast alle Prozesse begannen durch die Denunziation von Schadensfällen durch die Bevölkerung (Ausnahmen: Marie Eggers und Anna Holthaus). Der Ausgang der Prozesse sah wenig anders aus. Dies belegen die Artikel der Extrahierten Bekenntnisse der Anna zur Steinhorst und der Elsa Buddenboems sowie deren Gewichtung.

Das Extrahierte Bekenntnis der Anna zur Steinhorst umfaßte in seiner engültigen Fassung sechs Artikel, von denen lediglich der erste ihr Bündnis mit dem Teufel ansprach: "Erstlich hatt Anna zur Steinhorst bekantt, das sie vor Vielen Jaren die verfluchte Zauberkunsst gelernet, Gott dem Allmechtigen abgesagt, und dem bösen feindt sich dadurch ergeben und verpflichtet". Alle weiteren Punkte bezogen sich auf den von ihr angerichteten Schaden.

Bei Elsa Buddenboems fiel das Verhältnis Schadenzauber - Teufelskult noch deutlicher aus: Die dreizehn Geständnisartikel enthielten in zehn Punkten Schadenzauber. Die übrigen drei berührten den Abfall von Gott, die Bekräftigung des Teufelspakts durch ein Geldgeschenk und die Tatsache, daß der Teufel sie an der Beichte ihrer schändlichen Taten gehindert hatte. Von Buhlschaft oder Tanz war nicht die Rede. Den Maßstab zur Verurteilung bildete also für den Rat ganz eindeutig das Geständnis des Schadenzaubers, wobei als Grundlage jeweils der Abfall von Gott und der Teufelspakt - fast ohne nähere Beschreibung! - vorausgeschickt wurde.

Das Bild des Schadenzaubers, wie es die Zeugenaussagen reflektieren, zeigt eine eindeutige Konzentration im Bereich des Krankheitszaubers, der Mensch und Tier zugleich betraf. Die Umstände, unter denen diese Krankheiten erzeugt wurden, bleiben oft rätselhaft, zumindest wußten die Zeugen keine direkte Erklärung dafür. Sie hatten vielleicht mit der verdächtigen Person zusammen getrunken und erkrankten danach; schon wurde für beide Ereignisse ein Kausalzusammenhang konstruiert. Die Beweisführung, wie die

Krankheit verursacht worden war, überließ man indessen den Richtern. Erfolgten diese Geständnisse des Schadenzaubers, so war die Methode nach den Aussagen der Angeklagten im Prinzip immer gleich gewesen. Die Frauen erhielten vom Teufel schwarzes Kraut, mit dem sie ihre Untaten ausführten. Lediglich im Fall Greta Bünichmann handelte es sich um weißes Kraut. Das nicht näher definierte Gewächs hatte scheinbar universelle Wirkung und konnte bei Mensch und Tier als Speisezusatz verwendet werden, um Krankheit und Tod zu bewirken.

Die Krankheiten, deren Ursachen in der Zauberei gesucht wurden, decken ein relativ weites Spektrum ab, wobei allerdings berücksichtigt werden muß, daß aufgrund der unklaren Beschreibungen eine Diagnose nicht immer leichtfällt. Wiederholt fallen Erkrankungen in den Bereich des Verdauungstraktes, was möglicherweise mit der Darreichungsart des Vergiftungsmittels zusammenhängt. In Einzelfällen soll Zauberei Kopfschmerzen und Blindheit verursacht haben. Zumeist bleiben die Erkrankungen jedoch unspezifiziert, können aber durch ihre lange Dauer häufig als chronisch angesehen werden.

In den Prozessen ab 1627 häufen sich die Anschuldigungen von angeblich oder tatsächlich Besessenen, für deren Zustand zauberische Einwirkung verantwortlich gemacht wurde.[43] Die Forschung sieht einen Zusammenhang zwischen dem Auftreten von Besessenheit und der sozialen Lage der Betroffenen, die - häufig Frauen aus niederen Ständen - ohne medizinisches und soziales Auffangbecken für Nöte, aber auch Geltungsbedürfnisse waren. Um auf sich aufmerksam zu machen, flüchteten sich diese Menschen mitunter in die Hysterie.[44] Besessenheit hätte in solchen Fällen eine Art persönliche Krisenbewältigung bedeutet.

Neben dem Schadenzauber, der den Menschen betraf, stehen die Schädigungen an Tieren, zumeist an Nutzvieh wie Pferden, Kühen oder Schweinen. Im Münster des 17. Jahrhunderts war Viehhaltung durchaus üblich. Das Vieh stellte einen unverzichtbaren Bestandteil der Nahrungsversorgung dar; um so belastender wurden selbstverständlich unerwartete Todesfälle oder Krankheiten im meist nur geringen Bestand empfunden. Tiere, besonders Pferde, waren nicht billig;[45] insofern konnte der Verlust gleich mehrerer Exemplare schon eine Existenzbedrohung bedeuten. Vor diesem Hintergrund muß der hohe Stellenwert des vermuteten Schadenzaubers am Vieh beurteilt werden; Anna zur Steinhorst beispielsweise wurde ausschließlich aus diesem Grunde verurteilt. Eng damit verknüpft ist das Delikt des Milchzaubers, das in Münster gelegentlich in Prozessen belegt ist. Weit verbreiteter scheint allerdings die Bezeichnung "Molkenzaubersche" als Schimpfwort oder allgemein herabwertende Bezeichnung gewesen zu sein.[46]

Die verläßlichste Möglichkeit, Schadenzauber 'nachzuweisen', bestand darin, daß man die toten Tiere öffnete und deren innere Organe untersuchte. Fand sich darin Ungewöhnliches, vor allem schlangenartige Gebilde, lag eine Vergiftung vor. War das Opfer ein Mensch, erhöhte dies naturgemäß die Schwierigkeiten, eine Einwirkung von Zauberei zu belegen. In der Regel wurden dann die Dienste heilkundiger oder seherisch begabter Mitmenschen in Anspruch genommen. So gab im Prozeß Holthaus die um Rat befragte Wahrsagerin die Auskunft, Arnold Ramers' Krankheit beruhe auf einem nicht eingelösten Versprechen seines Großvaters. Im gleichen Prozeß ließ die Zeugin Anna Ortmann eine Urinschau vornehmen, um der Ursache der Erkrankung ihres Kindes auf den Grund zu kommen. Der konsultierte Henrich Lohmann diagnostizierte eine Vergiftung.

War die Ursache der Erkrankung erkannt, konnten Gegenmaßnahmen ergriffen werden. Diese lagen nicht im Bereich des traditionellen Abwehr- und Heilzaubers, können aber im weiteren Sinne mit Magie im Zusammenhang mit kirchlichen Abwehrmaßnahmen eingeordnet werden. Die empfohlenen Gegenmittel waren Wallfahrten, Gebete, kleinere Wachs- oder Geldopfer, zum Teil zusammen angewandt mit selbsthergestellten Tränken und Pulvern. Im Prozeß Holthaus schloß der Rat der konsultierten Wahrsagerin eine sozial-karitative Maßnahme ein: Sie empfahl regelmäßig die Spende von Geld und Brot an Bedürftige.

Der Grat der oben genannten Gegenmaßnahmen zu Beschwörungen, Segnungen und ähnlichen Handlungen, die vom Rat als Zauberei klassifiziert und verfolgt wurden, war schmal. Die Prozesse gegen Johan Brüning und Clara Voß belegen die Bemühungen des Rates, dem Überhandnehmen derartiger Praktiken Einhalt zu gebieten.

Volkstümliche Glaubenselemente, die in Münster keine bedeutende Rolle spielten, waren der Wetterzauber (hierzu findet sich eine einzige Erwähnung im Fall zur Steinhorst) und die Möglichkeit der Schadenszufügung durch Fernzauber. Lediglich in einer Beleidigungsklage hieß es, eine Krankheit sei "angeblasen" worden. Überhaupt kein Beleg existiert für eine Schädigung im Bereich der Sexualität, wenn einmal von Clara Voß abgesehen wird, deren Trank für die Kindererzeugung den Tod der Klientin verursachte. Hier lag jedoch das genaue Gegenteil einer schädigenden Intention zugrunde.

Das Motiv der Tierverwandlung scheint der Bevölkerung eher vertraut gewesen zu sein. Eine bevorzugte Rolle kam dabei der Katze zu, die des öfteren in Zeugenaussagen auftauchte, wenn es galt, den schlechten Ruf der Angeklagten zu unterstreichen. Daneben glaubte man an die Existenz von Werwölfen genauso wie an die Verwandlung der Zauberinnen in Ratten. Diese Überzeugung trug der Rat jedoch nicht mit; der Biderlackischen, die von Henrich von Rasfeld verleumdet worden war, sich in eine Ratte verwandelt zu haben, beschied er im März 1627, "es [sei] nur ein lauter gedicht und unwahr befunden, Also Clegerin sich darumb nicht zu bekümmern hette".

Ergebnisse

Die Untersuchung des Quellenmaterials im Hinblick auf die einzelnen Elemente der Hexenlehre zeigt im Resultat eine deutliche Orientierung sowohl der Bevölkerung als auch (in weniger ausgeprägter Form) des Rates am Maleficium als dominierendem Glaubensbestandteil. Die Prozesse betrafen überwiegend Schadensfälle, die den Denunzianten und Zeugen durch Krankheit und Tod widerfuhren. Damit waren es konkrete Erfahrungen ihrer Lebenswelt, die als Zauberei gedeutet und vor Gericht verhandelt wurden.

Das mögliche Schadensbild war dabei fest umrissen. Naturkatastrophen, Kriege usw. lagen genausowenig im Bereich der durch Hexen möglichen Schädigungen wie unbedeutende Mißgeschicke. Das läßt den Schluß zu,

> "...daß die Zeitgenossen um 1600 (...) eine sehr genaue Vorstellung davon hatten, daß Unglücksfall nicht gleich Unglücksfall war, Notlage nicht gleich Notlage. Sie besaßen (...) deshalb auch ein feines Gespür dafür, wen sie für welches Unglück beziehungsweise für welche Notlage verantwortlich machen konnten".[47]

Im Verlauf der Prozesse traten die übrigen Elemente der Hexenlehre zum Maleficium hinzu. Die Angeklagten gestanden den Teufelspakt jedoch ausschließlich unter der Folter. Die Teufelsbuhlschaft spielte überhaupt keine, der Hexentanz nur eine geringe Rolle. Zur

Verurteilung genügte das Geständnis des Teufelspakts als Grundlage des Maleficiums.

Da in Münster nicht nach Fragekatalogen gefoltert wurde und die Richtherren nur bedingt Suggestivfragen stellten, ist von einem gewissen Grundbestand an Kenntnissen über die Elemente der kirchlichen Hexenlehre in der Bevölkerung auszugehen. Dieser betraf überwiegend den Pakt mit dem Teufel, der damit als in den Volksglauben integriert angesehen werden kann. Die Informationen zu den übrigen Elementen sind zu dürftig, als daß sie Verallgemeinerungen zuließen.

In Münster gab es nur relativ wenige Zaubereiprozesse, zudem entsprach die juristische Handhabung in keiner Weise der Auffassung eines 'crimen exceptum'. Nun tritt eine sehr bedingte Rezeption der kirchlichen Hexenlehre hinzu. Beide Faktoren können in einen ursächlichen Zusammenhang gebracht werden, nach dem die nur unvollständige Übernahme des Hexenmusters das geringe Ausmaß der Verfolgung bedingt. Ein ähnlicher Befund kann auch für andere wenig verfolgungsintensive Regionen belegt werden.[48]

Da in Münster wesentliche Bestandteile der Hexenlehre fehlten, ist meines Erachtens die Bezeichnung "Zauberei-" statt "Hexen"-prozesse angebracht.[49] Vor dem Verfahren gegen Anna zur Steinhorst (1618/19) kam in den Prozessen nicht einmal das Element des Teufelspaktes zur Sprache, so daß es sich bei den davorliegenden Verhandlungen in jedem Fall um reine Schadenzaubereiverfahren handelt. Für die Klassifizierung als 'Zaubereiprozeß' spricht auch die Wortwahl des Rats: Es ist durchweg die Rede von "Zauberschen" oder Frauen, die "de veneficio suspectam" waren. Wie bereits angesprochen, meint seit dem 15. Jahrhundert 'veneficium' im Rechtsgebrauch nurmehr 'Giftmord' ohne zauberischen Beiaspekt. Das Wort 'Hexe' kommt in den Prozeßakten kaum vor.[50] Zusammengenommen ergibt sich so eine durchaus konservative Komponente, die die kirchliche Hexenlehre zugunsten des traditionellen Schadenzauber-Konzepts ablehnte.

Geistlichkeit, Stadtrat und/oder Bevölkerung - Wer verbreitete den Hexenglauben in Münster?

"Die Geißel der Hexenverfolgung ist (...) von der Theologie der christlichen Kirche geflochten worden"[51], hielt Joseph Hansen am Ende seiner umfassenden Geschichte der Hexenverfolgung als

Ergebnis fest. Doch die Theologie lieferte nur das ideelle Grundgerüst. Die Juristen eigneten sich die Konzeption des 'crimen mixti fori' an und übernahmen den Verfolgungseifer der kirchlichen Vorbilder. Neuere Arbeiten betonen die Rolle der Bevölkerung bei der Einleitung und Durchführung der Prozesse.[52] Alle drei Gruppen trugen auf ihre Weise zur Verbreitung der Hexenlehre bei.

Die einzelnen Bestandteile des Hexenmusters und ihre Bedeutung im Prozeß stehen für Münster fest; wie aber kommt ein derartiger Befund zustande? Münster lag inmitten von Territorien, die sich nicht eben durch Mäßigung in der Hexenverfolgung auszeichneten. Gibt es Möglichkeiten, diese Ausnahmestellung zu deuten?

Zur Beantwortung dieser Fragen sollen nachfolgend die geistigen Träger der Hexenlehre vorgestellt und auf ihren Einfluß auf das Meinungsbild hin untersucht werden. Vor allem die Haltung des Klerus interessiert hier, denn nach wie vor war die Kirche eine Macht, die entscheidenden Einfluß auf die öffentliche Meinung ausübte. Münster war darüber hinaus eine betont kirchlich geprägte Stadt,[53] in der die Geistlichkeit einen nicht unbeträchtlichen Bevölkerungsanteil ausmachte. Überdies nahm der Rat in einigen Prozessen die Hilfe von Klerikern in Anspruch, so daß auch im praktischen Einsatz ihr Verhalten überprüft werden kann.

Über die Haltung des Rates und der Richtherren liegen bereits einige Bemerkungen vor, die sich jedoch nur auf das Verhalten während der Prozesse bezogen. Daneben interessiert der öffentliche Umgang mit der Hexenproblematik: Förderte oder hemmte der Rat die Verbreitung des Hexenglaubens in der Bevölkerung? Herrschte in der intellektuellen Elite der Stadt ein Grundkonsens bezüglich der Lehre? Unterlag das Verhalten des Rates und im speziellen der Richtherren Veränderungen oder blieb es konstant?

Unter Berücksichtigung der geistigen Grundströmungen in der Bevölkerung und deren abergläubisch-magischer Gehalte sowie der Bereitschaft, Elemente der Hexenlehre aufzunehmen, soll nun der Versuch eines Gesamtbildes der für Münster spezifischen Situation unternommen werden.

Die Geistlichkeit

Für eine Untersuchung der geistlichen Träger des Hexenglaubens kommen in Münster drei Gruppen in Frage: Die Personen der jeweiligen Fürstbischöfe und deren Repräsentanten in der Stadt (das

Domkapitel), die Weltgeistlichkeit sowie an besonderer Stelle, weil am häufigsten in die Prozesse verwickelt, die in der Stadt ansässigen Orden.

Der zeitliche Rahmen der Zaubereiprozesse umfaßt die Regierungsperioden von insgesamt sieben Fürstbischöfen. Den Landesherren war es selbstverständlich auf besondere Weise möglich, durch Erlasse, Hexenordnungen und ähnliches meinungsbildend zu wirken. Aus der ersten Hälfte des 16. Jahrhunderts liegen jedoch keine derartigen Verfügungen vor.[54] Auch später nahmen die Landesherren diese Gelegenheit zumindest für das Fürstbistum Münster nicht wahr.

Die Regierungszeit des ersten in Frage kommenden Bischofs, Franz von Waldeck (1532-1553), überschnitt sich nur geringfügig mit dem Berichtszeitraum. Seine Hauptanliegen während dieser Periode bestanden in der Einführung der Reformation in seinen Bistümern Münster, Osnabrück und Minden sowie in der Bekämpfung der Wiedertäuferschaft in Münster, die er im Jahre 1535 niederschlug.[55] Sein Nachfolger, Wilhelm von Ketteler, resignierte bereits nach vierjähriger Amtszeit. Auch er "war der katholischen Lehre entfremdet"[56], erwarb sich aber während seiner kurzen Amtsperiode einen guten Ruf durch seine Bemühungen zur Vertiefung der Volksfrömmigkeit und seine soziale Fürsorge gegenüber Nichtprivilegierten.

Auf ihn folgte Bernhard von Raesfeld, der den Bischofssitz von 1557 bis zu seiner Resignation im Jahre 1566 innehatte. Er galt als wenig durchsetzungskräftig, zeichnete sich jedoch durch seine aufrechte, menschliche Haltung aus: "Gewaltlosigkeit in den Fragen der Religion und Achtung vor dem Gewissen des anderen waren für Bernhard v. Raesfeld unantastbare Begriffe".[57] Auf dem Boden dieser Überzeugung setzte er erstmals Verhaltensmaßstäbe im Hinblick auf das Vorgehen gegen Zauberer und Hexen. Er ließ sich 1565 die Akten eines Prozesses in Liesborn zur persönlichen Beurteilung übersenden. Trotz Vorlage eines in der Folter erzwungenen Geständnisses ordnete er die Freilassung der inhaftierten Frau an, da weder rechtsgültige Zeugen beigebracht noch durch Zauberei verursachte Schadensfälle nachgewiesen werden konnten. Er erteilte darüber hinaus den Ermittlungsbehörden wegen ihres leichtfertigen Vorgehens eine Rüge.[58]

Die Regierungszeit von Johann von Hoya (1566-1574) ist gekennzeichnet durch seine Bemühungen zur Erneuerung und substantiellen Verbesserung des Katholizismus.[59] Da bereits sein

Vorgänger, nun aber auch er selbst angelegentlich von Rundreisen "große Unbeständigkeit und Veränderung"[60] in religiösen Dingen wahrgenommen hatte, entschloß er sich zu einer Visitation des Bistums. Diese wurde 1571-73 durchgeführt und förderte ein düsteres Bild hinsichtlich der Ausbildung und wissenschaftlichen Qualifikation sowie des sittlichen Lebens zutage.[61] Vor allem der letzte Punkt bereitete dem Landesherrn Kopfzerbrechen, obschon er im Hinblick auf das Zölibat nicht gerade Vorbildcharakter bewies.[62] Die Visitationsprotokolle berichten über eine hohe Anzahl von Geistlichen, die im Konkubinat lebten oder sogar verheiratet waren; viele hatten Kinder oder waren selbst Abkömmlinge von Klerikern.[63] Die Interessen Johanns von Hoya als ausgebildetem Juristen lagen jedoch nicht vorrangig auf religiösem Gebiet. "Sein Augenmerk galt vielmehr den überall offen zutage liegenden Mißständen in Verwaltung und Rechtsprechung".[64] Er zeichnet daher verantwortlich für die Gründung der münsterischen Regierung als landesherrlicher Zentralbehörde im Jahre 1574.[65]

Beim Tode Johanns von Hoya war sein designierter Nachfolger, Johann Wilhelm von Kleve, noch minderjährig; als 'Statthalter' führte Konrad von Westerholt dessen Amtsgeschäfte. Das Domkapitel war zu dieser Zeit konfessionell gespalten. Während Konrad von Westerholt sich offen zur evangelischen Religion bekannte, erwuchs ihm in der Person des Domdechanten Gottfried von Raesfeld ein Gegner, der sich vehement für die Ziele der Gegenreformation und in diesem Sinne für die Gründung eines Jesuiten-Kollegs in Münster einsetzte.[66] Die Abdankung Johann Wilhelms 1585 zugunsten der Nachfolge der väterlichen Landesherrschaft unterbrach seine Bemühungen zunächst.

Mit der Wahl Ernsts von Bayern aus dem streng katholischen Hause Wittelsbach begann 1585 eine 65jährige Periode, die durch die machtvolle Durchsetzung der Gegenreformation und spürbare absolutistische Tendenzen gekennzeichnet ist. Sein Nachfolger und Neffe Ferdinand setzte diese Politik seit 1612 mit einer deutlichen Verschärfung fort. Ernst von Bayern wurde von Jesuiten erzogen und ausgebildet; nur unter Zwang, "ohne innere Zuneigung"[67], wandte er sich dem geistlichen Stand zu. In seine Regierungszeit fällt die Niederlassung der Jesuiten in Münster (1588) sowie die beginnende Repressionspolitik gegenüber Nichtkatholiken.[68] Seit seinem Amtsantritt mehrten sich die Querelen mit dem Stadtrat von Münster gleichfalls. Solche Auseinandersetzungen konnten nicht ausbleiben, da Ernst auf der einen Seite auf seiner Autorität als Landesherr beharrte, Münster hingegen ein ständig wachsendes Selbst- und Machtbewußtsein demonstrierte, das in einem Höhepunkt städtischer Freiheiten zur Zeit des Westfälischen Friedenskongresses 1643-1648 gipfelte.[69]

Seit Beginn des 17. Jahrhunderts versuchte Ernst, die freie Ratswahl einzuschränken, indem er die Wahl von Nichtkatholiken verbot. Diese Anordnungen wurden in den folgenden Jahren mehrmals wiederholt, doch seitens der Stadt nie beachtet.[70] Der Rat verwahrte sich selbst gegen ein kaiserliches Poenalmandant und betonte, in den Rat würden nur solche Personen gewählt, die keiner verbotenen Religion angehörten.

Zu Zusammenstößen kam es auch im jurisdiktionellen Bereich, da der Rat jede Einmischung in seine Gerichtsbefugnisse zurückwies, andererseits aber durchaus in die landesherrliche Rechtsprechung eingriff. Die zunächst stadtinternen Konflikte zwischen Domkapitel und Rat weiteten sich aus, als das Kapitel seine Beschwerden vor den Landesherrn trug und Gegenmaßnahmen verlangte, "damit die Stadt Münster nicht Landesfürst werde, wie es sich ansehen lasse".[71] Eine Stärkung der eigenen Position gegenüber der Landeshauptstadt gelang Ernst aber wohl auch deshalb nicht, weil er ständig abwesend war: er residierte in Bonn.

Von geringem Erfolg gekrönt waren auch seine Bemühungen, das Konkubinat, das sich nach wie vor großer Beliebtheit beim Klerus erfreute, zu bekämpfen. Offen im Konkubinat lebte außer dem Landesfürsten selbst, der Vater eines Sohnes und damit denkbar schlechtes Vorbild war, auch ein Teil der Domherren, denen aufgrund der Normalität dieses Zustandes überhaupt nicht der Gedanke kam, "mit ihrem Verhalten gegen die Sittlichkeit zu verstoßen".[72] Erst nach einem Verbot im Jahre 1612 kann ein Nachlassen des Konkubinats beobachtet werden.

Fürstbischof Ernst von Bayern wird trotz seines unbischöflichen Lebenswandels als ein Mann streng katholischen Glaubens mit allen geschichtlichen Bedingtheiten seiner Zeit charakterisiert. "Er war überzeugt von der wunderbaren Wirkung von Amuletten und von der schadenden Kraft der Hexen"[73].

Diese Haltung teilte er mit seinem Nachfolger und Neffen Ferdinand von Bayern. Das ist nicht unwichtig, denn in dessen Regierungszeit fällt die größte Zahl der Münsteraner Zaubereiprozesse. Ferdinand ist derjenige unter den in Frage kommenden Fürstbischöfen, der den Hexenglauben seiner Zeit sicherlich am intensivsten teilte. "Die Einstellung Ferdinands gegenüber Hexenwahn und den Hexenverfolgungen entsprach dem religiösen Eifer, mit dem er das Zurückdrängen des Protestantismus in seinem Lande betrieb. (...) Entsprechend den Ansichten seiner Zeit betrachtete er die Verfolgung und Ausrottung der Hexen als eine Aufgabe, der er sich 'zu Gottes und seiner Heiligen Ehre' und 'aus göttlichem Befehl' unterziehen mußte"[74]. Er erließ bereits 1607 als Koadjutor seines Onkels in Köln, wo beide die Positionen des Kurfürsten und Erzbischofs zeitgleich mit der Münsteraner Bischofswürde innehatten, eine Hexenordnung, die er im Jahre 1628 erneut verkündete. Sie spiegelt eine harte und rücksichtslose, aber nicht willkürliche Vorgehensweise gegen vermeintliche Hexen wieder. Ferdinand scheute sich nicht, die in Hexensachen vorsichtige Verfahrenspraxis des Kölner Rates zu kritisieren, so daß auch dort Streitigkeiten zwischen Stadt und Landesherr an der Tagesordnung waren. Derartige Auseinandersetzungen sind für Münster genausowenig wie der Erlaß einer Hexenordnung belegt. Möglicherweise hat Ferdinand seine diesbezüglichen Anstrengungen auf Köln konzentriert, in dessen Nähe er residierte.

Streitpunkte mit dem Landesherrn erwuchsen dafür anderweitig in ausreichender Zahl, denn die Polarisation des machtpolitischen Strebens war unterdessen auf beiden Seiten nicht geringer geworden. Erneut erließ Ferdinand Befehle, nur Katholiken in den Rat zu wählen. Nichtkatholiken sollten nicht kirchlich begraben, der Besuch nichtkatholischer Schulen verboten werden. Neubürger durften nur dann Bürgerrecht erhalten, wenn sie ein kirchlich bestätigtes Zeugnis der Rechtgläubigkeit vorlegen konnten. Bücher und Buchhandlungen sollten auf Verbotenes überprüft werden. Der Rat von Münster ließ derartige Befehle jedoch ablehnend und zum Teil ungelesen zurückgehen.[75]

1620 traten Domkapitel und Landesfürst in die katholische Liga und damit in die Wirren des Dreißigjährigen Krieges ein.[76] Schon bald wurde das Münsterland zum Kriegsschauplatz, als Herzog Christian von Braunschweig und Graf Ernst von Mansfeld plündernd und mordend durch das Stift zogen. Ferdinands Bruder Maximilian entsandte zur Unterstützung Truppen unter dem Grafen Anholt, die sich mit dem Heer Tillys vereinigten. Anläßlich dieser Truppenkonzentrationen verlangte der Landesherr von allen Städten im Stift Einquartierungen. Als diese ablehnten, ließ Ferdinand sie mit Ausnahme Münsters, das seinen Forderungen entgegengekommen war, belagern und erobern. Durch dieses Ereignis unterwarf er die Städte ganz seiner landesherrlichen Autorität. Er nutzte die

Gelegenheit, um die Protestanten nunmehr ausweisen zu lassen;[77] Münster blieb in seinen Rechten unbehelligt.

Die rigorose Unduldsamkeit gegenüber Nichtkatholiken übte nach Niehues einen entscheidenden Einfluß auf die Hexenprozesse aus, "galt doch der Teufel, um dessen Bekämpfung es sich ja in den Hexenprozessen handelte, für den größten Feind des katholischen Bekenntnisses"[78]. Die Konzeption der Gegenreformation als absolutistisch geprägter, machtpolitischer Kampf gegen die Hexen als Feindinnen des Glaubens wird in der Forschung des öfteren vertreten.[79] Einem solchen Ansatz würde auch die Tatsache, daß in Münster verhältnismäßig wenige Prozesse stattfanden, nicht widersprechen, da die Stadt sich den absolutistischen und auch bis zu einem gewissen Grad den gegenreformatorischen Bestrebungen ihres Landesherrn widersetzte. Das Modell hat aber dort seine Grenzen, wo es zu erklären gilt, warum überwiegend Frauen als Hexen verfolgt wurden oder warum sich die Verfolgung fast ausschließlich auf ganz bestimmte soziale Gruppen beschränkte. Neben der ideellen Basis, die durch die Verfolgung von Religionsfeinden geschaffen wurde, müssen also noch weitere Faktoren für die Verfolgung der Hexen herangezogen werden.

Die Regierung der Landesherren war während der ersten Hälfte des 17. Jahrhunderts, wie gezeigt wurde, durch häufige Konflikte mit dem Rat der Stadt geprägt. Mag dieser Umstand sich hemmend auf die Bereitschaft, Hexen zu verfolgen, ausgewirkt haben, so ist ein weiteres Hindernis darin zu sehen, daß auch die Beziehung zwischen Bischof und Domkapitel nicht frei von Spannungen war. Zum einen war das Kapitel in sich konfessionell gespalten, zum anderen suchte es stets seine "Rechte, Freiheiten und Gewohnheiten gegen den Willen des Landesherrn zu verteidigen"[80]. Die erste Haltung verzögerte unter anderem erheblich die Etablierung der Jesuiten, die zweite zeigte sich in dem nur langsamen Abrücken vom Konkubinat. Wenn indes alle beteiligten Gruppen beharrlich ihre eigenen Interessen verfolgen und gegeneinander intrigieren, kann es nicht verwundern, wenn keine geschlossene Haltung zustande kommt.

Der Fürstbischof als Landesherr konnte sich in Münster dank des Widerstandes des Stadtrats nicht als treibende Kraft der Hexenverfolgung profilieren. Wie aber stand es mit der Weltgeistlichkeit, die ja in ständigem Kontakt mit der Bevölkerung stand?

Es kann sicherlich vorausgesetzt werden, daß die Münsteraner Geistlichkeit das Weltbild der Zeit teilte und die Hexenlehre mehr oder weniger verinnerlicht hatte, nur beweisen läßt es sich kaum. Die

Quellen enthalten nur dürftige Hinweise zur Rolle des Pfarrklerus in den Hexenverfolgungen.

In den Ermittlungen gegen Johan Brüning spielte ein Pastor namens Thies Tacke aus Boyel an der Ruhr eine Rolle; von diesem Kleriker, der ein berühmter Teufelsbanner gewesen sein soll, erhielt Brüning eines seiner verdächtigen Bücher. Die Ehefrau Evert Heggemanns konsultierte, noch bevor der eigentliche Prozeß eröffnet wurde, den Pastor zu Herbern. Sie bat ihn um Nachweisung, wer am Tod der Kühe Bernd Kocks' schuldig sei. Der Pastor hielt Heggemann für unschuldig; wie er zu diesem Urteil gelangte, bleibt unerwähnt. Marie Brüggers gestand in der Folter, der Küster in Ottmarsbocholt habe sie in die Zauberei eingewiesen. Clara Voß gab im peinlichen Verhör zu, die Kunst der Geisterbeschwörung vom bereits erwähnten Pastor in Herbern erlernt zu haben, der offenbar eine Kapazität auf diesem Gebiet war, denn auch Wilbrand Blising erwähnte ihn: Das suspekte Schrifttum, das bei ihm gefunden worden war, stammte aus dem Nachlaß des inzwischen verstorbenen Klerikers. In den Verfahren gegen Christian Schöttelhöver und Henrich Kaltermann ist von dem "alten Pastor in Wolbeck" die Rede; Schöttelhöver kopierte eines der dem Pastor gehörenden Bücher, das später von dem Jesuiten in der Zensur als verdächtig und als stellenweise "enormiter magica" beurteilt wurde. Henrich Kaltermann war von dem besagten Pastor der Zauberei beschuldigt worden. Christian Schöttelhöver berichtete überdies, der amtierende Weihbischof habe ihm eine Reihe abergläubischer Praktiken verboten, außerdem nahm ihm der Weihbischof einen Teil seiner Bücher ab. Abgesehen von dem letzten Geistlichen, bei dem es sich um Johan Nikolaus Claessens gehandelt haben dürfte, war keiner der genannten Kleriker in Münster ansässig. Ihre Erwähnung steht außerdem immer in Zusammenhang mit magischen Praktiken, wobei Weihbischof Claessens als einziger versuchte, den Aberglauben im Zaume zu halten, anstatt ihn zu fördern.

Zusammengenommen mit dem Nicht-Erscheinen der Weltgeistlichen in den Quellen könnte diese Erkenntnis darauf hindeuten, daß die Gruppe der Pfarrkleriker in Münster eine nur sehr untergeordnete Rolle bei der Verbreitung der Hexenlehre spielte.

Die Orden

Ungleich häufiger als die Weltgeistlichkeit belegen die Quellen die Rolle von Ordensmitgliedern in Zaubereiprozessen. In Münster trifft diese Beobachtung auf drei in der Stadt ansässige Orden zu: die Minoriten, die Jesuiten und die Kapuziner.

Der Bettelorden der Minoriten gründete 1247 eine Niederlassung in Münster.[81] Er erfreute sich in der Stadt der uneingeschränkten Gunst des gesamten Volkes, da er sich um die seelsorgliche Betreuung der Unterschichten bemühte und darüber hinaus im krankenpflegerischen Bereich tätig war.[82] Selbst in den Gilden, die sonst durchaus antiklerikales Verhalten, vor allem den weniger volksnahen und intellektuell fortschrittlicheren Orden gegenüber an den Tag legten, genossen die Minoriten einen guten Ruf. Erst im Verlauf der Gegenreformation verschlechterte sich das Verhältnis zwischen dem Orden und der Bevökerung.

Der Niederlassung der Jesuiten in Münster 1588 gingen, wie bereits angedeutet, langwierige Querelen voraus, da vor allem "im Domkapitel viele Gegner der Gesellschaft saßen"[83], aber auch im protestantischen Bevölkerungsteil, besonders in den Gilden und im Rat, gegenüber den Aktivitäten der Jesuiten nicht unberechtigte Ressentiments in bezug auf die religionspolitisch intolerante Haltung des Ordens herrschten. 1543 durch Ignaz von Loyola begründet, machte er es sich zur Aufgabe, den Katholizismus aufrechtzuerhalten, zu fördern und zu verbreiten; seine Mitglieder galten als "selbstgerecht, duldeten keinerlei Opposition und waren allzu rasch bereit, ihren Feinden vorzuwerfen, sie seien vom Teufel besessen (...)"[84]. Nach Hsia entfachte ihre Anwesenheit in Münster einen Sturm des Protestes, der sich jedoch in den darauffolgenden Jahren langsam legte. Die Übernahme der 'Schola Paulina' durch den Orden erwies sich als äußerst erfolgreich; schon bald nach der Eröffnung des Schulbetriebs im Oktober 1588 konnten wachsende Schülerzahlen in Höhe von bis zu 1.400 im Jahre 1617 gezählt werden.[85] Die nach wie vor latente Spannung zwischen dem Orden und der Bevölkerung belegen Zusammenstöße aus dem Jahre 1604, als der Jesuit Steill seinen Schülern verbot, einer vom Rat angeordneten Hinrichtung beizuwohnen, da er ihm die Blutgerichtsbarkeit absprach und der Rat auf diese Einmischung in seine Kompetenzen äußerst gereizt reagierte,[86] und aus dem Jahre 1608, als der Orden während des Faßnachtsumzuges durch die Nachbildung eines Jesuiten verhöhnt wurde.[87]

Die Gesellschaft Jesu hat in den Hexenprozessen eine nicht unumstrittene Rolle gespielt. Sie brachte Persönlichkeiten wie den fanatischen Hexenverfolger Martin Delrio, aber auch den mutigen Ankläger der Prozeßwillkür Friedrich von Spee hervor. Dessen 'Cautio Criminalis' aus dem Jahre 1631 wurde jedoch in den eigenen Reihen kritisiert und sollte sogar auf den Index der verbotenen Bücher gebracht werden.[88] Der Jesuit Bernhard Duhr weist den Verdacht gegenüber seinen Ordensbrüdern, die Hexenprozesse als geeignetes Mittel zur Gegenreformation und zum Festhalten am katholischen Glauben benutzt zu haben, allerdings zurück. Nach ihm begannen die Prozesse in solchen Gebieten, in denen "die Jesuiten Einfluß besaßen, erst, als die Wiederherstellung der katholischen Religion ganz oder fast schon abgeschlossen war"[89]. Diese Behauptung trifft auf Münster und das umliegende Stift sicherlich nicht zu, denn hier waren die Jesuiten entscheidende Träger der Gegenreformation und wurden als solche auch gezielt vom Fürstbischof eingesetzt. Hsia sieht daher einen direkten Kausalzusammenhang zwischen der Gesellschaft Jesu und dem Umsichgreifen der Hexenprozesse:

> "Mit der Ankunft der Jesuiten in Münster griff eine tiefe Teufelsfurcht um sich, und die Anklagen wegen Hexerei nahmen zu. (...) Es war kein Zufall, daß die Zeit der raschesten Ausbreitung des Jesuitentums in Westfalen teilweise zusammenfiel mit dem Höhepunkt der Hexenanklagen und -prozesse."[90]

Die Kapuziner als dritter in Frage kommender Orden ließen sich im Jahre 1616 in Münster nieder. Auch ihrer Ankunft sahen die Gilden mit Besorgnis entgegen, die die Stadt als hinlänglich katholisiert betrachteten und sich zudem gegen den steigenden Entzug kirchlichen Besitztums aus der städtischen Steuerhoheit zur Wehr setzten. Die Bevölkerung reagierte auf die Bettelmönche zunächst zwiespältig, nahm die Dienste der Patres, die in der Abnahme der Beichte, in der Krankenseelsorge und -pflege bestanden, aber später gern in Anspruch.[91] Obwohl während der ersten fünf Jahre ihrer Anwesenheit das Verhältnis zur Stadt nicht frei von Mißhelligkeiten war, den Patern gelegentlich auch der Ruf anhing, ungebildet zu sein, erfreuten sie sich dennoch der "Achtung und Verehrung des Volkes"[92], das die karitativen Hilfsleistungen des Ordens sehr zu schätzen wußte.

Die von Minoriten, Jesuiten und Kapuzinern nachweisbare Beteiligung an den Prozessen deutet auf eine weitgehende Akzeptanz des

Hexenglaubens, ja sogar auf dessen Förderung hin. An der Einleitung einiger Verfahren waren Ordensmitglieder maßgeblich beteiligt, so in den Fällen Elsa Buddenboems, die nach einer Denunziation durch den Guardian der Minoriten verhaftet wurde, und Anna Holthaus', in dem ein Kapuzinermönch Arnold Ramers' Erzählungen zur Anzeige brachte. Die erneute Aufnahme des Verfahrens gegen Adelheid Cappenberg geschah 1644 ebenfalls auf Anraten von Kapuzinern. In einem Fall war ein Geistlicher, der Kapuziner Pater Michael, unter den Opfern der angeblichen Zauberin. Nachdem er ein Geldstück, das Elsa Buddenboems 'schmierig' gemacht haben sollte, berührte, wurde ihm von dem Geruch übel, und er erkrankte.

Während eines Prozesses gehörte die Anwesenheit von Ordensgeistlichen zum normalen Verfahrensverlauf. Die Angeklagte erhielt hierdurch zwar geistlichen Trost, Sinn des Zuspruchs war es jedoch, die Gefangene zu einem Geständnis zu bewegen. Im Falle Anna Holthaus, die besonders hartnäckig leugnete, ordnete der Rat sogar einen Exorzismus an. Während ihrer Anwesenheit im Gefängnis ließ der Rat die Geistlichen mit diversen Alkoholika bewirten.

Hatten die Inhaftierten ein Geständnis abgelegt, wurde ihnen Gelegenheit zur letzten Beichte gegeben. Elsa Buddenboems bat um den Beistand des Jesuiten Aschendorf. Dieser Wunsch scheint ihr nicht erfüllt worden zu sein, denn aus Randbemerkungen des Protokolls geht hervor, daß sie in der Beichte beim Guardian der Minoriten zwei Geständnispunkte widerrief. Dieser Geistliche war wohl so offensichtlich von der Schuld der Frau überzeugt, daß er sie nicht nur vor der Obrigkeit denunzierte, sondern zuletzt auch noch das Beichtgeheimnis brach, um dem Rat von ihrem Widerruf Mitteilung zu machen. Der Beichtvater Annas zur Steinhorst, der Jesuit Pater Steill, setzte sich hingegen für eine Gnadenbezeugung gegenüber der geständigen Angeklagten ein, so daß ihr die Verbrennung bei lebendigen Leibe erspart blieb.

Außer der direkten Beteiligung waren die Mitglieder der Orden noch auf andere Weise in das Umfeld der Prozesse verwickelt. In mehreren Verfahren sind im Kreis der von Schadenzauberei Betroffenen Besessene anzutreffen, die von Jesuiten, hauptsächlich jedoch von Kapuzinern exorziert wurden. Das Zaubereigerücht über Elsa Buddenboems resultierte aus einer derartigen Beschwörung, und der betreffende Kapuziner sorgte dafür, daß sein Verdacht öffentlich bekannt wurde. Dem Guardian der Minoriten erschien dieser Umstand suspekt und wahrscheinlich auch furchteinflößend genug, um der Frau fortan die Abnahme der Beichte zu verweigern.

Gleiches widerfuhr Clara Voß durch die Kapuziner, denen sie zu beichten pflegte. Kapuziner waren es auch, die das Haus der Witwe Schomacher, in dem ein Geist vermutet wurde, besegneten und der Besitzerin eine Beschwörung befahlen.

Ein letzter Hinweis auf die Rolle der Ordensgeistlichen sei daraus entnommen, daß in den beiden Prozessen zur Steinhorst und Holthaus, in denen Kinder die Denunzianten waren, diese den Orden übergeben wurden, um sie die Zauberkunst wieder verlernen zu lassen. Im Falle Ernst Palserkamps, der nach der anfänglichen Stadtverweisung seiner Großmutter in die Obhut der Jesuiten gegeben wurde, erreichten diese Bemühungen das genaue Gegenteil. Nach Wiederaufnahme der Verhandlungen antwortete er den Richtherren auf die Frage, wer auf dem Hexentanz üblicherweise die Speisen zubereitete:

> "Seiner bestemutter schwester tochter, nemlich kinderfleisch, von den kinderen, die sie umb zu bringen pflegen, welchs Ime die Patres gesagt, daß es kinderfleisch were, er aber hette gemeint, es were schweine fleisch gewesen".

Aufgrund dieses und anderer Hinweise sowie der häufigen Hinzuziehung der genannten Orden zu den Zaubereiprozessen kann davon ausgegangen werden, daß die Verbreitung des Ideenguts der Hexenlehre maßgeblich von ihnen getragen und beeinflußt wurde. Die einzelnen Elemente der Lehre können dabei, wie aus dem letzten Beleg ersichtlich, bereits vor der Phase der intensiveren Prozeßführung als bekannt vorausgesetzt werden. Dem Befund aus den Akten nach zu schließen, waren es aber nicht die Jesuiten, sondern hauptsächlich die Kapuziner, die an der Verbreitung des Aberglaubens in der Stadt beteiligt waren. Außerdem hat es den Anschein, daß die Beteiligung der Jesuiten mehr auf die Initiative des Rats zurückzuführen ist (indem dieser dem Orden die 'Umerziehung' von Kindern oder die Zensur von Büchern wie im Fall Schöttelhöver anvertraute), während der Einfluß der volksnahen Kapuziner eher im Umfeld der Prozesse gesehen werden kann. In ihnen fand der volkstümliche Aberglaube überzeugte Partizipienten und Förderer. Sie nährten ihn durch magische Rituale wie Segnungen und Geisterbeschwörungen und begaben sich damit auf eine Ebene, die der Rat bei Nicht-Klerikern durchaus strafrechtlich verfolgte. Alles in allem deutet jedoch nichts darauf hin, daß die Mitglieder der Münsteraner Orden mehr als im Rahmen der Zeit üblich im

Hexenglauben befangen waren. Fanatische Hexen-Verfolger hat es in den Reihen des Klerus nicht gegeben.

Der Rat

Seit Beendigung der Münsterischen Stiftsfehde (1447-1454) bestand der Rat der Stadt aus 24 Mitgliedern, die für die Dauer eines Jahres in zwölf jeweils doppelt besetzte Ämter gewählt wurden.[93] Zunächst stellte das Patriziat der Erbmänner die städtische Führungsschicht, wurde jedoch noch vor Beginn der Reformation durch das sogenannte Honoratiorentum verdrängt, das sich aus alteingesessenen, wohlhabenden Mitgliedern der Gilden zusammensetzte. Eine dritte politische Macht erwuchs aus den Vertretern der Gesamtgilde, die Repräsentanten der in siebzehn Gilden organisierten Handwerkerschaft waren. Aufgrund ihrer maßgeblichen Beteiligung an der Errichtung der Wiedertäuferherrschaft wurden die Gilden 1536 verboten. Nach der Restitution der freien Ratswahl im Jahre 1553 erhielten sie zwar einen Teil ihrer Macht zurück, konnten aber durch eine neue Wahlordnung, die sich zugunsten des Patriziats auswirkte, in ihrem Einfluß beschränkt werden.[94]

In der Folgezeit begann sich ein Wechsel in der städtischen Führungsschicht abzuzeichnen. Der Anteil der Gildebürger im Rat nahm zu, wenn sie auch dort meist weniger einflußreiche Ämter innehatten. Gleichzeitig stieg seit etwa 1610 der Anteil der Ratsherren mit akademischer Ausbildung.[95] Ein näherer Blick auf die führenden Ratspersönlichkeiten am Beispiel der Familie Timmerscheid zeigt zudem, daß die höheren Amtswürden stets innerhalb weniger Familien vergeben wurden, die durch Einheiraten alle in verwandtschaftlichen Verhältnissen zueinander standen.[96] Ferner ist der Übergang vermögender Honoratioren-Familien, die über die nötigen Mittel zur Finanzierung eines Studiums verfügten, in die Schicht des gelehrten Beamtentums zu beobachten. In der vor allem interessanten Zeit zwischen 1627 und 1635 entfiel auf die beiden Gruppen der Honoratioren und der Akademiker zusammengenommen ein Zweidrittelanteil der Ratsämter. Die konfessionelle Ausrichtung des Rates wies mindestens elf lutherische oder calvinistische Amtsinhaber aus,[97] deren Amtszeit zumeist in die Wende vom 16. zum 17. Jahrhundert fiel. Generell kann die Haltung des Rates als religionspolitisch tolerant gewertet werden; er widersetzte sich immerhin mit Vehemenz den Katholisierungsgeboten seines Landesherrn.

Ein besonderes Interesse gilt den Personen der Richtherren, da sie stellvertretend für den Rat die Ermittlungen führten und bei den Verhören von Angeklagten und Zeugen stets anwesend waren. Die Rezeption des Zauber- und Hexenglaubens läßt sich also am ehesten durch ihr Verhalten während der Prozesse, anhand ihrer Fragen und ihres Vorgehens nachweisen. Der Zeitraum zwischen 1552 und 1644 sah eine ganze Reihe von Inhabern des Richtamts, von denen jedoch nur die Richtherren des 17. Jahrhunderts näher betrachtet werden sollen. Die Prozesse 1627 bis 1635 fallen überwiegend in den Kompetenzbereich zweier Männer, der Richtherren Johann Ahlers und Ditrich Kerckhoff.[98] Ahlers war Lizentiat der Rechte, Katholik und Mitglied der Jesuiten-Bruderschaft 'Beatae Mariae Virginis Assumptionis'. Das Amt des Richtherrn bekleidete er von 1620-1634.[99] Kerckhoff, ebenfalls ein Katholik, hatte von 1610 bis zu seinem Tode fast ununterbrochen Ratsämter inne. Richtherr war er in den Jahren 1614-21, 1623, 1625-31, 1635-39 und 1641. Auch er war Absolvent einer juristischen Ausbildung.

Seit Ende des 16. Jahrhunderts läßt sich die Tendenz belegen, das Richtamt in die Hände von Juristen zu geben. Lediglich um die Jahrhundertwende waren mit Johann Joddefeld (1599-1604) sowie Rotger Osnabrück (1604-1612) noch zwei Wandschneider im Amt. Bis auf den Lizentiaten Johann Beifang (1599-1604), der Calvinist war, bekannten sich alle Richtherren des 17. Jahrhunderts zum katholischen Bekenntnis. Mit Dr. Heinrich Frie-Vendt (1619-26) war außer Johann Ahlers auch noch ein weiteres Mitglied der oben erwähnten Jesuiten-Bruderschaft vertreten.[100]

Es besteht kein Zweifel daran, daß sowohl Richtherrn wie auch die Gesamtheit des Rats trotz der Milde ihrer Haltung den Zauber- und Hexenglauben der Zeit teilten. So weist das Verhalten während der Verhöre, speziell in der Folter, wenn die Angeklagten 'verstockt' waren, auf einen gehörigen Respekt vor dem Teufel hin, dessen Gegenwart als selbstverständlich angenommen wurde. Solange der "böse Feind" den Frauen nämlich auf der Zunge saß, war kein Geständnis von ihnen zu erwarten. Evert Heggemann, der in seinem letzten Verhör zugab, sich "selbsten offt und mannichmal den bösen feindt in den leib gefluchet" zu haben, weil er sich über den Zaubereiverdacht auf seine Person ärgerte, entlockte dem Sekretär Hollandt damit ein erschrecktes "Gott behüte unß", das er mitten in sein laufendes Protokoll einflocht. Deutlich sichtbar wird der Respekt vor den vermeintlichen Künsten der Hexen im Herbst 1627, als mit Clara Voß gegen die dritte Zaubereiverdächtige innerhalb eines

Jahres verhandelt wurde. Der Rat bewilligte den Bottmeistern für die Gefangenenspeisung eine Erhöhung des täglichen Satzes auf fünf Schillinge, da, "wan eijnige Zauberer und hexen eingezogen" seien, die Bottmeister "der überbleibenden speis nit ohne gefahr geniessen können". Die Gerichtsdiener befürchteten also, vergiftet zu werden, wenn sie von den gleichen Speisen aßen, die auch die Verdächtigen erhielten. Der Rat teilte ihre Befürchtungen und bewies damit seinen Glauben in die Fähigkeiten der Hexen.

War sich der Rat im Hinblick auf diese Verfügung einig, so geschah es dennoch im Verlauf der Prozesse häufiger, daß unterschiedliche Standpunkte aufeinandertrafen. Besonders deutlich zeigt dies der Prozeßverlauf gegen Evert Heggemann, der nach der ersten überstandenen Tortur zunächst als "Pestis Rei publicae et omnibus suspectus zu vermeidung unglücks" aus der Stadt verwiesen werden sollte. Noch während der laufenden Sitzung änderten die Ratsherren ihren Beschluß in die Anordnung einer zweiten Tortur ab. Es muß demzufolge eine Fraktion gegeben haben, die sich für eine härtere Vorgehensweise aussprach. Leider existieren keine Hinweise darauf, wer dieser Gruppe angehört haben könnte. Aber auch andere Entscheidungen wurden nicht "per communa vota" (einstimmig), sondern "per majora" (mehrheitlich) gefällt, wie auch die Durchführung der Tortur, selbst wenn sie schon beschlossen war, mehrfach verschoben wurde.[101]

Im Verfahrensablauf als ganzem ist ebenfalls ein Wandel spürbar. Die Prozesse der Frühzeit, die als isolierte Einzelfälle dastanden, zeichnen sich gegenüber den späteren Verfahren durch ihre Länge und Formalisierung aus.[102] Der Rat ging in den ersten Prozessen recht vorsichtig vor. Im Fall Anna zur Steinhorst ordnete er selbst nach zwei Torturen und einem umfangreichen Geständnis noch Nachforschungen an, "dweill dannoch alle umbstende noch nit allenthalben in inquisitione accordirten". Auch schienen die Richtherren mit der Hexenlehre und vor allem mit den Fähigkeiten des Teufels zu diesem Zeitpunkt noch nicht recht vertraut gewesen zu sein. "Ob der teufel sprechen, und er solches verstehen könne?", wünschten sie während des Verhörs von Ernst Palserkamp zu wissen. Dieser bestätigte einen "dullen" Sprachstil. "Wie sie dan ufn tantz kommen, wan sie sich nit geschmiret?" wurde Anna zur Steinhorst gefragt, die bestritt, sich jemals zum Flug eingerieben zu haben. Bei einer "rechtschaffenen Zauberschen", so glaubten die Richtherren, müsse das 'Schmieren' vorausgesetzt werden.

Als im Dezember 1615 der Pastor von Warendorf nebst anderen

Bittstellern vor dem Rat für Evert Heggemann eintrat, sah sich dieser genötigt, die Gründe der Festnahme öffentlich zu rechtfertigen. Nach der Aufzählung der für die Verhaftung ausschlaggebenden Indizien fuhr der Ratssprecher fort: "so habe vorerst Senatus ad capturam gnugsam ursach ghapt, und sej nun genöttigt und gemeintt, mitt gebürender tiscretion, soweit man zu Rechte und vermöge der Halßgerichts ordnung befuegt, zu verfahren, Inmassen dan in eiuscemodi occultis criminibus bedächtig zu verfahren sein würde". Derartige Rechtfertigungen entfielen später genauso wie die zusätzlichen Nachforschungen und Unsicherheiten in bezug auf das Hexenmuster.

Insgesamt verkürzte sich die Prozeßdauer, die schriftliche Dokumentation war längst nicht mehr so ausführlich wie zu Beginn des Jahrhunderts. Anna Voß wurde 1635 sozusagen im Schnellverfahren ausgewiesen; die Ermittlungen nahmen gerade fünf Tage in Anspruch. Vom Prozeß gegen Greta Bünichmann, die 1635 als geständige Zauberin verurteilt wurde, existiert nicht einmal eine Kriminalakte, während die von Evert Heggemann 114 Seiten umfaßt.

Die hohe Zahl der Stadtverweisungen als Urteil erstaunt. In einer Zusammenschau mit anderen Faktoren wird dahinter jedoch eine ganz bestimmte Intention des Rates deutlich. Zunächst einmal verwies er die Personen, die mit magisch-abergläubischen Praktiken in der Stadt ihre Klientel zu finden hofften nach zusätzlichen Leib- oder Ehrenstrafen der Stadt. Als Urteilsbegründung gab der Rat zwar auch an, es handele sich bei diesen Delikten um "lügenhafftige falsche sachen" beziehungsweise um "verbottene und strafbare Handlungen", ergänzte diese Aussagen gleichwohl sehr deutlich im Fall Anna Voß: "ist beschlossen, das gemelte Anna /: als welche des wickens oder wahrsagens, nachweisung, böser Geister außtreibens und dergleichen ärgerlicher sachen betrieglich undernommen, damit viel, sonderlich schlechte Leute fasciniert, daher mehr argwohn uf ihre Person entstanden :/ (...) dießer Statt (...) in perpetuum verwiesen werden solle." Es ging dem Rat also darum, Personen, die sich mit derlei 'ärgerlichen Dingen' abgaben, aus der Stadt zu entfernen, weil sie 'viele und schlechte leute' damit anzogen. Die Verbreitung solchen Aberglaubens in bestimmten, nicht gerade angesehenen Kreisen, die offenbar besonders anfällig dafür waren, sollte unterbunden werden. Ein derartig gelagertes Interesse mag den Rat ebenfalls dazu bewogen haben, nicht geständige Angeklagte der Stadt zu verweisen. Ließ man Frauen, die fast alle schon jahrelang im Gerücht der Zauberei standen und somit Anlaß zu ständigem

Gerede gaben, frei, bestand die Grundsituation weiter fort, und das öffentliche Gerücht fand zusätzlichen Nährboden. So aber war der Stein des Anstoßes entfernt. Dem Rat war offenbar nicht daran gelegen, daß sich der Zauberglauben zu sehr in der Stadt ausbreitete. Für diese Argumentation spricht auch das Fortlassen der wenigen erfolterten Elemente der Hexenlehre in den Geständnissen der verurteilten Zauberinnen. Das 'Extrahierte Bekenntnis' mußte am endlichen Gerichtstag von der Geständigen öffentlich bestätigt werden. Die Hinrichtungen waren gut besuchte Massenveranstaltungen, und die detaillierte Auflistung der Bestandteile des Hexenmusters hätte ihre Wirkung auf die zahlreichen interessierten Anwesenden sicher nicht verfehlt. Der Rat verzichtete damit auf ein außerordentlich wirksames Mittel, der Hexenlehre Publizität zu verschaffen. Sollte dies tatsächlich nur zufällig geschehen sein?

Diese Frage sollte nicht mißverstanden werden. Es kann meines Erachtens nicht von einem im modernen Sinne zweckrationalen Handeln des Rates ausgegangen werden, zumal er den Zauberglauben der Bevölkerung teilte. Es gab allerdings Unterschiede. Ein Beispiel: Der Stadtsekretär Hollandt kommentierte sowohl die abergläubischen Auswüchse der Clara Voß, die ihm die Beginen im Kloster Ringe berichteten, als auch eine 'Beschwörung des verbrannten Eisens' im Fall Schöttelhöver mit dem nachdrücklich an den Rand geschriebenen Wort "Horribilia!". Als direkte Reaktion eines Angehörigen der intellektuellen Elite ist dieser spontane Ausbruch des Sekretärs sehr aufschlußreich. Er distanzierte sich damit von etwas, das von der katholischen Kirche als Aberglauben bezeichnet wurde. Somit steht er als Vertreter einer 'reinen Lehre' da, und als solche haben wohl auch seine Dienstherren gehandelt. Die hauptsächliche Verfolgung der magisch-abergläubischen Delikte fällt in die Regierungszeit des intensivsten Verfechters der Gegenreformation, Fürstbischof Ferdinand; seine Protagonisten, die Jesuiten, befanden sich seit fast 40 Jahren in der Stadt, und ihre Saat wird langsam aufgegangen sein. Langsam zwar, denn die städtische Führungsschicht verteidigte ihren Machtbereich immer noch energisch gegenüber ihrem geistlichen Landesherrn, was nach wie vor Distanz und Mißtrauen schuf. Gute Katholiken waren die Ratsherren aber in der Zwischenzeit geworden. Das verpflichtete sie unter anderem zur Verfolgung des Aber-, weil falschen Glaubens.

Warum sie nicht die Hexen als schlimmste Feinde des Glaubens vernichteten, muß vor ganz anderen Hintergründen gesehen werden. Der Wunsch, Hexen auszurotten, steht wohl in direktem

Zusammenhang mit dem Ausmaß, in dem sich eine Gruppe von den durch sie verübten Untaten bedroht fühlt. Eine Atmosphäre von Bedrohung erzeugt jedoch Angst,[103] die dann irrational wird, wenn sie nicht weiß, gegen wen sie sich wenden soll. Die Münsteraner Elite der ersten Hälfte des 17. Jahrhunderts hatte aber keinen Grund, sich bedroht oder irrational geängstigt zu fühlen. Ihre Machtposition war stärker als je zuvor, und mit ihr wuchs das Selbstbewußtsein. Das Münsteraner Bürgertum war reich und erlitt auch durch den Dreißigjährigen Krieg keine nennenswerten Verluste.[104] Die Stadt wurde weder für längere Zeit belagert noch jemals erobert. Warum sich also bedroht fühlen? - Als guter Katholik glaubte man zwar an die Existenz der Hexen, nicht aber daran, daß sie gerade in Münster scharenweise ihr Unwesen trieben. Das erklärt den singulären Charakter der Verfahren und die fehlende Bereitschaft zu Kettenprozessen.

Wenn aber eine Führungselite nicht an die zahllosen Untaten von ebenso zahllosen Hexen zu glauben bereit ist, trägt sie eine solche Überzeugung auch nach außen. Ebenso wie sich der Rat bemühte, den Glauben an Wahrsagerei, Nachweisen usw. zu unterbinden, weil dies ein falscher Glauben war, so stand er auch der Verbreitung der Hexenlehre im Wege, weil er selbst nicht von der Massenhaftigkeit des Phänomens überzeugt war. Infolgedessen bestand kein Grund, einen diesbezüglichen Glauben zu fördern und zu nähren, und Personen, die Anlaß zur Verbreitung des Glaubens boten, wurden der Stadt verwiesen.[105]

In dieser Haltung muß sich der Rat sehr sicher gefühlt haben, denn er urteilte ohne Hinzuziehung von Juristenfakultäten oder anderen Expertengremien.[106] Als er es im letzten Zaubereiverfahren gegen Anna Holthaus doch einmal tat, wurde die Antwort der Kölner Universität verworfen, weil sie nicht dem entsprach, was erwartet worden war. Auch die Lektüre der Werke von Jean Bodin, Martin Delrio und Peter Binsfeld - es wurde bereits erwähnt, daß dem Rat diese Autoren vertraut waren - beeinträchtigte die Einstellung der Münsteraner Elite nicht. Obgleich die Verfasser als ausgesprochene Protagonisten der Hexenlehre gelten können, bestand alles, was der Rat diesen Büchern entnahm, lediglich in Hinweisen auf die Indizien der Zauberei.

Die Bevölkerung

Die Bevölkerungszahl Münsters erlitt durch die Wiedertäufer-Unruhen enorme Einbußen. Sie sank von ungefähr 8.-10.000 auf 3.-5.000 Einwohner in den Jahren 1535/36.[107] Die folgenden Jahre waren gekennzeichnet durch eine starke Einwanderungsbewegung in die Stadt, die nicht nur ehemalige Münsteraner, sondern auch zu fast der Hälfte aller Neubürger umfaßte. Trotz konstanter Bevölkerungsverluste durch Abwanderung, Krieg und Seuchen war dieser Zustrom so stark, daß um 1590 eine Einwohnerzahl von etwa 10.000 Menschen wieder erreicht war.[108] Auffallend war ein relativ hoher Bevölkerungsanteil des weiblichen Geschlechts, der eine hohe Zahl alleinstehender, weil unverheirateter Frauen bedingt.[109] Die durchschnittliche Kinderzahl lag mit 2,12 Nachkommen pro Familie erstaunlich niedrig.[110] Eine Untersuchung aus dem Jahre 1685 zeigt das Fortbestehen dieser beiden eigentümlichen Erscheinungen durch das gesamte Jahrhundert.[111] In einer Statistik der ausgeübten Gewerbe sind Frauen in den einzelnen Berufssparten kaum zu finden; sie stellen jedoch das Maximum der städtischen Lohnarbeiter und Berufslosen und damit die soziale Unterschicht.[112]

Einem außerordentlich wohlhabenden Bürgertum stand eine hohe Anzahl von Angehörigen der Mittel- und Unterschichten gegenüber. Besonders einfachen Arbeitern fiel der Lebensunterhalt schwer, da die Löhne verhältnismäßig niedrig lagen. 1613 erhielten Arbeiter in städtischen Diensten durchschnittlich etwa fünf Schillinge Lohn pro Tag, bei zusätzlicher Verpflegung nur die Hälfte.[113] Vor dem Hintergrund des allgemeinen Preisniveaus (ein Schwein kostete sieben, eine Kuh 12-13, ein Ochse 14-18, ein Pferd 36-55 Taler)[114], bewegen sich diese Löhne am untersten Rand des Existenzminimums. Dem gegenüber stand eine ausgeprägte Armenfürsorge, die sich in 21 Wohltätigkeitsinstitutionen, aber auch in direkter Hilfe für die Betroffenen artikulierte.[115]

Der Bevölkerungszuwachs, der aus den auswärtigen Neubürgern bestand, stammte zu mehr als 95% aus dem umliegenden Münsterland, war also überwiegend bäuerlicher Herkunft.[116] Dieser Umstand mag nicht unmaßgeblich daran beteiligt gewesen sein, daß sich innerhalb der Stadt ländliche Strukturen - Viehhaltung war bis Ende des 17. Jahrhunderts obligatorisch - lange hielten.

Die Einwohnerschaft bestand in ihrer Gesamtheit aus Personen, die das Bürgerrecht durch Geburt oder Zuzug erwoben hatten, und aus sonstigen Einwohnern.[117] Voraussetzung für die Bürgerschaft war das Führen einer eigenen Haushaltung in der Stadt; zwei Bürger mußten für den Neuankömmling bürgen. Die übrige Einwohnerschaft war in eine Gruppe höheren Rechts, wie Adel, Geistlichkeit und Beamte, und in eine niederen Rechts, die weltlichen Einwohner, aufgeteilt. Da an das Bürgerrecht gewisse finanzielle Anforderungen geknüpft waren, die viele nicht erfüllen konnten, war die Zahl der weltlichen Einwohner durchaus nicht gering.

Die Frage, ob und in welcher Weise die Verbreitung des Hexenglaubens von der Bevölkerung getragen wurde und inwiefern sie die Verfolgung beeinflußte, wird in der Forschung nicht einheitlich beantwortet. Besonders dort, wo versucht wird, neben den Grundlagen der Hexenlehre und ihrer Entstehung auf den Stellenwert von Volksfrömmigkeit und Aberglauben sowie die soziale Funktion von Aber- und Hexenglauben einzugehen, wächst die Erkenntnis, daß zwar die Träger der Macht für die organisierte Verfolgung verantwortlich zeichnen, "aber ohne den Anteil des Volkes (...) die Verfolgung überhaupt nicht"[118] begriffen werden kann. Beide Gruppen waren also beteiligt; die Hexenlehre stand "im Schnittpunkt von Elite- und Volkskultur"[119] und war als 'Integrationsideologie' sowohl aufnahmefähig für die Glaubenselemente des einen wie des anderen Teiles der Bevölkerung.

Trotzdem unterschied sich die Art und Weise, in der das Volk die Hexenlehre rezipierte, ebenso wie seine allgemeine Frömmigkeit von derjenigen der Eliten. Die Differenzen bildeten sich dort heraus, wo die Glaubenslehre zu abstrakt wurde, um den Menschen eine Identifikationsbasis zur Bewältigung der eigenen Lebenswelt und ihrer Probleme zu bieten.[120] Die Volksfrömmigkeit der damaligen Zeit war stark mit magischen Elementen durchsetzt, Elementen, mit denen Angst und Unheil bewältigt werden konnten, wobei die katholische Kirche diesem Bedürfnis noch am ehesten entgegenkam, da ihr eigener Kult keine enge Trennungslinie zwischen Aberglauben und Devotion zog.[121] In der Praxis bedeutete dies allerdings oft, daß das Volk sich über die Unterschiede zwischen offizieller Kirchenlehre und abergläubischem Brauchtum nicht klar war.

Wie nun sahen die unterschiedlichen Hexereikonzeptionen in der Praxis aus? Wie gestaltete sich die Beteiligung der Bevölkerung an den Münsteraner Zaubereiprozessen, wo gingen die Interessen von Rat und Bevölkerung Hand in Hand, wo unterschieden sie sich?

Da die Einleitung eines Verfahrens fast ausschließlich auf die Initiative von Denunzianten zurückzuführen ist, kann von einem Bedürfnis im Volk, Hexen verfolgt und bestraft zu sehen, ausgegangen werden. Die Denunziationen bezogen sich nun aber auf Schadensfälle und auf die Personen, die diese möglicherweise verursacht haben könnten, nicht auf Elemente des Hexenmusters. In den Zeugenaussagen fehlten diese Bestandteile genauso wie in den gütlichen Aussagen der vermeintlichen Hexen.[122] Lediglich die Beschuldigungen der Kinder fallen aus diesem Rahmen, da sie gezielte Denunziationen aufgrund der angeblichen Teilnahme am Hexensabbat sind; sie können jedoch als nicht repräsentative Ausnahmen gelten.

Ein offensichtlich sehr wichtiger Bestandteil des Münsteraner Volksglaubens war das unbedingte Vertrauen in die Fähigkeit von Wahrsagern und Beschwörern. Personen, die diese Gabe angeblich oder tatsächlich besaßen, wurden rege konsultiert; von ihnen erwartete man sich Hilfe bei unerklärlichen Krankheiten, wenn böse Geister im Haus vermutet wurden oder wenn Gegenstände verschwanden. Mehrfach gaben auch Zeugen in ihren Aussagen an, die Hilfe solcher Personen in Anspruch genommen zu haben. Während die Zeugin Agnes Langermann jedoch offen erklärte, Clara Voß, deren Fähigkeiten wohl allgemein bekannt waren, aufgefordert zu haben, sie solle eine Heirat zwischen dem Richter Marck und ihrer Nichte Marie Staels zuwegebringen, verhielt sich die Mehrzahl der übrigen Zeugen vorsichtiger, wenn die Rede auf derartige Praktiken kam. Die Witwe Anna Rost betonte in ihrer Aussage, sie habe sich in ihrer Jugend "aus thorheit" wicken und einen Schatz in ihrem Keller prophezeien lassen; der Glaube an diese verlockende Möglichkeit sprach aber noch deutlich aus ihr. Adelheid Cappenberg hatte gleichfalls eine 'Heidin' aufgesucht, die sie auf namentlich nicht genannte Personen hinwies, die ihr angeblich schaden wollten. Die Richtherren erkundigten sich genauestens, wie oft Adelheid bei dieser Frau gewesen war, ob sie andere zum Besuch angestiftet und ob sie über das Ergebnis ihrer Konsultation geredet hat. Auf die Fragen "Ob oder wen sie dan damit [mit der Schadensabsicht] bedächte?" und "Ob sie dan dafür halte, das die Heidin was wares redete?" antwortete Adelheid Cappenberg beide Male: "Das wisse sie nicht". Ein Unrechtsbewußtsein war also vorhanden, da Adelheid Cappenberg sich in Schutzbehauptungen flüchtete: Selbstverständlich glaubte sie an die Wahrheit dessen, was ihr die Wahrsagerin weissagte, sonst hätte sie sie nicht aufgesucht.

In einem Teil dieses Deliktbereichs offenbart sich die persönliche Not der Betroffenen sehr deutlich: Johan Einhaus, der hoch verschuldet war, klammerte sich an die Hoffnung, in seinem Haus einen verborgenen Schatz zu finden, andere, wie Anna Holthaus, fürchteten um das Leben oder die Gesundheit ihrer Angehörigen. Die Not wurde aber auch auf der Seite der Täter sichtbar, wenn sowohl Wilbrand Blising als auch Anna Voß zugaben, sich aus materiellem Elend heraus strafbar gemacht zu haben. Beide nutzten, wie auch Clara Voß, die vorhandene Leichtgläubigkeit der Bevölkerung für finanzielle Zwecke aus, womit gleichzeitig gesagt ist, daß nicht die gesamte Bevölkerung diesen Glauben teilte. Die unterschiedlich große Bereitschaft, an versteckte Schätze, spukende und Krankheit verursachende Gespenster und die Möglichkeit, Verlorenes mit magischer Hilfe wieder herbeizuschaffen, zu glauben, wird allenthalben deutlich. Von den Angeklagten war es vor allem Anna Holthaus, die dafür bekannt war, "viel mit Geists werck" umzugehen, was von mehreren Zeugen in eindeutig abwertender Absicht referiert wurde.

Die Requisiten zur Abwehr von Krankheiten oder Geistern waren eindeutig kirchlicher Herkunft. Weihwasser und das Wachs geweihter Kerzen fanden vorrangig Verwendung; durch ihren Genuß konnten übernatürliche Krankheiten bei Mensch und Tier behandelt werden. Außer der 'medikamentösen' Anwendung bestand die Möglichkeit, geweihtes Wachs zu opfern. Dies geschah in Bildform oder durch die symbolische Nachbildung eines erkrankten Körperteils.[123]

Anna Holthaus ließ von einem halben Pfund Wachs ein Bild anfertigen; selbiges hatte sie "für das H. Sacrament zwei tage hangen lassen ,(...), Darnach hab sie das bild wider abnehmen, und darauß zwei wachs kertzen machen lassen, deren eine vor das H. Sacrament, das ander uff S. Catharinen Altar setzen und ausbrennen lassen, (...), verhoffe, daran nicht übel geschehen zu sein, dweill es zu der ehren Gottes gethan". Sie unternahm damit eine für sie selbstverständliche Maßnahme zur Krankheitsabwehr, war sich aber über die Einschätzung der Richtherren nicht ganz sicher. Wallfahrten und Gebete unterstützten zusätzlich die erhoffte Wirkung. Clara Voß verdiente offenbar nicht schlecht daran, daß sie Wallfahrten und Bittgänge stellvertretend für andere unternahm; außerdem betrieb sie einen Handel mit 'Agnus dei' und anderen Devotionalien, die sie zum Teil als Reliquien und Heiligtümer ausgab.

Die Angst oder doch zumindest der Respekt vor bösen Geistern wird allenthalben deutlich, wenn auch in abgestufter Weise. Angeklagte wie Clara Voß oder Anna Holthaus waren von ihr geprägt, was die Haltung des Rates ihnen gegenüber eher beeinträchtigte. Vor allem die vom Volksglauben erdichteten Gebete und Beschwörungsformeln waren es, die den Rat gegen die Frauen aufbrachten und sie für verdächtig halten ließ.[124] Aber auch ein Teil der Zeugen war deutlich von der Furcht vor Geistern und Übernatürlichem besessen. Catharina Zerbst, die jahrelang Evert Heggemanns Untermieterin war, berichtete im Dezember 1615, sie habe

> "...wol offt ghört, daß so ein geschrej und gespenst uf der schwester balcken auch in Everts hofe gewesen, welches von seuffzen, Jammern und karmen übernatürlich, welches sonderlich umb die Zeit zugetragen, Alß Everts Vatter und Mutter zu Davensberg gefangen gwesen".

Es sollte jedoch darauf hingewiesen werden, daß Angst und Furcht vor übernatürlichen Erscheinungen keine durchgängig anzutreffenden Haltungen waren. Zwar gehörten Magie und der Glaube an ihre Wirkung zum Weltbild der Menschen, aber es gab Grenzen. Die von den Zeugen mehrfach referierte Episode, der Sohn der Anna Holthaus sei am hellichten Tage von einem Geist überfallen, geknebelt und mißhandelt worden, glaubte wohl niemand außer der extrem abergläubischen Angeklagten selbst. In der Praxis bestand im Rahmen des damaligen Weltbildes schon ein gewisses Gespür dafür, was 'tatsächlich' Magie und 'Geistwerk' und was Betrug war, der sich den Glauben an derartige Vorkommnisse zunutze machte.

Unterschiede zur Konzeption von Zauberei zwischen der Bevölkerung und der geistigen Elite sind nur schwer nachzuweisen, da die Richtherren kaum auf das, was die Zeugen vortrugen, reagierten, zumindest enthalten die Quellen keine Reaktion. Außer dem Fehlen von Elementen der Hexenlehre sei hier aber auch noch auf die Bewertung der Wasserprobe verwiesen, die vom Rat bekanntlich für Teufelsbetrug und ein Indiz der Zauberei gehalten, trotzdem von zahlreichen Angeklagten zum Nachweis ihrer Unschuld verlangt wurde. Wenn es sich von 1611, als der Rat im Prozeß gegen Gertrud Bruns die Wasserprobe verurteilte, bis 1644, als im letzten Zaubereiprozeß Anna Holthaus sich dem Gottesurteil unterwerfen wollte, nicht in der Bevölkerung herumgesprochen hatte, wie der Rat zu diesem weitverbreiteten Bestandteil der Hexenprozesse stand, dann kann das nur auf eine äußerst spärliche 'Öffentlichkeitsarbeit' seitens der Stadtregierung hinweisen, die sich aller Wahrscheinlichkeit nach auf den gesamten Komplex der Hexenprozesse bezog. Dies bestätigt die Vermutung des vorangegangenen Abschnitts, der Rat habe bewußt eine unkontrollierte Ausbreitung des Hexenglaubens zu beeinflussen gesucht. Eine Indoktrination von oben nach unten, zumindest im Bereich der positiven Rezeption der Hexenlehre, entfällt also.

Ergebnisse

Es konnte festgestellt werden, daß alle drei in Frage kommenden Träger des Zauberglaubens sich durch eine zwar die Tendenzen der Zeit widerspiegelnde, doch insgesamt moderate Haltung bei der Verbreitung der Hexenlehre auszeichneten. Am ehesten war die Bereitschaft, Hexen zu verfolgen, noch in der Bevölkerung spürbar, die für den überwiegenden Anteil an der Prozeßeinleitung verantwortlich zeichnete und ihrer Unzufriedenheit mit der Verfolgungspraxis der Stadtobrigkeit durch gelegentliche Akte der Lynchjustiz Ausdruck verlieh. Das Ausmaß der Rezeption des gelehrten Hexenmusters in der Bevölkerung ist nicht exakt nachweisbar; es muß größtenteils bekannt gewesen sein, da es von den kindlichen Denunzianten detailliert geschildert wurde, gehört aber nicht zu den Anschuldigungen gegen die Zaubereiverdächtigen. Dies kann einerseits auf Vorsicht - wer jemand des Teufelspaktes beschuldigte, setzte sich dem Verdacht der Zeugen- und Mittäterschaft aus -, andererseits auf die größere Leichtgläubigkeit der Kinder zurückgeführt werden. Die Realität schadender Zauberinnen und gewisser Erscheinungen wie Tierverwandlungen und die Möglichkeit des Fluges wurde nicht in Frage gestellt, wie nicht nur die Denunziation, sondern auch zahlreiche Beleidigungsklagen sowie Tätlichkeiten infolge einer Anschuldigung wegen Zauberei dokumentieren.[125] Lebensbewältigung durch magisch-abergläubische Praktiken gehörte zum Alltag der Bevölkerung; nichts deutet jedoch darauf hin, daß dieser integrale Bestandteil des täglichen Lebens durch eine allzu große Akzeptanz des Hexenmusters überformt und in eine Forderung nach Massenprozessen eingemündet wäre. Der Aberglaube der Bevölkerung wurde nicht oder nur sehr wenig durch die stattfindenden Prozesse geprägt, da anzunehmen ist, daß von diesen wenig nach außen drang; die öffentlichen Geständnisse und Urteile selbst enthielten nur in rudimentärer Weise Bestandteile des Hexenmusters. In keinster Weise kann von einem 'verbürokratisierten Massenwahn', der die Volksstimmung anheizte, die Rede sein.[126]

Eine Erklärung, warum die Rezeption des Hexenmusters in Münster derart gering war, kann nur auf Spekulationen gründen. Die Bevölkerung griff zwar das Element des Maleficiums als Möglichkeit, Unglück und Bedrohung einer konkreten Person zuschreiben zu können, auf, bereits auf der Ratsebene aber fehlte dieses Symptom. Eine nicht zu unterschätzende Auswirkung auf die Haltung des Rates dürfte meines Erachtens in dem permanenten Spannungsverhältnis zwischen der Stadt und ihrem Landesfürsten zu sehen sein, das sich gerade auf jurisdiktionellem Gebiet besonders häufig entlud. Der Kampf um die städtische Selbständigkeit kann des öfteren als ursächlicher Hintergrund für Hexenverfolgungen festgemacht werden;[127] die Weigerung, Feinde des Glaubens zu vernichten, ist in einem solchen Falle eher als Gehorsamsverweigerung gegenüber dem geistlichen Landesfürsten zu verstehen. Fürstbischof Ferdinand von Bayern, mit dem die heftigsten Auseinandersetzungen um die städtische Freiheit geführt wurden, war jedoch ein überzeugter Hexenverfolger.

Die Haltung des Klerus ist nach den Quellen noch schwieriger zu beurteilen. Auch er ging in seiner Haltung zur Hexenverfolgung nicht über den Rahmen der Zeit hinaus. Die Bischöfe Ernst und Ferdinand als am ehesten in Frage kommende Hexenverfolger hielten sich nur selten in Münster auf, sorgten allerdings für die Niederlassung der Jesuiten als entscheidende Wegbereiter der Gegenreformation. Ihr Orden und der der Kapuziner spielte bei den Prozessen eine gewichtige Rolle; ihr tatsächlicher Einfluß auf die Mentalität der Bevölkerung im Hinblick auf den Hexenglauben kann hingegen nur vermutet werden. Die Weltgeistlichkeit verhielt sich - soweit dies in den Quellen deutlich wird - eher indifferent. Zu einer solchen Haltung mag das beigetragen haben, was die Visitationsprotokolle Johanns von Hoya als ausdrückliche Mängel des Klerus festhielten: die schlechte wissenschaftliche Ausbildung und das Konkubinat. Die Ausbreitung des gelehrten Hexenmusters auf der intellektuellen Ebene geschah vor allem über das Medium Buch. Wenn aber selbst die Mitglieder des Domkapitels so gut wie nie Theologie studiert hatten, im ganzen Münsterland keine fachliche Ausbildungsstätte für Priester bestand, so daß in der Praxis häufig eine Vermengung katholischer und evangelischer Glaubenselemente erfolgte, und der Klerus sich ganz allgemein durch ein ausgeprägtes Versorgungsdenken auszeichnete, fällt es schwer, in solchen Priestern Gelehrte zu sehen, die sich eifrig auf wissenschaftlichem Wege um die Grundkenntnisse der Hexenlehre bemühen.

Ein weiterer Hinweis ergibt sich aus der Verbreitung des Konkubinats. Den Theoretikern der Hexenverfolgung und ihren Werken, allen voran dem Hexenhammer, ist eine Neigung zu Geringschätzung und Haß Frauen gegenüber inhärent, mit der sie sich zwar in der Tradition ihrer Zeit befanden, die aber in der zum Ausdruck gebrachten Intensität zum Teil pathologische Hintergründe vermuten läßt. Es ist kaum vorstellbar, daß Klerikern, die mit Frauen zusammen leben und Familien mit ihnen gegründet haben, derartige pathologische Züge zu eigen sind, die sich in dem ausgeprägten Wunsch zu vernichten artikulieren. Ein solcher Kleriker wird vermutlich auch die Assoziation Frau - Sexualität - Teufel nur bedingt nachvollziehen können.[128] In der Hauptsache kommt es aber wohl auf die individuelle Auffassung eines Klerikers von der Natur der Sexualität an, da sonst die Hexengläubigkeit auf katholische Theologen beschränkt geblieben wäre. Wird diese Natur als sündhaft und schuldbeladen empfunden, gleich ob von Katholiken oder Lutheranern, Calvinisten und anderen, so fällt es ungleich leichter, sie mit dem Teufel zu verknüpfen und etwaige Schuldgefühle aufgrund vorhandener, aber unterdrückter sexueller Wünsche auf Frauen zu projizieren.

So kann insgesamt festgestellt werden, daß alle drei für die Trägerschaft des Hexen- und Zauberglaubens in Frage kommenden Gruppen sich weder durch eine außerordentliche Akzeptanz noch einen ausgeprägten Verfolgungswillen auszeichneten. Infolgedessen konnte die 'Integrationsideologie' der Hexenlehre in Münster keine herausragende Rolle spielen.

"Hexenritt", Stich von G. Spangenberg aus "Germania" von Johannes Scherr, Stuttgart, 1878.

Angeklagte und Kläger - Der Zauberglauben in Münster und seine gesellschaftliche Einbettung

In Münster war der Rat als intellektuelle Elite nicht die Triebkraft, die für die Einleitung von Zaubereiprozessen verantwortlich zeichnete; die Dynamisierung der Verfolgung ging eher von der Bevölkerung aus. Ein Zaubereivorwurf trifft aber niemand aus heiterem Himmel, sondern hat immer eine Vorgeschichte. Zur Erforschung dieses Vorfeldes ist es erforderlich, sowohl die Person der Angeklagten als auch die ihrer Ankläger näher zu untersuchen, um die gesellschaftliche Ebene, auf der Zaubereianklagen ausgetragen wurden, genauer bestimmen zu können. Den Motiven des Denunzianten gilt ein besonderes Interesse. Sie stehen für eine Konfliktbewältigungsstrategie, in deren Mittelpunkt der Zauberglaube eine zwar zentrale, jedoch durch mehrere intentionale Stränge beeinflußte Position einnimmt. Diese und die besondere Funktionalität des Hexenglaubens im Hinblick auf eine Konfliktlösung bilden den Gegenstand der nachfolgenden Ausführungen.

Die Opfer der Zaubereianklage - Eine Personenanalyse

Wer waren die Personen, gegen die in Münster wegen Zaubereiverdachts ermittelt wurde? Gab es ein 'idealtypisches' Opfer, das besonders Gefahr lief, einer Anklage ausgesetzt zu sein? Eine Analyse der Personendaten liefert Aufschluß über diese Fragen.

Geschlecht

Von den insgesamt 40 in Ermittlungen verwickelten Personen waren 30 weiblichen Geschlechts. Damit liegt Münster exakt im Rahmen des Prozentanteils von 75-80%, der in der Forschung für die Betroffenheit von Frauen in Hexenprozessen festgestellt worden ist. Es muß jedoch beachtet werden, daß die Anklage nicht immer den direkten Zaubereivorwurf implizierte. Ein anderslautender Schuldvorwurf traf in der Gruppe der 30 Frauen jedoch nur Christina Einhaus, die im Fall Blising wegen Anstiftung zu dessen Schatzgräberei verhaftet wurde, und Anna Voß, die sich als Wahrsagerin betätigte. Umgekehrt ermittelte der Rat in der männlichen Gruppe der männlichen Angeklagten lediglich gegen Evert Heggemann wegen direkter Zaubereibeschuldigung. Dem Zaubereiverdacht in den Fällen Henrich Kaltermann und Dirich Holling ging der Rat nicht nach.
Frauen stellten also mit einem Anteil von 75 Prozent nicht nur die überwältigende Mehrheit der Angeklagten, sie wurden darüber hinaus auch in einem wesentlich höheren Maße als Männer mit der Deliktsspezifik in Zusammenhang gebracht.

Alter

Das Alter der Angeklagten ist nicht in jedem Fall eindeutig nachzuweisen. Von Personen, die die Quellen als "alte Mutter" oder langjährige Witwe bezeichnen, kann aber wohl angenommen werden, daß sie nicht mehr jung sind. Dies erleichtert in einigen Fällen die Orientierung.
Von den Angeklagten, über die konkrete Altersangaben vorliegen, war Adelheid Cappenberg mit 26 Jahren die jüngste. Das andere Ende der Altersskala begrenzen Anna Holthaus und Anna zur Steinhorst, die mit Sicherheit über 60 Jahre alt waren. Die übrigen bekannten und rekonstruierbaren Angaben schwanken zwischen 28 und etwa 50 Jahren, so daß sich als Durchschnittswert ein Alter von ungefähr 40 Jahren ergibt.
Diese Zeit scheint auf eine weitere Münsteraner Besonderheit in der Behandlung der Hexenfrage hinzudeuten, waren es doch angeblich stets die noch heute im Märchen tradierten, häßlichen alten Vetteln, die in den Flammen der Scheiterhaufen umkamen. Aber das Klischeebild trügt. Frauen mittleren Alters, junge Frauen, ja sogar Mädchen im Kindesalter starben unterschiedslos diesen qualvollen

Tod. Ein einziges, deutlich wahrnehmbares Faktum hinsichtlich der Altersstruktur der Betroffenen besteht in einer von H. C. Erik Midelfort beschriebenen Tendenz:[1] Zwar stellten in der Frühphase der Hexenverfolgungen überwiegend die älteren Frauen das Gros der Verurteilten, je mehr sich die Jagd nach den Satansdienerinnen jedoch regional ausweitete und je länger sie dauerte, um so mehr gerieten aber auch jüngere Frauen und Kinder in den Sog des verhängnisvollen Strudels.

Bedeutsamer als das individuelle Lebensalter scheinen in Münster die Lebensverhältnisse der späteren Opfer gewesen zu sein, und die sind nun wiederum kaum zu vergleichen mit denjenigen von 26- oder 40jährigen Frauen der Jetztzeit. Lohnarbeit seit dem Kindesalter war bei diesen Menschen die Regel.[2] So begann Evert Heggemann bereits als Junge von acht Jahren, "seine kost bei guten leuten zu suchen", und Anna Holthaus diente neunjährig "für ein hirtedirn" in Albersloh. Zur ständigen, weil existenznotwendigen harten Arbeit kam häufig noch die Geburt zahlreicher Kinder hinzu, die ebenfalls ernährt sein wollten. Anna Holthaus beispielsweise war Mutter von zehn Kindern. Unter den vorliegenden Fällen sicher ein Extremfall, aber es kann nicht verwundern, wenn die zahlreichen Geburten eine Frau auslaugten und sie, die wahrscheinlich selbst an Mangel- oder Fehlernährung litt, kaum in die Lage versetzten, diese Kinder bis über das Säuglingsalter hinaus am Leben zu erhalten.

Das fortwährende Lavieren am Rande des Existenzminimums, die andauernde Unsicherheit und die Mühen des täglichen Lebens, denen sich fast alle späteren Angeklagten ausgesetzt sahen, spielten vermutlich im Werdegang eines typischen Opfers eine ungleich größere Rolle als sein Alter. Gleichzeitig zeichnen derartige Existenzbedingungen aber auch dafür verantwortlich, daß diese Frauen trotz ihres nicht sehr hohen Lebensalters vergleichsweise viel "älter" (weil verschlissen, verbraucht und gezeichnet vom Lebenskampf) waren als ihre heutigen Geschlechtsgenossinnen.

Personenstand

Von den 30 betroffenen Frauen waren sieben verwitwet, elf ledig und fünf verheiratet; in den übrigen Fällen ist der Personenstand nicht nachweisbar. In der Gruppe der Männer waren sechs verheiratet.

Dieser Befund belegt die überproportionale Betroffenheit von Frauen, die in keinem persönlichen Bindungsverhältnis zu Männern standen.

Der eheliche Stand von fünf Frauen unterstreicht diese Tendenz noch, waren doch gleichzeitig mit dreien von ihnen auch ihre Ehemänner in die Anschuldigung verwickelt, so daß ein etwaiges Schutzverhältnis nicht mehr zum Tragen kam; die verheiratete Catharina Voß wurde überdies von ihrem eigenen Mann der Zauberei verdächtigt.
Alleinstehende Frauen waren prädestinierte Opfer der Hexereianklage, da die Gesellschaft ihnen mehr noch als über das übliche Maß hinaus eine persönliche Wertschätzung verweigerte: "Thinkers seemed unable to imagine a social role for unattached females"[3]. Eine Frau, die nicht unter dem Schutz und der Autorität eines Mannes stand, galt ohne diesen nichts und konnte leicht zur Zielscheibe verleumderischer und gehässiger Unterstellungen werden. Diese Art passiver, weil nicht gewollter Nonkonformität erhöhte das Risiko einer alleinstehenden Frau, in den Mittelpunkt eines Zaubereigerüchtes gerückt zu werden, nicht unerheblich. Ob es sich bei der Gruppe dieser Betroffenen allerdings um "selbstbewußte, schwer lenkbare"[4] Frauen handelte, sei dahingestellt. Die Mehrzahl der ledigen Frauen war es wohl nicht aus innerer Überzeugung, sondern weil sich für sie keine Möglichkeit der Heirat bot. Münster ist ein gutes Beispiel für eine derartige Vermutung, denn hier gab es im 17. Jahrhundert einen beträchtlichen Frauenüberschuß in der Bevölkerung. Überdies wäre es ein Fehler, anzunehmen, die Frauen der frühen Neuzeit seien nicht abhängig gewesen von dem Weltbild, das sie prägte. Anzeichen einer bewußten Auflehnung gibt es - zumindest in Münster - nicht.

Herkunft

Keine der wegen Zauberei angeklagten Personen stammte gebürtig aus Münster, alle waren innerhalb eines mehr oder weniger lang zurückliegenden Zeitraums aus der Umgegend in die Stadt gekommen. Ihre Geburtsorte lagen im großen und ganzen innerhalb des Münsterlandes, also in einem noch überschaubaren Nahbereich; die am weitesten entfernt liegenden Orte waren Osnabrück im Fall Catharina Voß und Eggerath im Fall Gertrud Bruns. Die Aufenthaltsdauer in der Stadt reichte von eineinhalb Jahren bei Henrich Kaltermann bis zu 40 Jahren im Falle Anna zur Steinhorst.

Münster war nach Beendigung der Wiedertäufer-Unruhen Zielpunkt einer starken Einwanderungsbewegung. Insofern könnte dieser Befund für zufällig gehalten werden. Der Eintritt in ein neues Leben ist aber ebenso wie der Umstand, nicht verheiratet zu sein, ein Faktor der Desintegration in eine lokale Gemeinschaft,[5] ein Faktor, der unter Umständen dazu angetan ist, Mißtrauen zu erregen und die Einheimischen gegen die Neubürger einzunehmen. Eine vierzigjährige Anwesenheitsdauer stellt dabei sicherlich eine Ausnahme dar, da die Integration der betreffenden Person in ihr Umfeld nach so langer Zeit vorausgesetzt werden kann. Viele der Angeklagten waren seit fünf bis fünfzehn Jahren Einwohner der Stadt, was einer mittleren Verweildauer entspricht, während derer die Möglichkeit des Aufbaus zwischenmenschlicher Beziehungen und eines sozialen Kontaktnetzes bestand. Innerhalb dieses Netzes war das freundschaftliche nachbarliche Miteinander ebenso möglich wie das Entstehen eines Konfliktpotentials.

Der familiäre Hintergrund

Leider liegen über die Familienverhältnisse, denen die Angeklagten entstammten, nur wenige Aussagen vor.

So ist bekannt, daß der Vater von Gertrud Bruns einen ehrlichen Handwerksberuf ausübte; er war Schuhmacher. Anna Voß hingegen gab an, die Tochter eines Scharfrichters zu sein; Wilbrand Blising war der Sohn eines Spielmanns. Beide Tätigkeiten trugen, da sie gesellschaftlich verfemt waren, nicht zur Steigerung des Ansehens der Angeklagten bei. Wilbrand Blising beeilte sich daher zu betonen, der Halbbruder seines Vaters sei ein Notar, um somit seine Reputation zu erhöhen.

Mehrere der Angeklagten waren unehelich geboren; außer einem schlechten Ansehen bedeutete dies für die Betroffenen den Verzicht auf die schützende familiäre Gemeinschaft. Illegitimer Herkunft waren Elsa Buddenboems, Adelheid Cappenberg und Anna Voß. Anna Kirlahei war höchstwahrscheinlich eine Waise, da sie zu Protokoll gab, bereits im Alter von sieben Wochen "von einer frauwen zue Münster in der Nahrung gebracht unnd bestellet"[6] worden zu sein.

Waren diese Faktoren bereits dazu angetan, die Betroffenen noch schutzloser zu machen, da außer der Ehe auch der familiäre Rückhalt wegfiel, so wirkte sich ungleich verhängnisvoller die Vorbelastung durch zaubereiverdächtige oder -verurteilte Familienmitglieder aus. Daß in den Kreisen der Münsteraner Ratsmitglieder an die Möglichkeit der Vererbung oder zumindest der Weitergabe der Zauberkunst innerhalb einer Familie geglaubt wurde, fand bereits zuvor Erwähnung . Der Rat nahm ein solches Ereignis, soweit es bekannt wurde, immer zum Anlaß, ein gewichtiges Indiz der Zauberei daraus zu konstruieren. Von einer derartigen familiären 'Gesamthaftung' waren in Münster immerhin zehn Personen betroffen.

Die öffentliche Meinung präjudizierte diese Menschen ebenfalls, so daß sich ihr tägliches Leben oft zum Spießrutenlauf gestaltete. Elsa Buddenboems' Aussage vor den Richtherren zeugte jedenfalls nachdrücklich von den Problemen, vor die sie sich als Nichte der wegen Zauberei hingerichteten Anna zur Steinhorst gestellt sah:

> "Ihr Mutter sey von den leuten hie seer verfolget, das ihr verweislich uffgeruckt worden, das ihr schwester ein Zauberin gewesen, drumb sie Elsa auch viel von den Leuten erleiden müssen"[7].

Beruf

So gut wie alle in die Zaubereiprozesse verwickelten Personen ernährten sich von ihrer eigenen Hände Arbeit; keine einzige war auf die öffentliche Armenfürsorge angewiesen oder als städtisch legitimierte Bettlerin bekannt.

Das bedeutet nicht, daß es den Betroffenen wirtschaftlich gut ging, im Gegenteil: Sie bewegten sich durchweg an der Grenze des Existenzminimums. Davon zeugt beredt die Tatsache, daß in der überwiegenden Zahl der Verfahren das städtische Gruetamt für die Prozeßkosten aufkommen mußte, da die Angeklagten selbst dazu nicht in der Lage waren. In insgesamt 23 Fällen ist eine derartige Finanzierung der Verfahren belegt; hinzu kommen zwei Prozesse in Senden sowie fünf Ermittlungen, die durch Flucht oder Einstellung des Verfahrens keine Haft erforderlich machten. In acht Fällen ist die Kostenübernahme nicht nachweisbar.

Ausnahmen von dieser Regel waren Gertrud Bruns, bei der man einen höheren Geldbetrag fand, und Marie Eggers. Über ihre wirtschaftlichen Verhältnisse ist wenig bekannt; sie arbeitete und wohnte bei dem Weinschenk Franz Twist. Da in ihrem Fall jedoch ein Verteidiger eingeschaltet wurde, den vermutlich ihre Verwandten finanzierten, ist es möglich und wahrscheinlich, daß diese auch für die Prozeßkosten aufkamen.

Die betroffenen Frauen erarbeiteten sich ihren Lebensunterhalt vorwiegend als Dienstmägde; Clara Voß pflegte Kranke, Anna zur Steinhorst stellte sich als Amme zur Verfügung. Unter den Männern waren zwei Flickschuster, ein Lohnarbeiter und ein Schulmeister. Evert Heggemann übte als einziger mit dem Leinentuchhandel einen angeseheneren und ertragreicheren Beruf aus. Zum Zeitpunkt des Prozesses war er durch den um ihn entstandenen Verdacht jedoch wirtschaftlich so sehr geschädigt, daß auch in seinem Fall das Gruetamt die Verfahrenskosten trug. Darüber hinaus war Heggemann als einziger der Angeklagten im Besitz des Bürgerrechtes. Dieses Privileg wirkte sich für ihn dahingehend aus, daß der Rat in seinem Fall die mit Sicherheit gründlichsten Ermittlungen in der Geschichte der Münsteraner Zaubereiprozesse führte. Das Vorverfahren im Prozeß Heggemann zog sich durch die betont vorsichtige Vorgehensweise des Magistrats im Vergleich zu anderen Verfahren bei gleicher Beweislage enorm in die Länge. Letztlich bewahrte das Bürgerrecht, auf das Heggemann sich während des Prozesses mehrfach berief, ihn aber nicht vor zweifacher harter Folter und der Stadtverweisung.

Als symptomatisch für die wirtschaftliche Lage der Angeklagten können die Aussagen von Anna Voß und Wilbrand Blising gewertet werden: Die erstere gestand, sie "habe auch wol ausgeben, als wan sie wahr sagen könte, damit sie etwas verdienen könte"[8]; Blising war zuvor Schulmeister in Herbern gewesen und betrieb nachgehend sein Metier als Nachweiser, "dweill er davon nit leben können"[9]. Vereinzelt trieb also die nackte Existenznot Angeklagte in die Kriminalität. Und welche andere Ursache als die Subsistenzsicherung spricht aus dem Motiv der Angeklagten, einen Pakt mit dem Teufel zu schließen, der ihnen im Gegenzug versprach, für ihren Lebensunterhalt zu sorgen? Auch wenn das Geständnis des Teufelsbündnisses nur ein fiktives Phantasieprodukt der Angeklagten war, ihre Existenznöte waren es nicht und mußten als plausible Erklärung für das begangene Verbrechen herhalten.

Ergebnisse

Die Auswertung der Personendaten der angeklagten Zaubereiverdächtigen ergibt das idealtypische Bild einer alleinstehenden, ortsfremden Frau meist mittleren Alters, die ihren Lebensunterhalt durch den kärglichen Lohn eines Dienstverhältnisses bestritt.

Der entscheidende Faktor, der diese Personen zu Opfern werden ließ, war ihre Angreifbarkeit. Da sie unverschuldet außerhalb der gesellschaftlichen Normen standen, "begegnete man ihnen mit Mißtrauen, Gleichgültigkeit und Aggressivität, und sie waren aus der Gemeinschaft ausgeschlossen"[10]. Letztendlich bedeutete das für die Frauen, daß sie im Fall eines Prozesses ohne jeden Rückhalt dastanden. Dies wog um so schwerer, als sie sich nur in den seltensten Fällen gegen die Anklage zur Wehr setzen konnten; sie verfügten weder über die intellektuellen noch über die materiellen Voraussetzungen einer erfolgreichen Verteidigung. Die soziale Ungleichheit vor dem Gesetz machte sich hier ganz besonders bemerkbar: Die Frauen gerieten in das Gerücht, weil sie, um mit einer Zeugin zu sprechen, "arme schlechte Leute" und zum Teil familiär vorbelastet waren; sie konnten sich gegen die Verleumdungen nicht wehren, da es ihnen an den finanziellen Mitteln, die eine Verteidigungsklage erforderte, mangelte, und wurden dann verhaftet, weil sie ihren Ruf nicht verteidigten. Der Rat wiederum war weit davon entfernt, materielle Entschuldigungsgründe gelten zu lassen, die die Frauen noch dazu zum Verzicht auf einen Rechtsbeistand nötigten. Freiwillige Hilfe von außen war nicht zu erwarten, denn niemand wollte das zweifelhafte, weil gefährliche Unternehmen riskieren, öffentlich für Zaubereiverdächtige einzutreten. Vielleicht waren die Menschen ja sogar erleichtert, als Verantwortliche Personen enttarnt zu haben, die als mißliebige und unerwünschte Außenseiter galten. So schloß sich ein Teufelskreis, der in Münster lediglich durch den Mut und die Standhaftigkeit der Frauen in Verhör und Folter durchbrochen werden konnte. Catharina Scheventrup, Clara Voß, Marie Eggers und vor allem Anna Holthaus stehen für die Entschlossenheit, die eigene Unschuld zu beweisen und damit ihr Leben zu retten.

Auf der anderen Seite stehen kopflose, aus der Verzweiflung geborene Verhaltensweisen, die den Werdegang eines 'typischen' Opfers blutig abrunden. Anna zur Steinhorst, von der aufgrund des Aktenbefundes vermutet werden kann, daß sie vor Jahren tatsächlich erfolglos zu 'zaubern' versuchte, verhielt sich wahrscheinlich deshalb während des Verfahrens außerordentlich schuldbewußt und belastete sich selbst durch das Geständnis aller erdenklicher Untaten. Elsa Buddenboems war mutlos und suizidgefährdet; sie schickte sich bald in ihr Los, versuchte aber mildernde Umstände durch den Verweis auf ihre Jugend zum Zeitpunkt des Teufelsbündnisses zu erwirken. Greta Bünichmann fiel in ihrer Verzweiflung auf die falschen Versprechungen der Scharfrichtersfrau herein und rannte deshalb ahnungslos in das offene Messer der Anklage.

Münster nimmt hinsichtlich der Personaldaten der Angeklagten keine Sonderstellung ein; der Befund reiht sich fast nahtlos in die von der Forschung ermittelten Ergebnisse ein.[11] Lediglich die Altersstruktur der Opfer weist Unterschiede auf. Die Differenzen betreffen nicht so sehr das Durchschnittsalter der Angeklagten, sondern die Tatsache, daß es weder Extreme nach oben oder nach unten noch eine zeitgebundene Entwicklung innerhalb der Altersskala gibt. In Münster wurden weder ganz alte noch ganz junge Menschen der Zauberei bezichtigt. Das ist deshalb bemerkenswert, weil mit Ernst Palserkamp und Arnold Ramers zwei Kinder auftraten, die sich selbst - wenn auch aus Naivität - erheblich belasteten; der Rat ordnete vielmehr in der Überzeugung, sie wieder auf den Pfad der Tugend zurückbringen zu können, ihre Unterbringung und Erziehung in einer anderen Umgebung an. Weiterhin fehlt jede den ausgedehnten Hexenjagden immanente Tendenz, von zunächst älteren Opfern auf einen immer jüngeren Kreis von Betroffenen überzugreifen.

Konfessionelle Bindungen spielten ebenfalls keine Rolle. Wohl überprüften die Richtherren einige Male die Rechtgläubigkeit ihrer Gefangenen durch die Aufforderung zum Gebet, man wollte aber hierdurch feststellen, ob die vermeintlichen Teufelsbündner überhaupt in der Lage waren, christliche Gebete zu sprechen. Personendaten zur Konfession der Angeklagten oder dahingehende Fragen der Richtherren enthalten die Quellen nicht.

Das gesellschaftliche Umfeld - Zeugen und Denunzianten

Die Person des Klägers und Zeugen im Zaubereiprozeß

Für den Denunzianten eines Zaubereiverdachts galt in Münster zwar nicht grundsätzlich das Prinzip der Anonymität, trotzdem blieb er in der Regel ungenannt. In Einzelfällen ist unter Umständen von einer personellen Identität mit den Hauptbelastungszeugen auszugehen, da diese gewöhnlich durch den ihnen entstandenen Schaden am ehesten über ein Motiv verfügten.

Zur Erforschung des gesellschaftlichen Umfeldes muß daher auf die Zeugen zurückgegriffen werden. Sie stehen für die Lebenswelt der Angeklagten, da es sich immer um Nachbarn, Bekannte und Verwandte handelte. Sie belegen sehr deutlich, daß Schadensfälle durch Zauberei in Münster stets ein persönliches Verhältnis zwischen den vermeintlichen Tätern und den Opfern voraussetzten.

Das Gros der vernommenen Zeugen bestand aus den Nachbarn und Bekannten der Angeklagten, die durch den tagtäglichen Kontakt mit ihnen naturgemäß in der Lage sein mußten, über deren Lebenswandel Rechenschaft abzulegen. Da die meisten Beschuldigten in Dienstverhältnissen standen, lud der Rat außerdem Arbeitgeber und Mitarbeiter vor. Geistliche konnten in einigen Fällen als Denunzianten nachgewiesen werden; als Zeugen hörte der Rat sie jedoch nur selten. Als letzte Gruppe müssen die Verwandten der Angeklagten berücksichtigt werden, deren Aussagen allerdings unter besonderen Vorzeichen zu beurteilen sind.

Eine Personenanalyse der Belastungszeugen ist aufgrund der Quellenbasis nicht möglich. Wohl kann die besondere Rolle einer jeden Zeugengruppe innerhalb eines Prozesses herausgestrichen werden. Im wesentlichen kommt es aber darauf an, auf eine fest umrissene Konstante in der Täter-Opfer-Beziehung, die für das Zustandekommen einer Zaubereianklage verantwortlich gemacht werden kann, hinzuweisen: "Wenn eine Hexenanklage auf plausible Weise erhoben werden sollte, mußte sich die verdächtige Person gegenüber dem Opfer in einer gesellschaftlich und ökonomisch untergeordneten Position befinden".[12] Dieses konstitutive Moment, das Keith Thomas in England nachwies, spielte auch in Münster eine erhebliche Rolle.

Als beispielhaft sei der Prozeß Heggemann herangezogen, in dem mit 26 Personen die höchste Anzahl von Zeugen innerhalb eines Verfahrens gehört wurde. Die Zeugenschaft setzte sich aus sechzehn Männern und zehn Frauen zusammen. Dieses Verhältnis ist allerdings nicht auf die anderen Verfahren übertragbar: Unter den nachweisbaren und namentlich genannten Zeugen waren 70 Männer und 83 Frauen. Von den sechzehn im Prozeß Heggemann vernommenen Männern besaßen sieben das Bürgerrecht, bei sechs Personen erfolgte die Angabe ihres Berufs. Unter ihnen befanden sich ein Schneider, ein Bäcker, der Amtmann von San Aegidii, der Verwalter der Legge (das Leinwandhaus) und der Verwalter des Gruethauses; außerdem (ohne Berufsangabe) der Besitzer eines Nachbarhauses und sein Knecht. Zu den zehn weiblichen Zeuginnen gehörten mindestens vier Ehefrauen oder Witwen von Bürgern sowie die Tochter des erwähnten Grüters. Damit zählten zum Kreis der Vernommenen mit zwei Gildebürgern und den beiden Verwaltern der kommunalen Einrichtungen respektable Mitglieder der städtischen Gesellschaft. Heggemann selbst besaß, wie bereits erwähnt, ebenfalls das Bürgerrecht, allerdings als einziger der Angeklagten.

Ein solches Aufgebot angesehener Zeugen wiederholte sich in den übrigen Prozessen nicht. Bürger, ihre Frauen oder Witwen sowie Angehörige geachteter Berufsstände waren trotzdem in der Reihe der Zeugen keine Seltenheit. Unter den Vernommenen im Fall Holthaus befanden sich ein Schneider und ein Baumeister, im Fall Bünichmann ein Apotheker, im Fall Wesseling ein Böttcher usw. Beschuldigungen, die von diesen Personen ausgingen, konnte besonderes Gewicht beigemessen werden, und daran hielt sich der Rat auch.[13]

Hinsichtlich der übrigen Zeugen wird häufig ein persönliches Abhängigkeitsverhältnis der Angeklagten von ihnen durch ihren Status als Arbeit- bzw. Wohnungsnehmerin deutlich. Als ehemalige und derzeitige Arbeitgeber sagten Zeugen in den Prozessen Scheventrup, zur Steinhorst, Cappenberg und Eggers aus, als Wohnungswirte in den Fällen Bruns, Scheventrup, zur Steinhorst, Cappenberg, Kaltermann, Eggers, Schloetmann und Bünichmann. Auch solche Personen verfügten selbstverständlich über einen höheren gesellschaftlichen Status als die Angeklagten. Zu dieser Gruppe gehörten viele Frauen, die zwar das geschlechtliche Dilemma der Diskriminierung mit den Verdächtigen teilten, ihnen gegenüber aber durch Heirat oder Vermögen bevorteilt waren.

Geistliche gehörten einem Stand an, dessen Respektabilität gänzlich außer Frage stand. Wenn sie suspekte Personen denunzierten oder den Umgang mit ihnen mieden, weil sie sie für Teufelsbündnerinnen hielten, so trug dies erheblich zum Verdacht gegen die Betreffenden bei. Als regelrechte Zeuginnen vernommen hat der Rat aber lediglich drei Beginen aus dem Kloster Ringe im Fall Clara Voß.[14]

Natürlich setzte sich die Zeugenschaft nicht nur aus den genannten Personen zusammen, auch Dienstmägde, Soldaten, Windmüller und Abdecker wurden vernommen. Das stellt die angedeutete Tendenz aber keineswegs in Frage, da der Personenkreis mit besserer gesellschaftlicher Reputation vor allem im Vergleich mit den Angeklagten selbst deutlich überrepräsentiert ist: Einem Evert Heggemann stand eine Vielzahl von Zeugen gleicher oder besserer sozialer Zuordnung gegenüber. Es wurde kein einziger Prozeß in Münster geführt, der ganz ohne diese Zeugen auskommen konnte.

Die Aussagen von Verwandten sind als Sonderfälle zu werten, da diese im allgemeinen kein Interesse daran haben konnten, ihre inhaftierten Familienmitglieder zu belasten. Nach der Logik der maßgeblichen Verdachtsmomente hätten sie sich damit nur selbst der Gefahr ausgesetzt, suspekt zu werden. Die familiäre Gesamthaftung, die in einigen Prozessen nachgewiesen wurde, beweist, daß derartige Befürchtungen nicht unberechtigt waren. Entsprechend sind Verhalten und Aussagen von Zeugen zu beurteilen, die sich demonstrativ gegen die eigenen Blutsverwandten stellten und sich von deren schändlichem Tun distanzierten. Lediglich Greta zur Steinhorst versuchte anfänglich noch, ihre Schwester in Schutz zu nehmen,[15] wich aber im späteren Prozeßverlauf von diesem Verhalten ab.

Zur Motivationsstruktur von Zeugen und Denunzianten

Die Lehre von den Hexen und dem von ihnen angerichteten Schaden fand im 16. und 17. Jahrhundert weite Verbreitung. Sie bot als Integrationsideologie sowohl den elitären Gruppen in Kirche, Justiz und Herrschaftsapparat als auch der Normalbevölkerung Ansatzpunkte zur Verwirklichung ganz verschiedener Interessen. Hexereianklagen konnten in materieller Hinsicht ausgenutzt werden; sie waren mitunter Demonstrationsgeste in Machtkämpfen unterschiedlicher Parteiungen, von denen die Möglichkeit einer Auseinandersetzung zwischen Stadt und Landesherr bereits angesprochen wurde. Die Opfer der Anklage waren zudem - wie zuvor gezeigt - häufig schutzlos den Anschuldigungen ausgesetzt, weil es sich um Menschen ohne jeden gesellschaftlichen Rückhalt handelte, die leicht angreifbar waren.

In Münster entspannen sich Zaubereiverdacht und -vorwürfe auf einer relativ fest umrissenen gesellschaftlichen Ebene, die insgesamt in Unter- bis Mittelschichten anzusiedeln und intern durch ein Prestigegefälle zwischen Anklägern und Beschuldigten gekennzeichnet war. Für die geistige Elite bestand kein Handlungs- und Reaktionsbedarf im Hinblick auf zauberische Schädigungen. Was aber machte den Hexenglauben für die Menschen, die sich von den Teufelsbündnerinnen bedroht fühlten, so attraktiv?

Wie alle psychischen Entlastungsstrategien, die sich in der Suche und Festschreibung von Sündenböcken artikulieren, bot die Hexereianklage die Möglichkeit der Übertragung des erlittenen Unglücks auf einen Verantwortlichen: "Witchcraft shifts blame for misfortune from an abstract and inscrutable force to an identifiable, punishable individual"[16]. Damit steht der Schuldvorwurf gegen vermeintliche Zauberer in einer langen Tradition menschlicher Projektionsbedürfnisse, die sich bevorzugt gegen als andersartig empfundene Gruppen wenden und diese zu Außenseitern der Gesellschaft abstempeln.

Die Bedeutung einzelner diskriminierter Gruppen ist dabei durchaus zeitlichen Variationen unterworfen: Bestimmte Zeiten kennen bestimmte 'Mode-Sündenböcke'. Genauso wie die Judenverfolgung Höhepunkte im 14., aber auch im 20. Jahrhundert erlebte, war die Hexe das bevorzugte Opfer öffentlicher Schuldzuweisungen in der frühen Neuzeit. Das wirft generell die Frage auf, welche Mechanismen zur Stigmatisierung einer bestimmten Gruppe führen, aber auch, wie die besondere Bevorzugung des Hexenmusters im Berichtszeitraum zu erklären ist.

Nach Keith Thomas kann die Furcht vor den Untaten der Hexen vor allem deshalb nicht mit derjenigen anderer Vorurteilsträger verglichen werden, weil ihre soziale Funktion eine ganz andere war.[17] Das beruhte zum einen auf dem Bereich der Unglücksfälle, für den Hexen verantwortlich gemacht wurden. Sie operierten auf einer überschaubaren Ebene, die sich weder durch Extreme nach oben (Pest, Kriege oder unten (kleine persönliche Mißgeschicke) hervorhob. Dagegen bestand eine hohe Bereitschaft, Krankheiten bei Mensch und Tier, die nicht oder nur ungenau diagnostiziert werden konnten, als "übernatürlich" zu klassifizieren und auf den Einfluß von Hexen zurückzuführen.[18] Das Feld ihrer Betätigungen erstreckte sich stets auf einen Nahbereich; Hexe und Kläger kannten einander, und dem Geschädigten war Unglück auf einer ganz persönlichen Ebene widerfahren.

Hinzu trat eine besondere psychische Disposition des frühneuzeitlichen Menschen, dessen Unausgeglichenheit - so Robert Muchembled - "seit langem ein Allgemeinplatz der Geschichte"[19] ist. Intoleranz, Aggressivität und eine tiefe Existenzangst waren die Kennzeichen einer Bevölkerung, die sich nacheinander oder auch zeitgleich von Krieg, Seuchen und Hunger bedroht sah: "Nie war es dringlicher als in dieser Phase (...), für das neue Elend eine Erklärung zu finden"[20]. In einer solchen Grundsituation bestand für das diabolische Grundmuster der Kirche, das seit mehreren Generationen bereitlag, eine erhöhte Wahrscheinlichkeit, zur ursächlichen

Deutung herangezogen zu werden. "Überall waren der Teufel und seine Helfershelfer, (...), am Werk; sie galt es zu demaskieren"[21].

Mit der Enttarnung begann die Jagd auf ein Phantom, denn anders als Juden, Zigeuner oder Krüppel konnten Hexen an keinem bestimmten Merkmal oder Verhalten erkannt werden. Die mangelnde Präzisierung förderte die Akzeptanz des Sündenbocks 'Hexe' zusätzlich, da einer Ausweitung auf einen breiteren Personenkreis, anders als es bei jeder anderen stigmatisierten Gruppe möglich war, nur wenig im Wege stand.

Innerhalb einer derartig großen Gruppe von potentiellen Tätern und Täterinnen konnten nur fest umrissene Identifikationsstrategien zur Klassifizierung einer Person als Hexe führen. Bestand nicht die Möglichkeit, sie an ihrem Äußeren zu erkennen, so bot vielleicht ihr Benehmen Anlaß zur Enttarnung. Woran also konnten die Menschen eine Hexe erkennen, und welches Verhalten führte womöglich dazu, für verdächtig gehalten zu werden?

Hexen wurden an Verhaltensmerkmalen erkannt, die sich im Umfeld ihrer Sozialkontakte entwickelten. Eine Hexereianklage hatte immer eine lange Vorgeschichte; in den Münsteraner Fallbeispielen war es durchaus keine Seltenheit, wenn Angeklagte wie etwa Anna Kirlahei oder Gertrud Bruns schon zehn bis zwanzig Jahre im öffentlichen Gerücht der Zauberei standen. Irgendwann zogen sie den öffentlichen Argwohn auf sich. Es ist unmöglich, den dafür jeweils ausschlaggebenden Grund heute noch nachzuvollziehen, es sei denn, es werden wie im Fall Heggemann deutliche Hinweise gegeben: Der Verdacht gegen ihn wuchs, seit bekannt wurde, daß sein Vater als Zauberer verbrannt worden war.[22] Bis zur Eskalation des Verdachts in der Denunziation vor der Obrigkeit verging in der Regel ein sehr langer Zeitraum, während dessen eine Reihe von Faktoren - ursächlich sowohl vom Opfer als auch vom Kläger beeinflußt - für die Beeinträchtigung des Rufs verantwortlich sein konnten. Diese Faktoren waren zum Teil durch die reelle Furcht vor Hexen und ihren Fähigkeiten begründet, konnten sich andererseits aber auch gerade diese Ängste zu eigenen Zwecken zunutze machen.

Eine generelle Identifikationsstrategie für eine hexereigeschädigte Person bestand darin, "daß sie sich fragte, wer gegen sie einen Groll haben könnte"[23]. Das setzt im Vorfeld Konflikte zwischen Opfer und angeblicher Hexe voraus, bei denen der Verdächtigen Unrecht geschehen, sie beleidigt oder verletzt worden war. Der Schadenzauber stellte dann für sie die Möglichkeit dar, sich für die erlittene Schmach zu rächen.

Tatsächlich lassen sich in Münster derartige Konflikte zwischen Opfern und Beschuldigten nachweisen. Besonders deutlich werden die ursächlichen Spannungen im Fall Anna zur Steinhorst. Die Frau schien es selber als Selbstverständlichkeit vorauszusetzen, daß zu einer Schädigung, die sie verübt haben wollte, ein Motiv gehörte; mehrmals gab sie es als Erklärung für eine Untat gleich mit zu. So vergiftete sie einem Mann namens Lütke Bracht vier Schafe, weil er ihr die Bitte, auf seinem Land Flachs säen zu dürfen, abschlug.[24] Zwei Schweine des Jörgen Brinkmann tötete sie, weil dieser sie geschlagen hatte.[25] Zwei Johan vorn Hecke gehörige Pferde brachte sie um, weil der Mann, mit dem sie weitläufig verwandt war, von ihren Eltern eine Kuh und ein Kalb als Brautschatz forderte; sein Vater habe "sich wie ein Rauber in Ires Vatters kotten angstellet, darüber sie Ime uffsetzig worden"[26]. Ihrem Enkel Ernst Palserkamp war ebenfalls bekannt, daß Schadenzauber ein Motiv haben mußte; er erklärte den Richtherren, warum seine Großmutter Tiere der Frau Jödefeld tötete:

> "Alß sein bestemutter alda lein geseyet gehapt, welches nit wol gewachsen, (...), were sie so zornig worden, hette zu Ime gesagt, Nun will ich der Jödefeldischen die kühe vergeben".[27]

Sowohl Keith Thomas als auch Alan Macfarlane betonen einen Zusammenhang zwischen Hexereianklagen und dem Zusammenbruch kollektiver Versorgungsinstitutionen im frühneuzeitlichen Europa.[28] Im Mittelalter war die Unterstützung armer und bedürftiger Mitglieder der Gemeinschaft integraler Bestandteil der gesellschaftlichen Werteordnung. Die frühe Neuzeit brachte als Übergangsphase von einer "kollektivistisch zu einer individualistisch geprägten Gesellschaft"[29] mit dem Geist des frühen Kapitalismus den Verfall der traditionellen Armenfürsorge mit sich; die Unterstützung von Bedürftigen wurde zunehmend als Belastung, nicht mehr als selbstverständliche Verpflichtung Bessergestellter empfunden. Hexereianklagen im nachbarlichen Umfeld spiegelten diesen Wandel wider: "Anger at being denied the benefits of neighbourly help was the dominant emotion leading to witchcraft acts (...)"[30], stellte Alan Macfarlane für das Hexenwesen in der Grafschaft Essex fest.

Der Prozeß zur Steinhorst belegt das Vorhandensein derartiger Motivationsstrukturen auch in Münster. Anna zur Steinhorst stand in einem besonderen Abhängigkeitsverhältnis zu der Witwe Jödefeld, bei der sie sich gelegentlich verdingte und die ihr auch erlaubte, auf ihrem Land Flachs zu säen. Sie erbat mitunter auch Almosen von der Frau und erhielt diese oft, aber nicht immer. Als Grund, warum sie Frau Jödefelds Pferde vergiftet habe, gab Anna zur Steinhorst an, sie "hette an Jödefelts hause was zu essen gebetten", aber nicht erhalten;[31] endgültig "ufsetzig" wurde sie der Frau, als ihre Leinsaat nicht aufging. Dem Motiv auf der einen Seite stand das schlechte Gewissen auf der anderen gegenüber, das aus der verweigerten Hilfeleistung resultierte und sich als Ventil die Zaubereibeschuldigung im Falle unerwarteter Unglücksfälle schuf. So trat besagte Frau Jödefeld gegen Anna zur Steinhorst eindeutig als Belastungszeugin auf, vergaß aber nicht, ihre Mildherzigkeit gegenüber der Angeklagten zu betonen:

> "Selbige Anneke hette offtmahlen, wol alle 14 tage an ihr hauß zu kohmmen und Allmusen zu bitten nun mer aber ein Gottes lohn zu geben pflegen, hette noch vor Jüngsten Weihenachts tag von ihr 1 kertze zur Allmusen empfangen:"[32]

Der Konflikt um verweigerte Almosen war aber bei weitem nicht der einzige, der sich im Vorfeld von Zaubereianklagen entspann. Er ist auch lediglich im Prozeß zur Steinhorst mit dieser Deutlichkeit nachzuweisen, kommt aber als grundsätzliches Motiv in Frage, vor allem bei denjenigen Angeklagten, die aufgrund ihres Alters nicht mehr in der Lage waren, ihren Lebensunterhalt ausreichend zu bestreiten.

In anderen Fällen können dagegen materielle Hintergründe hinter einer Zaubereianklage vermutet werden. Dafür spricht der Befund in den Prozessen Eggers und Bünichmann. Beide Male handelte es sich um zeitlich spät angesiedelte Verfahren, in denen sich skrupellose Zeitgenossen den Hexenglauben offenbar zunutze machten, um sich finanziellen Verpflichtungen gegenüber den späteren Angeklagten zu entziehen. Im Fall Eggers war es ein gewisser Eggemann, der sich der Frau gegenüber zur Zahlung einer Leibrente verpflichtet hatte, die er zum Prozeßzeitpunkt nicht mehr zahlen konnte oder wollte. Die Dienstherren Greta Bünichmanns schuldeten ihrer Magd mindestens 70 Taler, die diese ihnen zum Pferdekauf geliehen hatte. In beiden Fällen sind in den Schuldnern die Urheber des Gerüchts und der Hauptanschuldigungen zu sehen. In beiden Prozessen duchschauten die Angeklagten das Motiv aber auch und brachten es den Richtherren gegenüber zur Sprache.

Auch die Anklage gegen Gertrud Bruns resultierte aus Privatinteressen, die auf dem Rücken der Frau ausgetragen werden sollten; die Hauptbelastungszeugen, das Ehepaar Wibbeling, machten sich jedoch einen schon bestehenden Verdacht zunutze. Der Verursacher des Gerüchts war Caspar Ertmann, der Gertrud Bruns im Zusammenhang mit einem unterstellten Gartendiebstahl der Zauberei bezichtigte. Später griff ihr Vermieter Schröderken, der ihr ein Pferd für zwölf Taler abgekauft hatte, diesen Verdacht wieder auf, als die Frau ihr Geld einforderte: "Do hette er Schroderken und sein Sohn beide sie fur eine Molkenzeuversche gescholden, Und ihr die Nusche vom haupt gerufft und blödig geschlagen"[33]. Ihr Hausherr griff also zu recht unfeinen Mitteln, um seine Schulden nicht zurückzahlen zu müssen. Als das Ehepaar Wibbeling, ihre Vermieter zum Zeitpunkt des Prozesses, vom Besitzer des Hauses mit der Kündigung bedroht wurden, falls sie ihre Untermieterin Gertrud Bruns nicht aus dem Haus warfen, bediente es sich ebenfalls des Zaubereivorwurfs. In diesem Prozeß bewies der Rat jedoch anders als in den späteren Fällen eine gewisse Einsicht in die Verleumdungskampagne, glaubte den Ausführungen der Angeklagten und sprach die Frau frei.

Eine weitere Möglichkeit, sich den Unmut seiner Mitmenschen zuzuziehen und damit Konfliktpotential zu schaffen, bestand in der Nonkonformität der Angeklagten im Hinblick auf gewisse, allgemein anerkannte gesellschaftliche Normen. Zwar lebte das typische Opfer einer Hexereianklage als alleinstehende Frau ohnehin in ungewollter Ablehnung einer der wichtigsten Regeln weiblicher Existenz; eine besondere und zusätzliche Unangepaßtheit konnte darüber hinaus aber durch auffälliges Verhalten unter anderem im Bereich der Sexualität entstehen. Während der frühen Neuzeit zeichnete sich die Tendenz zu einer 'Puritanisierung' der Gesellschaft ab, die Ausschweifungen jedweder Art, exzessive Fröhlichkeit, Musik, Luxus und allzu große Üppigkeit in allen Lebensbereichen zu unterbinden suchte. Die Tendenz zu einer derartigen 'Sozialdisziplinierung' läßt sich auch für Münster belegen.[34]

Sexualität und Sinnlichkeit gehörten ebenfalls zu den reglementierten Lebensbereichen: "Beginning in the midsixteenth century, the moderate toleration of sexual license that appears to have been the norm in the later Middle Ages was replaced by a far more repressive spirit, not only among the elites but also at lower levels of society"[35]. Die Partizipation aller Gesellschaftsschichten an den neuen moralischen Verhaltensmaßregeln war die Voraussetzung für die Bereitschaft der Bevölkerung, Auffälligkeiten in diesem Bereich zu beobachten und die Betreffenden auszugrenzen. Diese Stigmatisierungsformen orientierten sich dabei nicht in erster Linie an der persönlichen Angst vor Hexen,[36] sondern vielmehr daran, daß jemand die sozialen Schranken der Gesellschaft mißachtete und deshalb aus der Solidargemeinschaft ausgeschlossen wurde. Besonders Frauen reagierten auf eine solche Weise und förderten durch diese ihre "spezifische Form der Aggression"[37] die Ausbreitung eines Gerüchts erheblich.

Eine Täter-Opfer-Beziehung, die sich in diesem Sinne interpretieren ließe, steht hinter der Anklage gegen Clara Voß. Sie verletzte die Normen, deren Einhaltung von ihr als alleinstehender Frau mittleren Alters erwartet wurde, in ganz eklatanter Weise dadurch, daß sie mehrfach mit wechselndem Erfolg versuchte, junge Männer zu verführen; mit einer anderen Frau hatte sie sich sogar schon einmal um einen Mann geschlagen. Bezeichnenderweise war es eine Frau, die Mutter des 22jährigen und damit längst mündigen Gerd Schomacher, die Clara Voß' Verhalten vor den Rat brachte; ihre Betonung lag dabei eindeutig auf dem Sexualdelikt, das sie mit dem Verdacht der Zauberei zusätzlich ausschmückte. Frau Schomacher war auch die treibende Kraft der Anklage; ihr Sohn sagte kaum zur Sache aus und bemühte sich lediglich, einen etwaigen Verdacht von sich selbst abzuwenden, indem er betonte, er sei von Clara Voß zum Geschlechtsverkehr genötigt(!) worden.

Einen Umkehrfall, der sich aber ebenso auf dieser Ebene abspielte, stellt die Denunziation Adelheid Cappenbergs durch Herman Grote dar. Hier war es der Zeuge, der die Frau mit ungebührlichen Wünschen belästigte: Während eines gemeinsamen Ganges nach Albersloh hatte Grote "sie nötigen und in ein graben schieben wollen, mit ihr Unzucht zu pflegen, Als aber sie mit dem fieber behafft und kranck gwesen, Also begehrt, Er solte sie pleiben lassen und ihr solchs wegen ihrer kranckheit nit anmuten"[38]. Grote unterließ es zwar, ihr damals zu nahe zu treten, verarbeitete seinen Unmut dann aber wohl in einem Zaubereiverdacht.

Einen absoluten Sonderfall innerhalb der Motivationsstrukturen stellen die beiden kindlichen Denunzianten dar.[39] Kinder beschrieben als einzige in den Münsteraner Prozessen detailliert den Teufelspakt und vor allem den Hexensabbat. Sie taten dies in Unkenntnis der Tatsache, daß sie sich damit selbst belasteten, hatten bei der Praxis der hiesigen Richter allerdings auch keine einschneidenden Maßnahmen zu befürchten. Die Rücksichtslosigkeit, mit der die beiden ungefähr achtjährigen Jungen ihre Opfer belasteten, ist beeindruckend, steht aber keinesfalls als Besonderheit da, da in Hexenprozessen kindliche Denunzianten keine Seltenheit waren.

Kinder waren durch farbige Schilderungen eines Hexensabbats sicher eher zu beeindrucken als ein Erwachsener, der zwar abergläubisch sein mag, aber dennoch über die kritische Distanz der aus seiner Lebenswelt resultierenden Erfahrung verfügt. Phantasie allein reicht aber nicht aus, um das Verhalten eines Arnold Ramers zu erklären, dessen Schilderungen kaum nennenswerte Widersprüche enthielten und der selbst unter dem extremen psychischen Streß der angedrohten Folter um nichts von seiner Darstellung abwich. Das stimmigste Modell zur Erklärung eines derartigen Phänomens bietet meines Erachtens Julio Caro Baroja an. Er führt den medizinisch entlehnten Begriff des "Mythomanen" an, dessen Kennzeichen eine pathologische Neigung zur Lüge und zur Schöpfung imaginärer Fabeln seien. "Obgleich der Mythomane absichtlich lügt, glaubt er schließlich an das, was er gesagt hat, und diese Art von Lügnern findet man am häufigsten unter Kindern und Geistesschwachen"[40]. Nun, geistesschwach war Arnold Ramers sicherlich nicht; die Richtherren bezeichneten ihn im Gegenteil ausdrücklich als "verstendiglich" und gaben ihrer Verwunderung Ausdruck, daß er in seinem Alter in der Lage sei, solche Ereignisse zu schildern.[41] Eine Neigung zur Unwahrheit ist jedoch im Falle Ernst Palserkamps nachzuweisen. Ihm attestierte seine Großmutter im Verhör, "der Junge liege viel, werde auch viel dazu gereitzet"[42]. Es besteht kein Anlaß, ihrer Aussage nicht zu glauben.

Arnold Ramers war bekanntlich krank; er litt an Lähmungserscheinungen und konnte seit einiger Zeit nicht mehr laufen. Möglicherweise schuf sich seine emotionale Belastung durch die Behinderung und sein Geltungsdrang in der Beschuldigung gegen Anna Holthaus ein Ventil. Nichts spricht gegen die Wahrscheinlichkeit einer psychopathologischen Begründung von Entlastungsstrategien. Auf seine Krankhaftigkeit deutet ein weiteres Merkmal des Mythomanen hin: "In den Aussagen der Jungen und Mädchen, die in Hexenprozessen gesammelt wurden, fehlt es nie, oder fast nie, an Zeichen der zügellosesten Obszönität"; auch das trifft auf den Achtjährigen, dessen Buhlin seinen Schilderungen nach mit einem Schweinekopf zwischen seinen Beinen lag und Unzucht mit ihm trieb, sicherlich zu.

Selbstverständlich kommt als ursächliches Moment für die Triebkraft hinter Zaubereibeschuldigungen auch Angst in Frage;

Angst in einem solchen Ausmaß, daß sie Krankheiten verursachen konnte, die dann auf zauberische Einwirkung zurückgeführt wurden. Der Schwager Evert Heggemanns, der nach Bekanntwerden dessen familiärer Vorbelastung nicht mehr mit seiner Frau Catharina Heggemann zusammenleben wollte und bald danach erkrankte, ist ein gutes Beispiel für eine solche psychisch bedingte Angstneurose. Die Angstzustände mancher Zeugen schienen zudem proportional zum Fortbestand des Zaubereiverdachts zu wachsen. Julio Caro Baroja spricht in diesem Zusammenhang von einem "Mechanismus der Ansteckung"[43], der vor allem die Zeugen eines Hexenprozesses erfaßte.

Aber nicht nur die Angst, auch der Verdacht mehrte sich, bis alles, was im Umfeld der Verdächtigen geschah und den Anschein des Übernatürlichen erweckte, umgedeutet wurde. Die Zeugin Klute, die im Prozeß gegen Gertrud Bruns ihre Übelkeit zunächst auf ihre Schwangerschaft, nach Bekanntwerden des Verdachts gegen Frau Bruns jedoch auf Zauberei zurückführte, bestätigt diese Tendenz ausdrücklich. Die Zeugen, die sich als Nachbarn oder Bekannte der suspekten Person fast alle untereinander kannten, tauschten die Verdachtsmomente im Gespräch miteinander aus und bestätigten sich gegenseitig ihre Vermutungen. Hierdurch entstand schon im Vorfeld eines Prozesses ein festgefügtes Meinungsbild, so daß in den späteren Verhören dann tatsächlich fast nur Belastungsmaterial zutage trat. Für die Verdächtigen war ein Entrinnen aus dem Mechanismus der öffentlichen Meinungsbildung selten möglich, denn nach Entstehen des Verdachts diente jede auch noch so geringe Verhaltensauffälligkeit dazu, diesen noch zu bestärken. Es genügte bereits, sich nach dem Befinden von als zaubereigeschädigt Angesehenen zu erkundigen, um den Verdacht gegen die eigene Person zu mehren. Insofern stellte die Einleitung eines Prozesses nur den Endpunkt einer bereits zuvor erfolgten Diskriminierung und gesellschaftlichen Ausgrenzung dar.

Ergebnisse

Münster wies ein klar definiertes Bild eines typischen Opfers einer Zauberei-Anklage auf; hinsichtlich der Motivationsstruktur der Kläger konnte jedoch kein einheitliches Bild gewonnen werden. Die besondere Funktionalität des Sündenbockes 'Hexe' wurde für eine Vielzahl von Interessen nutzbar gemacht. Neben eindeutig materiellen

Motiven waren dabei in Münster sowohl Konflikte im Bereich der gemeinschaftlich-nachbarlichen Hilfe für Bedürftige als auch Tendenzen einer Sozialdisziplinierung für die Einleitung eines Verfahrens verantwortlich. Zwischen Kläger und Beklagtem bestand in der Regel ein Reputationsgefälle hinsichtlich der gesellschaftlichen Einordnung, durch die eine Klage generell an Gewicht gewann.

Es sollte jedoch insgesamt nicht übersehen werden, daß bei dem Einzelcharakter des Münsteraner Prozeßaufkommens Ansätze zur Hinterfragung von Motivationsstrukturen keine allgemeine Gültigkeit besitzen können, sondern lediglich Tendenzen aufzeigen. Hinter ihnen wird allerdings das Vorhandensein eines Konfliktpotentials und die Bereitschaft, dieses auf dem Wege der Zaubereianklage auszutragen, deutlich.

"Die vier Hexen", Kupferstich von Albrecht Dürer, 1491.

Die besondere Notwendigkeit der Krisenbewältigung - Zaubereiprozesse, ihr Hintergrund und ihre theoretische Einordnung

Der in Münster aufgezeigte Befund erfordert weniger eine theoretische Aufarbeitung der Bedingungen, die Massenverfolgungen verursachen, sondern wirft vielmehr die Frage auf, warum sich das Hexenmuster und das Bedürfnis, Zaubereiverdächtige zu vernichten, hier *nicht* etablieren konnte. Die Hexe war der bevorzugte Sündenbock des 16. und 17. Jahrhunderts - warum nicht in Münster?

War der Hexenglaube auch generell kein bevorzugter Topos der damaligen städtischen Gesellschaft, so ließ sich doch eine Verschärfung der Situation für die Jahre zwischen 1627 und 1635 eindeutig belegen. Dieser Zeitraum zeichnete sich durch eine erhöhte Anzahl von Prozessen, eine verschärfte Vorgehensweise gegen die vermeintlichen Zauberer, Lynchjustiz einer aufgebrachten Bevölkerung und die generelle Tendenz zu aggressivem Verhalten aus, wie durch zahlreiche Beleidigungsklagen, die insbesondere auch den Bereich der Zauberei betrafen, nachgewiesen werden konnte. Offenbar erreichte die Unausgeglichenheit und Angst der Bevölkerung, die Muchembled als typisch für den frühneuzeitlichen Menschen ansah, auch in Münster in dieser Zeit ein Ausmaß, das sich Luft verschaffen mußte und verstärkt psychischer Entlastungsmomente bedurfte. Die Notwendigkeit, Sündenböcke für Unglück und Schicksalsschläge verantwortlich zu machen, setzt jedoch eine krisenhafte Grundstimmung voraus, die als bedrohend für die eigene Existenz empfunden wird.

Die besondere Krisenhaftigkeit des 17. Jahrhunderts, die sich in einer verstärkten Betroffenheit der Menschen von Krieg, Seuchen, Hunger und religiöser Verunsicherung ausdrückte, wird seit längerem in der Forschung diskutiert und auch als Hintergrund der Hexenverfolgungen interpretiert. Die Anwendbarkeit eines solchen ökonomisch-gesamtgesellschaftlichen Ansatzes auch für Münster soll nachfolgend deutlich gemacht werden.

Die Krise des 17. Jahrhunderts

Der Begriff der Krise ist schwer faßbar, weil Entwicklungen, die in ihrer 'Krisenhaftigkeit' auf einen möglichen Wendepunkt hinsteuern, zahlreich sind und daher einer Konkretisierung der inhaltlich damit erfaßten Komplexe bedürfen. Eine alles umfassende Theorie oder ein Modell *der* Krise des 17. Jahrhunderts kann also nicht entworfen werden.[1] Daß es Umbrucherscheinungen, Spannungen und Unruhen in der frühen Neuzeit gab, wird jedoch allgemein anerkannt. Um sich den Krisenbegriff für die Hexenforschung nutzbar machen zu können, müßte nach von Hehl im Vorfeld geklärt werden, "worin diese angebliche Krise bestand, wodurch sie sich von früheren (oder späteren) Krisen unterschied und welche ihrer spezifischen Merkmale die Hexenverfolgungen ausgelöst oder begünstigt haben".[2] Für eine derartige Herangehensweise bietet sich ein Verständnis von 'Krise' als langfristigem Zeitraum an, deren Erscheinungen großflächig zu beobachten sind.[3] Als krisenkonstitutive Elemente kommen gesellschaftliche und kulturelle Strukturelemente wie die Entwicklung von Bevölkerung, Wirtschaft, Innen- und Außenpolitik und Religion in Frage.

Diese einzelnen thematischen Aspekte standen bereits durchaus im Mittelpunkt intensiver Forschung. Verstärkte Aufmerksamkeit galt vor allem Pest, Hunger und Krieg als besonders einschneidenden Existenzbedrohungen; dabei ließ sich nachweisen, daß "unsere Vorfahren gerade im 17. und 18. Jahrhundert mehr Grund hatten, (...), den Herrn um Schonung vor den drei Geißeln zu bitten"[4], als dies zuvor oder danach der Fall war.

Mitteleuropa war seit Ende des 16. Jahrhunderts Schauplatz ständiger Kriege. An erster Stelle stehen hier die Verheerungen des Dreißigjährigen Krieges (1618-1648), der auch in Westfalen seine Spuren hinterließ; der norddeutsche Raum hatte schon vorher seit 1585 an den Auswirkungen des Spanisch-Niederländischen Krieges zu leiden.[5] Im Gefolge der Kriege traten oft Seuchen auf, die für die von den Kriegsfolgen hart getroffene Bevölkerung eine zusätzliche Bedrohung darstellten. Die gefürchtetste war die Pest, die seit dem Mittelalter immer wieder in verheerenden Ausmaßen durch ganz

Europa zog. Imhof weist einen Höhepunkt von Pestepidemien für den Zeitraum zwischen 1575 und 1650 nach.[6]

Der ergiebigste Ansatz im Hinblick auf die Verknüpfung mit dem Ausmaß der Hexenverfolgungen scheint jedoch in der Erforschung von Hungerkrisen zu liegen. Mit ihnen liegt ein Phänomen vor, dessen Erscheinungsformen in den Deliktbereich des vermuteten Schadenzaubers fallen. Für Kriege und Seuchen wurden die Hexen nicht verantwortlich gemacht, da ihre Fähigkeiten für derartig wichtige und einschneidende Ereignisse nicht ausreichten; ihre Kompetenzen erstreckten sich auf die Gesundheit von Mensch und Tier und - wenn auch nicht bevorzugt in Münster, so aber doch allgemein - auf die Schädigung von Feldfrüchten und Nahrungsmitteln: Sie griffen also die materiellen Existenzgrundlagen an. Zwar war die Frage, ob Hexen überhaupt dazu in der Lage waren, schlechtes Wetter zu machen und damit die Ernte zu verderben, nicht unumstritten, da schlechtes Wetter eigentlich als Strafgericht Gottes galt, eine plötzliche Häufung von Schlechtwetterperioden ließ jedoch Zweifel an dieser Erklärung aufkommen: "Alle, die im späten 16. Jahrundert daran glaubten, Hexen hätten mit ihrem Schadenzauber die schlechten Ernten, die Viehseuchen sowie sogar den Tod von Kindern und Erwachsenen verursacht, waren mit der orthodoxen Erklärung, die bei solchen Gelegenheiten auf den strafenden Gott verwies und zur Buße aufforderte, nicht mehr zufrieden"[7]; Es scheint, als sei die Zahl der Unzufriedenen nicht gerade gering gewesen.

Hungerkrisen aufgrund von Schlechtwetterperioden traten in Mitteleuropa seit Mitte des 16. Jahrhunderts mit zunehmender Tendenz auf. Die historische Klimaforschung belegte diesen Zeitraum, der durch ein Sinken der Durchschnittstemperaturen, zahlreiche kalte, nasse Sommer und extrem lange und kalte Winter gekennzeichnet war, mit der Bezeichnung "Kleine Eiszeit".[8]

Eine Schlechtwetterperiode muß zwar nicht zwingend von einer Hungersnot gefolgt sein, wenn eine vorausschauende Vorratspolitik betrieben wird oder die Möglichkeit besteht, den Getreidebedarf durch Einfuhren zu decken, diese Notlösung fiel aber aus, wenn mehrere schlechte Jahre aufeinander folgten oder die Mißernten sich auf große Regionen gleichzeitig erstreckten.

Von den Teuerungen, die dem Getreidemangel folgten, waren Angehörige sozialer Unterschichten am ehesten betroffen. Die Löhne der arbeitenden Bevölkerung stiegen zudem in keinster Weise mit der Erhöhung der Getreidepreise an: "Das bedeutete, daß die

Kaufkraft der breiten Massen der Bevölkerung vom Preisanstieg der Nahrungsmittel aufgesogen wurde".[9]

Menschen, die unter normalen Umständen für ihren Lebensunterhalt selbst aufkommen konnten - auch wenn sie sich häufig am Rande des Existenzminimums bewegten - gehörten nun zu den ersten, die dazu nicht mehr in der Lage waren. Privilegierte Schichten betraf der Hunger in weit weniger gravierendem Ausmaß. Den Hungersnöten folgten oft Krankheiten und Seuchen. Ein Zusammenhang zwischen Fehl- bzw. Mangelernährung und der generellen Widerstandskraft gegenüber Infektionen ist evident. Hunger erhöhte die Mortalitätsrate erheblich,[10] sowohl als direkte Folge eklatanter Unterernährung als auch durch langfristige Beeinträchtigungen der Gesundheit.

Ihren absoluten Höhepunkt erreichten die Teuerungen im norddeutschen Raum 1629/30; die Spitzen für das gesamte deutsche Reich lagen um 1625, 1630 und 1638.[11] Sie waren nicht nur auf Ernteausfälle, sondern auch auf den Dreißigjährigen Krieg zurückzuführen.

Eine weitere Zuspitzung der ökonomisch angespannten Situation sieht Robert Muchembled in einer Zunahme der Bevölkerung, der eine gleichbleibende Ernährungsqualität und -quantität gegenüberstand: "Es gab mehr Menschen, und sie lebten schlechter."[12] Die "demographische Überexpansion"[13] begann seit dem Ende des 15. Jahrhunderts und wurde zunächst durch eine adäquate ökonomische Entwicklung begleitet, die aber seit gut der Mitte des darauffolgenden Jahrhunderts stagnierte. Die daraus resultierenden sozialen Spannungen können als strukturelle Basis der Krisenerscheinungen durch Schlechtwetterperioden, Hungersnöte und Teuerungen angesehen werden.

Alle diese krisendeterminierenden Faktoren traten - und das ist wichtig - gleichzeitig auf. Sie beeinflußten das Denken der Zeitgenossen, die sich das plötzlich über sie hereinbrechende Strafgericht nicht erklären konnten, in entscheidender Weise. So wurde das Jahrhundert der Krise zum Jahrhundert der Angst, deren Bekämpfung das Leben Tausender von Menschen kostete.

Klimaveränderungen und daraus resultierende Verelendungsperioden konnten in jüngster Zeit bereits als auslösende Faktoren für Hexenverfolgungen festgestellt werden.[14] Für verheerende Pestepidemien gilt ähnliches.[15] In Münster, das bis auf einen Zeitraum von acht Jahren Zaubereiprozesse nur in Einzelfällen kannte, müßten, um einen derartigen Ansatz verifizieren zu können, innerhalb beziehungsweise kurz vor diesem Abschnitt einschneidende Existenzbedrohungen nachzuweisen sein. Wie stark mußten sich also die Münsteraner Bürgerinnen und Bürger zu Beginn des 17. Jahrhunderts von Krieg, Pest und Hunger bedroht fühlen?

Seit Ende des 16. Jahrhunderts befand sich Münster in direkter Nähe von Kriegsschauplätzen und wurde von den Auseinandersetzungen, die sich zunächst im Rahmen des Niederländischen Freiheitskrieges, dann des Dreißigjährigen Krieges abspielten, in Mitleidenschaft gezogen. Nachdem zunächst nur das südliche Münsterland betroffen war, begannen Ende des 16. Jahrhunderts spanische Truppen, den nördlichen Landesteil zu plündern und brandzuschatzen.[16] Zwar blieb Münster von einer Belagerung verschont, 1598 erlitten jedoch hiesige Kaufleute bei einem Überfall auf den Grevener Markt einen Schaden von 25.500 Talern.[17] Eine ähnliche Situation entstand während des Dreißigjährigen Krieges, der sich in Westfalen "nahtlos an den Spanisch-Niederländischen Krieg anschloß."[18] Münster wurde weder langfristig belagert noch erobert, erlitt allerdings erhebliche finanzielle Einbußen durch Kriegskontributionen an den Landesherren und Lösegelder an drohende Brandschatzer. In den Jahren 1627-29 betrug die alleinige Summe der Kriegslasten für Einquartierungen usw. nach Erhard Stolze 1.400.517 Taler.[19] Münsters Position als blühende Handelsstadt, zu der sie sich seit der Wiedertäufer-Zeit entwickelt hatte, wurde wohl durch solche Verluste geschwächt, doch nicht ernsthaft in Frage gestellt. Während des Krieges erlebte die Stadt sogar einen Bevölkerungszuwachs[20], der wahrscheinlich zum großen Teil aus Flüchtlingen der umliegenden Gegenden bestand.

Auch von der zweiten Geißel, der Pest, blieb Münster nicht verschont. Die verheerende Krankheit fand fast in jedem Jahr ihre Opfer innerhalb der Stadtmauern. Allerdings trat sie nur äußerst selten in epidemischem Ausmaß auf, und diese größeren Ausbrüche der Seuche sind auch alle im 16. Jahrhundert anzusiedeln.[21] So wütete sie beispielsweise in den Jahren 1566/67 sowie 1574/75.[22]

Ratsverordnete und andere wohlhabende Personen verließen dann in der Regel die Stadt, um sich vor einer Ansteckung zu schützen.

In der ersten Hälfte des 17. Jahrhunderts muß es wohl zu keinem größeren Ausbruch der Pest gekommen sein, da in der Literatur kaum etwas dazu vermerkt wird. Erhard nennt 1630 als Pestjahr;[23] Duhr erwähnt im Zusammenhang mit den Meriten des Jesuiten-Ordens bei der Pflege von Kranken die Jahre 1605 und 1625,[24] wobei die Seuche im letzteren Jahr drei Monate lang angedauert haben soll. Daß 1625 ein Pestjahr war, wird auch aus den Prozeßunterlagen gegen Clara Voß von 1627 deutlich: Mehrere der vernommenen Zeugen hatte sie zwei Jahre zuvor während der Krankheit gepflegt.

Während Kriege und die Pest nun zwar nicht spurlos, aber doch zumindest ohne katastrophale Auswirkungen zu hinterlassen, an Münster vorübergingen, so traf dies auf Mißernten und Hunger, die dritte Geißel, eindeutig nicht zu. Wie zahlreiche andere Städte und Regionen auch, erlebte die Stadt während des Berichtszeitraums mehrere kurz- und längerfristige Teuerungsphasen, von denen diejenige seit Beginn der zwanzigerer Jahre des 17. Jahrhunderts mit Sicherheit sowohl die längste als auch die intensivste war.

Kurzfristige Anstiege des Brot- und Getreidepreises verzeichneten bereits die Jahre 1573/74, 1580, 1587, 1590 sowie 1598/99.[25] Der Roggenpreis stieg in dieser Zeit von einem Minimalwert von fünf Schillingen pro Scheffel in den Jahren 1559-62 auf 14-18 Schillinge an; im Winter 1598 erreichte er sogar "wegen Mißwachs, Auch Hispanorum In diß Stifft Inlegerung"[26], wie der damalige Stadtsekretär Pagenstecher schrieb, einen kurzfristigen Höhepunkt von 20 Schillingen pro Scheffel. Diese Preisanstiege waren jedoch durch ihre klare zeitliche Begrenzung gekennzeichnet; nach kurzen Teuerungsphasen, die kaum länger als ein Jahr dauerten, sanken die Preise wieder auf ein Normalmaß ab.

Seit dem Winter 1621 änderte sich dieses Bild langfristig. In den davorliegenden drei Jahren befanden sich die Roggenpreise mit einem Betrag von durchschnittlich sieben Schillingen pro Scheffel noch auf Tiefstpunkten, die danach nie mehr erreicht wurden. Doch dann zogen die Preise an. Bereits im September 1621 ordnete die Ratsversammlung den Verkauf von 10-12 Molt Getreide "zu stutzung des kauffs" an, da "der Rogge fast unzeitig gesteigert werde."[27] Ein Jahr später ließ er "zu trost der Armen"[28] durch die Roggenherren Getreide verkaufen, um die Versorgung der Bedürftigen sicherzustellen.

1624/25 zogen die Preise noch einmal an; der Roggen kostete nun im Durchschnitt etwa 17 Schillinge, für Weizen verlangte man zwischen 16 und 22 Schillingen pro Scheffel. Die Situation in der Stadt spitzte sich als Folge der schwierigen Versorgungslage zu. Im August 1623 verbot der Rat den Bäckern und Bauern, Brot und Bier teurer zu verkaufen, als es ihnen durch die festgesetzte Rate vorgeschrieben war.[29] Kurz darauf nahm er sie erneut in die Pflicht, weil festgestellt worden war, "das die Armut übel broot bekommen"[30] hatte. Bereits im Frühjahr des Jahres war ein Gebot an die städtischen Kaufleute ergangen, vorrangig den Lebensmittelbedarf der städtischen Einwohner zu decken, weil "man nit wissen könte, weßen man sich der Zufuhr halben bey etlichen alterirten Benachbarten zu versehen, bevorab, da der Embslendischen Paß durch das Mansßfeldische kriegsvolck, desgleichen der Bremischer paß behemmet und schier gesperret."[31] Die Angespanntheit der städtischen Versorgungslage resultierte also aus der kriegsbedingten Abgeschnittenheit von den üblichen Handelswegen.

Das Jahr 1627 brachte eine kurzfristige Entspannung, da die Preise mit zehn beziehungsweise fünfzehn Schillingen auf ein erträgliches Normalmaß zurückfielen. Es handelte sich jedoch nur um die sprichwörtliche Ruhe vor dem Sturm: 1628 und 1629 verregnete die Ernte in zwei aufeinanderfolgenden Jahren;[32] der Getreidepreis stieg im Sommer 1629 auf die nie wieder erreichte Rekordmarke von 28 Schillingen pro Scheffel. Das Schillingsbrot, das normalerweise durchschnittlich $3^1/_2$ Pfund wog, in guten Zeiten aber auch schon ein Gewicht von $6^1/_2$ Pfund erreicht hatte, notierte jetzt auf einem absoluten Tiefststand von $1^1/_4$ Pfund. Der Rat erließ zu diesem Zeitpunkt strikte Ausfuhrverbote von Getreide aus der Stadt[33] und versuchte gleichzeitig, die Versorgung der armen Bevölkerung mit Brot sicherzustellen.[34] Als sich Ende 1630 ein leichtes Sinken der Preise und damit eine Verbesserung der Versorgungssituation abzeichnete, hatte das offenbar den Zustrom zahlreicher Auswärtiger zur Folge, die ihren Bedarf in der Stadt zu decken versuchten; erneut verbot der Rat die Ausfuhr von Getreide.

1630-33 gingen die Preise dann bis auf zehn Schillinge im Sommer 1632 zurück. 1633 wurde das Münsterland direkter Schauplatz kriegerischer Auseinandersetzungen, als Landgraf Wilhelm von Hessen im Winter des Jahres ins Stiftsgebiet einfiel und im August 1633 kurzfristig auch Münster belagerte.[35] Die Folge war ein erneutes Anziehen der Getreidepreise auf bis zu 26 Schillingen im Sommer 1635, "wegen ietzigen kriegswesens und unsicherheit der strasen also cessirender Zufuhr".[36] Zudem wurde seit 1632 auf das Getreide eine Multer- (Mahl-) Steuer erhoben, die den Landständen für kriegsbedingte Ausgaben zugute kommen sollten; diese betrug sechs Pfennige pro Scheffel Korn und wurde auf den Marktpreis des Getreides aufgeschlagen.

Seit 1636 gingen die Getreidepreise zurück. Sie erreichten zwar nicht die Tiefstände vor Beginn der Teuerungsphase, bewegten sich aber mit neun (1647) beziehungsweise achtzehn (1641) Schillingen in einem etrtäglichen Mittelmaß. Das Schillingsbrot nahm gleichfalls wieder an Gewicht zu.

Ein letztes Mal zogen die Preise während der Zeit des Westfälischen Friedenskongresses an, in der es allerdings generell zu Preiswucher kam[37]; danach gingen sie bis auf neun Schillinge (1654) zurück.

Mit diesem Resultat ergibt sich ein deutlicher zeitlicher Zusammenhang zwischen der Phase des verstärkten Prozeßaufkommens und derjenigen der Teuerung und Unterversorgung mit Getreide durch Mißernten und Kriegseinwirkungen. Die Phase begann 1627 nach fast sechsjähriger angespannter Versorgungssituation in einem Jahr des 'Luftholens', des einzigen Jahres, das sich während dieser Zeit durch moderate Getreidepreise auszeichnete. 1622 tobte zudem um Münster herum der Dreißigjährige Krieg, 1625 brach die Pest aus. Diese beiden Faktoren trugen zur Verschärfung der belastenden Situation sicherlich bedeutend bei.

Seit dem Sommer 1635 entspannte sich durch den sich abzeichnenden Rückgang der Getreidepreise die Notsituation der Bevölkerung. Zeitgleich mit der nachlassenden Bedrohung der Existenz endete auch die Prozeßserie: Greta Bünichmann wurde exakt drei Monate vor dem erstmaligen Wiederabsinken der Getreidepreise der Zauberei beschuldigt.

Die Einordnung des Befundes in den theoretischen Rahmen

Die Hauptperiode der Hexenverfolgung in Münster fiel mit einer Zeit existenzieller Bedrohungen zusammen, verursacht durch Teuerungen und mangelnde Sicherung der Subsistenzbasis. Die Teuerungen waren wiederum teilweise ursächlich bedingt durch die Einwirkungen des Dreißigjährigen Krieges, der als weiterer Krisenfaktor die Unsicherheit des täglichen Lebens erhöhte.

Es wurde bereits mehrfach darauf hingewiesen, daß in Münster nicht die Obrigkeit, sondern die Bevölkerung die treibende Kraft hinter den Zaubereiprozessen war. Die Kreise, die eine Krisenbewältigung durch den Sündenbock 'Hexe' betrieben, waren aber auch exakt diejenigen, die von den Auswirkungen einer Teuerung und eingeschränkten Versorgungsmöglichkeiten am ehesten betroffen waren. Arme und bedürftige Menschen fing die städtische Armenfürsorge auch in diesen Zeiten auf; es gab zahlreiche karitative Einrichtungen, die sich dieser Aufgabe widmeten, und auch zu den Zeiten der intensivsten Teuerung sorgte der Rat dafür, daß die Armen nicht völlig unversorgt blieben. Die materiellen Folgen für die vermögende Oberschicht hielten sich gleichfalls in Grenzen; diese war wohlhabend genug, um Teuerungen und kriegsbedingte Verluste auffangen zu können.

Für Menschen, denen es aber bereits vor Beginn der Krise wirtschaftlich nicht besonders gut ging, die sich von einem kleinen Gewerbe ernährten, einige Stück Vieh ihr eigen nannten und ihren Lebensunterhalt leidlich fristeten, bedeuteten Teuerungen eine wesentlich massivere Bedrohung ihrer Existenz. Kamen in der angespannten Versorgungssituation dann noch unerwartete Schicksalsschläge wie Krankheit und Tod von Mensch und Tier hinzu, wird die Notwendigkeit, das Elend an greifbaren Personen und erklärbaren Fakten festzumachen, noch am ehesten einsichtig.

Der Versuch, die Bedingungen von Hexenverfolgungen zu klären, kann jedoch nie monokausal angelegt sein. So können ökonomische Ursachen zwar im Falle Münsters für die Intensivierung der Verfolgung verantwortlich gemacht werden, sie klären aber nicht den hohen Anteil weiblicher Opfer. Daher gilt es generell, die gesamtgesellschaftlichen Rahmenbedingungen aufzuzeigen, unter denen die Verbreitung des Hexenglaubens möglich war.

Einleitend wurden bereits einige Interpretationsstränge, mit denen die Hexenforschung arbeitet, dargestellt. Weitere Verfolgungsmotive wie Bereicherung oder das Bestreben, zielgerichtet Hebammen zu vernichten, konnten im Verlauf der Arbeit für Münster falsifiziert werden. Es kann und soll an dieser Stelle nicht der Versuch gemacht werden, *die* Ursache für die Hexenverfolgungen herauszuarbeiten; dies ist schon deshalb nicht möglich, weil die regionalen Gegebenheiten zu unterschiedlich sind und weil sie, wie gesagt, nicht auf ein einziges Motiv zurückgeführt werden können. Ein Gesamtbild der Faktoren, die in Münster zu dem aufgezeigten Befund führten, ist aber anhand theoretischer Vorgaben möglich.

Dazu sei zunächst noch einmal auf den Einfluß der Gegenreformation und ihrer Protagonisten in Münster, der Jesuiten, verwiesen. Der Hexenglaube stand in Münster sicher nicht in der Tradition, Andersgläubige zu bekämpfen. Der Stadtrat verwahrte sich zudem nachhaltig gegen Zwangskatholisierungsbemühungen und verhielt sich lange religiös tolerant. In den Münsteraner Jesuiten sind ebenfalls keine fanatischen Hexenverfolger zu sehen, sonst hätte sich ein solcher Einfluß seit ihrer Ansiedlung 1588 eher bemerkbar machen müssen. Sie partizipierten jedoch am Hexenglauben ihrer Zeit und verbreiteten ihn, wie im Fall Ernst Palserkamp zu sehen war, auch in der Bevölkerung.

Eine ungleich wichtigere Rolle spielten die neuen Werte, für die der Orden stand und mit denen er sich im Einklang mit der städtischen Obrigkeit befand: "Nicht nur die Jesuiten propagierten die ethische Verpflichtung des Menschen zu einem tugendhaften Leben, zur Mäßigung in den sinnlichen Freuden des Lebens",[38] auch der Stadtrat bemühte sich durch eine entsprechende Politik, dergestalt auf die Bevölkerung einzuwirken. In diesem Sinne konnten Hexenprozesse durch die Wahl ihrer Opfer aus einem Kreis von Personen, der sich diesen Normen nicht fügte, als Mittel der Sozialdisziplinierung verstanden werden. Tendenzen in diese Richtung sind in Münster spürbar; insgesamt ist die Zahl der Opfer jedoch viel zu gering, um dahinter ein zielgerichtetes Handeln vermuten zu lassen. Auch in diesem Zusammenhang muß noch einmal darauf verwiesen werden, daß die Münsteraner Prozesse kein obrigkeitliches Machtinstrument waren, sondern von 'unten' ausgelöst wurden, was die Gültigkeit eines derartigen Ansatzes zusätzlich in Frage stellt.[39]

Gleiches gilt für eine im Grundprinzip ähnliche Idee, die sich auf den hohen Anteil verfolgter Frauen stützt und ihn als "Domestikation"[40] der selbstbewußten frühneuzeitlichen Weiblichkeit interpretiert. Einem Ausrottungsbedürfnis fanatischer Frauenhasser oder den Disziplinierungsversuchen von Anhängern eines neuzeitlichen Frauenideals hätte sich in Münster ein breites Betätigungsfeld geboten, insofern die Stadt zur Zeit der Hexenverfolgungen einen eklatanten Überschuß an Frauen aufwies, die zumeist gezwungen waren, von ihrer Hände Arbeit zu leben. Frauenhaß hat sicher bei der Hexenverfolgung eine Rolle gespielt; er spricht aus dem 'Hexenhammer' und anderen theoretischen Aufarbeitungen des Hexenthemas. Als letztlich ausschlaggebend kann aber wohl die allgegenwärtige Tendenz der männerdominierten frühneuzeitlichen Gesellschaft angesehen werden, Frauen zwar nicht zu hassen, sie aber abzuwerten, zu diskriminieren, sie als minderwertige Menschen zu behandeln. Solches Denken, ist es einmal Allgemeingut, ebnet idealerweise den Boden für unvorstellbare Mißbräuche von Recht und Humanität. Es machte die Frauen zur leichten Beute ihrer Häscher, denn sie waren angreifbar, ja oft schutz- und wehrlos, weil ohne einflußreiche Fürsprecher.

Die Münsteraner Opfer der Zaubereiprozesse waren in dieser Hinsicht gewissermaßen idealtypisch, denn es handelte sich um Frauen, die, bedingt durch ihre persönlichen Lebensverhältnisse und ihre gesellschaftliche Stellung, der drohenden Anklage kaum entgehen konnten. Keinesfalls kann davon die Rede sein, daß die Beschuldigten womöglich einen besonders selbstbewußten Frauentypus repräsentierten; nichts deutet auf etwaige Organisationsformen, zum Beispiel einen Frauenbund, hin. Ihre Aussagen vor Gericht, in denen sie über sich selbst und ihr tägliches Leben Zeugnis ablegen und damit auch viel über ihr eigenes Weltbild verraten, belegen eindeutig, wie eingebunden die Angeklagten in die Wertvorstellungen ihres gesellschaftlichen Umfeldes sind. Von einer Auflehnung gegen reglementierende und beschränkende Normen ist wenig zu spüren; die Frauen kennen und akzeptieren ihren Platz in der sozialen Ordnung. Sie wissen, wann sie die erlaubten Grenzen überschreiten, und werden sie dafür zur Rede gestellt, so zeigen sie ein deutliches Unrechtsbewußtsein.

Angehörige von Fruchtbarkeits- oder Satanskulten können unter den Münsteraner Angeklagten ebenfalls nicht vermutet werden. Generell krankt ein Erklärungsansatz, der verbreitete derartige Kulte zum - tatsächlich existenten - Ausgangspunkt der Hexenverfolgung nimmt, zudem daran, der Massenhaftigkeit des Phänomens nicht gerecht zu werden. Es soll in Einzelfällen zwar nicht ausgeschlossen werden, daß Frauen sich tatsächlich zu kultischen Vereinigungen zusammenfanden; in Münster hatte beispielsweise Anna zur Steinhorst zusammen mit einer anderen Frau 'gezaubert', allerdings in einer Dilettanz, die von einer bewußten Sektenpraxis weit entfernt ist. Der Versuch, Tausende von Opfern durch ihre Zugehörigkeit zu heidnischen Kulten zu begründen, läßt sich durch keinerlei Quellenbefund rechtfertigen.

Ein abschließendes Resümee für Münster: Zauberei war in den Mauern dieser Stadt ein nur recht selten zur Verhandlung gebrachtes Delikt. Sie kam nur in gelegentlichen Einzelfällen vor, nicht häufiger als andere Verbrechen auch. Die ins Auge springende und interpretationsbedürftige Phase der Intensivierung der Prozeßführung zwischen 1627 und 1635 kann wohl am wahrscheinlichsten mit dem fast zeitgleichen drohenden Kollaps der städtischen Nahrungsmittelversorgung erklärt werden, der einhergehend mit Hunger, Krankheit und Kriegsgefahr die Münsteraner Bürger und Bürgerinnen vor die offensichtliche Notwendigkeit stellt, Verantwortliche für Not und Elend zu suchen, die irrational und aggressiv verunsichernde Existenzbedrohung in konkrete Bahnen und Handlungen zu lenken, um so die - trügerische - Gewißheit zu erlangen, wirksame Gegenmaßnahmen getroffen zu haben. In diesem Hauptmotiv, das zusammentraf mit einer gesamtgesellschaftlichen Geringschätzung der Frau, mit religionspolitischen Auseinandersetzungen und mit einem Klima der Straffung moralischer Werte ist allem Anschein nach die Ursache für den spezifischen Münsteraner Befund, wie er sich in den 20er und 30er Jahren des 17. Jahrhunderts zeigte, zu suchen.

Schluß

Karl Oppenheim schrieb 1957 in seiner "Denkschrift zur Einweihung der Justizbauten in Münster":

> "Die Hexenprozesse hatten während der religiösen Verwirrung im Reformationszeitalter in Deutschland ihren Höhepunkt erreicht. Auch in Münster loderten fast ein Jahrhundert hindurch die Scheiterhaufen, auf denen die unglücklichen Opfer des Irrwahns verbrannt wurden."[1]

Abgesehen davon, daß er die Opfer der Hexenprozesse zu Recht als unglücklich bezeichnete, enthält seine Aussage nur wenig Zutreffendes. Er irrte sich sowohl im Hinblick auf den zeitlichen Höhepunkt der Verfolgungen als auch auf seine Ursachen; am allerwenigsten ist es jedoch angebracht, Münster als Schauplatz kontinuierlich lodernder Scheiterhaufen zu bezeichnen. Eine Verurteilungsquote von sechs geständigen Zauberinnen während dieses Zeitraums rechtfertigt eine derartige Behauptung in keinster Weise und weist zudem deutlich auf eine Ausnahmestellung Münsters im Hinblick auf das Verfolgungsmaß und den Willen, Hexen zu verurteilen, hin.

Gleichwohl teilten Obrigkeit und Bevölkerung den Hexenglauben ihrer Zeit. Geriet eine Verdächtige erst einmal in das verhängnisvolle Gerücht der Zauberei, war es ihr fast unmöglich, dem Mechanismus öffentlicher Vorverurteilung wieder zu entkommen. Ebenso schwer war es, den Rat von seiner Unschuld zu überzeugen, weil dieser nach einer Festnahme auf der seiner Meinung nach zwingenden Grundlage von Indizien zunächst immer von der Schuld der Angeklagten ausging.

Wenn es trotzdem in Münster nicht zu Massenverfolgungen kam, so lag das daran, daß der Rat als Träger der Blutgerichtsbarkeit das zeitgenössische Hexenmuster der Zeit nur unvollkommen rezipierte und - als Folge - nicht an die Existenz eines ausgedehnten Hexenwesens in der Stadt glaubte. Das theologische Konstrukt der Teufelsbündnerin, die an orgiastischen Kultzeremonien teilnahm, wurde sowohl von der geistigen Elite wie auch von der Bevölkerung zugunsten der eher vertrauten, weil traditionell verankerten Vorstellung einer Schadenzauberin, die als Giftmischerin und Einzelperson zu Werke ging, abgelehnt. Münster blieb während der Zeit der großen Hexenjagden von wirklich einschneidenden Krisen verschont, so daß das weitgehende Ausbleiben existenzieller Bedrohungen dem Ausbruch kollektiver Angstzustände und damit der intensiven Suche nach Sündenböcken vorbeugte. Diesem eher zufälligen Umstand sowie der Tatsache, daß der Rat das Instrumentarium des Inquisitionsprozesses nicht mißbräuchlich, sondern im Rahmen der geltenden gesetzlichen Vorschriften handhabte, ist es zu verdanken, daß Münster an der tragischen Vernichtung Tausender von Menschenleben nur sehr geringen Anteil hatte.

Anmerkungen

Einleitung

1. Schormann, Gerhard, Hexenprozesse in Deutschland, Göttingen 1981, S. 5
2. Baroja, Julio Caro, Die Hexen und ihre Welt. Mit einer Einführung und einem ergänzenden Kapitel von Will-Erich Peuckert, Stuttgart 1967, S. 267
3. Hehl, Ulrich von, Hexenprozesse und Geschichtswissenschaft, in: Historisches Jahrbuch 107 (1987), S. 351
4. Einen guten Überblick bietet Monter, E. William, The Historiography of European Witchcraft: Progress and Prospects, in: The Journal of Interdisciplinary History II, 4 (1971/72), S. 435-451.17
5. Soldan, Wilhelm Gottlieb/Heppe, Heinrich, Geschichte der Hexenprozesse, neu bearbeitet und herausgegeben von Max Bauer, 2 Bde., München 1912 (ND Kettwig 1986)
6. Hansen, Joseph, Zauberwahn, Inquisition und Hexenprozeß im Mittelalter und die Entstehung der großen Hexenverfolgung, München 1900 (ND Aalen 1964); ders., Quellen und Untersuchungen zur Geschichte des Hexenwahns und der Hexenverfolgung im Mittelalter, Bonn 1901 (ND Hildesheim 1963)
7. Lea, Charles Henry, Materials Toward a History of Witchcraft, 3 Bde., New York/London 1957
8. Trevor Roper, Hugh Redwald, Der europäische Hexenwahn des 16. und 17. Jahrhunderts, in: Ders., Religion, Reformation und sozialer Umbruch, Frankfurt/M./Berlin/Wien 1970, S. 95-179 sowie Lehmann, Hartmut, Hexenverfolgungen und Hexenprozesse im Alten Reich zwischen Reformation und Aufklärung, in: Jahrbuch des Instituts für deutsche Geschichte, Bd. VII (1978), S. 13-70. In neueren Publikationen geht Lehmann allerdings zugunsten der 'Krisentheorie' von dieser Meinung ab.
9. Murray, Margaret Alice, The Witch-Cult in Western Europe. A Study in Anthropology, London 1921 (ND Oxford 1962); Summers, Montague, The History of Witchcraft and Demonology, London 1926 (ND 1965)
10. Honegger, Claudia (Hrsg.), Die Hexen der Neuzeit. Studien zur Sozialgeschichte eines kulturellen Deutungsmusters, Frankfurt/M. 1977, S. 9-11
11. Vgl. Wolf, Manfred, Das 17. Jahrhundert, in: Westfälische Geschichte, Bd. 1: Von den Anfängen bis zum Ende des Alten Reiches, hrsg. v. Wilhelm Kohl, Düsseldorf 1983, S. 570. Wolf nennt das Zahlenbeispiel als Beleg für die unzureichende Erklärungsrelevanz des Antifeminismus
12. Heinsohn, Gunnar/Steiger, Otto, Die Vernichtung der weisen Frauen. Hexenverfolgung. Menschenproduktion. Kinderwelten. Bevölkerungswissenschaft, Hemsbach über Weinheim 1985
13. Schwerhoff, Gerd, Rationalität im Wahn. Zum gelehrten Diskurs über die Hexen in der frühen Neuzeit, in: Saeculum 37 (1986), S. 79
14. Baeyer-Katte von, Wanda, Die historischen Hexenprozesse. Der verbürokratisierte Massenwahn, in: Massenwahn in Geschichte und Gegenwart, hrsg. v. Wilhelm Bitter, Stuttgart 1965, S. 220-231
15. Vgl. Ernst, Cecile, Teufelsaustreibungen. Die Praxis der katholischen Kirche im 16. und 17. Jahrhundert, Bern 1972, S. 123: "Die typische Hexe (...) war nicht wie die Besessene eine junge Hysterika, sondern eine ältere, am Rand der Gesellschaft in einer gewissen Spannung zu dieser dahinvegetierende Frau".

16. Vgl. Delumeau, Jean, Angst im Abendland. Die Geschichte kollektiver Ängste im Europa des 14. bis 18. Jahrhunderts, Bd. 2, Reinbek bei Hamburg 1985; Macfarlane, Alan, Witchcraft in Tudor and Stuart England. A Regional and Comparative Study, London 1970; Midelfort, H. C. Erik, Witch Hunting in Southwestern Germany 1562-1684. The Social and Intellectual Foundations, Stanford 1972; Muchembled, Robert, Kultur des Volks - Kultur der Eliten. Die Geschichte einer erfolgreichen Verdrängung, Stuttgart 1982; Thomas, Keith, Religion and the Decline of Magic, New York 1971
17. z. B. Niess, Walter, Hexenprozesse in der Grafschaft Büdingen. Protokolle. Ursachen. Hintergründe, Büdingen 1982; Decker, Rainer, Die Hexenverfolgungen im Hochstift Paderborn, in: Westfälische Zeitschrift 128 (1978) S. 315-356; ders., Die Hexenverfolgungen im Herzogtum Westfalen, in: Westfälische Zeitschrift 131/132 (1981/82) S. 339-386
18. Humborg, Ludwig, Die Hexenprozesse in der Stadt Münster. Ein Beitrag zur Kulturgeschichte Münsters, Münster 1914
19. Brüggemann, Hiltrud, Die Hexenprozesse in Münster, (unveröffentlichte Staatsexamensarbeit) Münster 1982
20. Hsia, Ronnie Po-chia, Gesellschaft und Religion in Münster 1535-1618, bearbeitet und herausgegeben von Franz-Josef Jakobi, Münster 1989 (Quellen und Forschungen zur Geschichte der Stadt Münster, Neue Folge, Bd. 13), S. 79
21. Humborg, L., Die Hexenprozesse..., Zitate S. 130 bzw. S. 66
22. S. 96
23. Erhard, Heinrich August, Geschichte Münsters, Münster 1837; Offenberg, H., Bilder und Skizzen aus Münsters Vergangenheit, Münster 1898; ders., Bilder und Skizzen aus Münsters Vergangenheit, Neue Folge, Münster 1902; Tibus, Adolf, Die Stadt Münster, Münster 1882
24. Münster 800-1800. 1000 Jahre Geschichte der Stadt, Ausstellungskatalog des Stadtmuseums Münster (21.9.1984-30.5.1985), Münster 1984
25. Das Gruetamt verwaltete ursprünglich die städtische Biersteuer. Das Amt war so ertragreich, daß es sich zur städtischen Schuldenverwaltung und Bank entwickelte. Vgl. Münster 800-1800, S. 166
26. Honegger, C., Die Hexen der Neuzeit, S. 31

Zur Geschichte und Verbreitung des Zauber- und Hexenglaubens

1. Vgl. Merzbacher, Friedrich, Die Hexenprozesse in Franken, München 1957, S. 59; Zenz, Emil, Die geschichtlichen und geistigen Hintergründe des Hexenwahns, in: Friedrich Spee im Licht der Wissenschaften. Beiträge und Untersuchungen, hrsg. v. Anton Arens, Mainz 1984, S. 135/36; Zwetsloot, Hugo, Friedrich Spee und die Hexenprozesse. Die Stellung und Bedeutung der Cautio Criminalis in der Geschichte der Hexenverfolgungen, Trier 1954, S. 40
2. His, Rudolf, Das Strafrecht des deutschen Mittelalters, Teil 2, Weimar 1935, S. 23/24
3. Götz, Roland, Der Dämonenpakt bei Augustinus. Sein Hintergrund in der spätantiken Dämonologie und seine Auswirkungen auf die "wissenschaftliche" Begründung des Hexenglaubens im Mittelalter, in: Teufelsglaube und Hexenprozesse, hrsg. v. Georg Schwaiger, München 1987, S. 75

4. Beyer, Cristel, 'Hexen-Leut, so zu Würzburg gerichtet'. Der Umgang mit Sprache und Wirklichkeit in Inquisitionsprozessen wegen Hexerei, (Diss.) Frankfurt/M. 1986, S. 32
5. Burchardi Wormaciensis Ecclesiae Episcopi Decretorum Libri XX, in: Migne PL 140, Sp. 831-854, Kap. "De incantatoribus et auguribus"
6. Merzbacher, F., Die Hexenprozesse..., S. 22
7. Behringer, Wolfgang, "Vom Unkraut unter dem Weizen". Die Stellung der Kirchen zum Hexenproblem, in: Hexenwelten. Magie und Imagination, hrsg. v. Richard van Dülmen, Frankfurt/M. 1987, S. 23 (Zitat); Delumeau, J., Angst im Abendland, Bd. 2, S. 513; Zwetsloot, H., Friedrich Spee..., S. 47
8. Vgl. Nesner, Hans-Jörg, "Hexenbulle" (1484) und "Hexenhammer" (1487), in: Teufelsglaube und Hexenprozesse, hrsg. v. Georg Schwaiger, München 1987, S. 85-102
9. Beyer, C., 'Hexen-Leut'..., S. 16; vgl. dazu auch Schormann, Gerhard, Städtische Gesellschaft und Hexenprozeß, in: Stadt im Wandel. Kunst und Kultur des Bürgertums in Norddeutschland 1150-1650, hrsg. v. Cord Meckseper, Bd. 4, Braunschweig 1985, S. 175. Insofern ist Manfred Becker-Huberti (Die tridentinische Reform im Bistum Münster unter Fürstbischof Christoph Bernhard von Galen 1650-1678, in: Westfalia Sacra. Quellen und Forschungen zur Kirchengeschichte Westfalens, Bd. 6, Münster 1978, S. 305) zu widersprechen, der 'Summis desiderantes' erst an den Höhepunkt einer bereits epidemischen Hexenverfolgung durch die profane Gesetzgebung stellt.
10. Sprenger, Jacob/Institoris, Heinrich, Der Hexenhammer, Zum ersten Mal ins Deutsche übertragen und eingeleitet von J. W. R. Schmidt, 3. Aufl., Berlin 1922
11. Hansen, J., Zauberwahn..., S. 474
12. Sprenger, J./Institoris, H., Der Hexenhammer, T. 1, Frage 1, S. 114; Helbing, Franz, Die Tortur. Geschichte der Folter im Kriminalverfahren aller Zeiten und Völker, völlig neu bearbeitet und ergänzt von Max Bauer, Berlin 1926 (2. Neudruck Aalen 1983), S. 152 (Zitat)
13. Vgl. Trevor-Roper, H.R., Der europäische Hexenwahn..., S. 120; Brackert, Helmut, "Unglückliche, was hast du gehofft?" Zu den Hexenbüchern des 15. bis 17. Jahrhunderts, in: Gabriele Becker/Silvia Bovenschen/Helmut Brackert et al., Aus der Zeit der Verzweiflung. Zur Genese und Aktualität des Hexenbildes, Frankfurt/M. 1977, S. 134-143
14. Merzbacher, Friedrich, Art. "Hexenprozesse", in: Handwörterbuch zur deutschen Rechtsgeschichte, hrsg. v. Adalbert Erler u. Ekkehard Kaufmann, Bd. II, Berlin 1978, Sp. 146
15. Zenz, E., Die geschichtlichen und geistigen Hintergründe..., S. 137/38; Helbing, F., Die Tortur..., S. 140
16. Merzbacher, F., Die Hexenprozesse..., S. 15/16; His, R., Das Strafrecht..., S. 24/25; Kunstmann, Hartmut H., Zauberwahn und Hexenprozeß in der Reichsstadt Nürnberg, (Diss.) Nürnberg 1970, S. 13
17. Schlösser, H., Art. "Inquisitionsprozeß", in: Handwörterbuch zur deutschen Rechtsgeschichte, hrsg. v. Adalbert Erler u. Ekkehard Kaufmann, Bd. II, Berlin 1978, Sp. 378-382
18. Behringer, Wolfgang, "Erhob sich das ganze Land zu ihrer Ausrottung...". Hexenprozesse und Hexenverfolgungen in Europa, In: Hexenwelten. Magie und Imagination, hrsg. v. Richard van Dülmen, Frankfurt/M. 1987, S. 133-135
19. Schormann, G., Hexenprozesse in Deutschland, S. 55
20. Behringer, W., "Erhob sich das ganze Land...", S. 142
21. Levack, Brian P., The Witch-Hunt in Early Modern Europe, London/New York 1987, S. 19

22. Heinsohn, G./Steiger, O., Die Vernichtung der weisen Frauen, S. 135-142
23. Döbler, Hannsferdinand, Hexenwahn. Die Geschichte einer Verfolgung, München 1977; vgl. Tabelle "Die Ausbreitung des Hexenwahns" (rückwärtiges Umschlagbild)
24. Kneubühler, Hans-Peter, Die Überwindung von Hexenwahn und Hexenprozess, (Diss.) Diessenhofen 1977, S. 1
25. S. 208-214 u. S. 217-232; Behringer, W., "Erhob sich das ganze Land...", S. 169
26. Lehmann, H. Hexenverfolgungen..., S. 55
27. Midelfort, H.C.E., Witch Hunting, S. 195/96
28. Lehmann, H., Hexenverfolgungen..., S. 65
29. Siebel, Friedrich Wilhelm, Die Hexenverfolgung in Köln, (Diss.) Bonn 1959, S. 49-52. Der Autor untersucht den Einfluß der umliegenden Territorien auf die kölnische Verfolgungspraxis und kommt zu dem Ergebnis, daß diese maßgeblich durch die Prozesse in den protestantischen Gebieten Norddeutschlands beeinflußt wurden.
30. Behringer, W., "Erhob sich das ganze Land...", S. 163; Decker, Rainer, Die Hexenverfolgungen im Herzogtum Westfalen, in: Hexen. Gerichtsbarkeit im kurkölnischen Sauerland, v. Alfred Bruns (Red.), Schmallenberg-Holthausen 1984, Karte S. 191
31. Schormann, G., Städtische Gesellschaft..., S. 178
32. Stebel, Heinz-Jürgen, Die Osnabrücker Hexenprozesse, (Diss.) Osnabrück 1969, S. 22/23 sowie Tabelle S. 134-37
33. Wilbertz, Gisela, Hexenprozesse und Zauberglaube im Hochstift Osnabrück, in: Osnabrücker Mitteilungen 84 (1978), S. 33-50
34. Dies., Die Hexenprozesse in Stadt und Hochstift Osnabrück, in: Hexenprozesse. Deutsche und skandinavische Beiträge, hrsg. v. Christian Degn, Hartmut Lehmann, Dagmar Unverhau, Neumünster 1983, S. 218
35. Schormann, Gerhard, Hexenprozesse in Nordwestdeutschland, Hildesheim 1977, S. 78-86
36. S. 86-92
37. Decker, R., Die Hexenverfolgungen im Hochstift Paderborn, S. 349/50; ders., Die Hexenprozesse im Herzogtum Westfalen und im Hochstift Paderborn, in: Hexenprozesse. Deutsche und skandinavische Beiträge, hrsg. v. Christian Degn, Hartmut Lehmann, Dagmar Unverhau, Neumünster 1983, S. 211
38. Ders., Die Hexenverfolgungen im Herzogtum Westfalen (1981/82), S. 374
39. Niehues, Bernhard, Zur Geschichte des Hexenglaubens und der Hexenprozesse vornehmlich im ehemaligen Fürstbisthum Münster, Münster 1875, S. 34/35
40. Vgl. Soldan, W. G./Heppe, H., Geschichte der Hexenprozesse, S. 58/59 sowie Gloger, Bruno/Zöllner, Walter, Teufelsglaube und Hexenwahn, Wien/Köln/Graz 1984, S. 134, die alle die Zunahme der Hexenprozesse im Stift Münster als Folge der Gegenreformation sehen.
41. Schormann, G., Hexenprozesse in Nordwestdeutschland, S. 97
42. Niehues, B., Zur Geschichte des Hexenglaubens..., S. 47

Zaubereiprozesse in der Stadt Münster

1. Humborg, L., Die Hexenprozesse..., S. 8
2. Offenberg, H. Bilder und Skizzen..., S. 3
3. A VIII, Nr. 277, Kämmereirechnung 1552, S. 67; der betreffende Posten - "uitgiffte deß gesindes kletunge" - führt Buch über die Kleidungszuschüsse, die die dauernd städtisch Bediensteten erhielten.

4. Schulte, Gottfried, Verfassungsgeschichte Münsters im Mittelalter (Quellen und Forschungen zur Geschichte der Stadt Münster, Bd. 1), Münster 1898, S. 36; Oppenheim, Karl, Das Gerichtswesen im Münsterland. Denkschrift zur Einweihung der Justizneubauten in Münster (Westfalen) am 21. Dezember 1957, Münster 1957, S. 67
5. Münster 800-1800, S. 52
6. Schulte, G., Die Verfassungsgeschichte..., S. 44-48
7. S. 91-96
8. Humborg, L., Die Hexenprozesse..., S. 5
9. Klümper, Theresia, Landesherr und Städte im Fürstbistum Münster unter Ernst und Ferdinand von Bayern (1585-1650), (Diss.) Emsdetten 1940, S. 35
10. Erhard, H. A., Geschichte Münsters, S. 385
11. Offenberg, H., Bilder und Skizzen..., S. 82-84
12. Klümper, T., Landesherr und Städte..., S. 40
13. Münster 800-1800, S. 158
14. Humborg, L., Die Hexenprozesse..., S. 9 sowie Offenberg, H., Bilder und Skizzen..., S. 126, erwähnen einen weiteren Prozeß aus dem Jahre 1574, in dem gegen eine Frau namens Trine Schwirkels verhandelt worden sein soll. Das Ratsprotokoll des Jahres enthält nichts zu diesem Fall; andere Quellen, die Aufschluß über den Prozeß geben könnten, lagen nicht vor.
15. Vgl. A VIII, Nr. 188, Bd. 5, S. 34b (undatiert)
16. Vgl. A VIII, Nr. 188, Bd. 7, S. 244b (undatiert); A II, Nr. 20, Bd. 9; Ratsprotokoll (im weiteren R. P. abgekürzt) vom 5.7.1574, S. 59b; R. P. vom 24.7.1574, S. 65a (Fälle Meyersche tho Bruninck u. Molnersche); R. P. vom 22.10.1574, S. 83b; R. P. vom 29.10.1574, S. 88b (Fall Krumfingersche)
17. A II, Nr. 20, Bd. 11; R. P. vom 5.8.1580, S. 99b; A II, Nr. 20, Bd. 12; R. P. vom 5.8.1580, S. 45b; A VIII, Nr. 188, Bd. 8, S. 181 (undatiert)
18. A II, Nr. 20, Bd. 15; R. P. vom 12.8.1583, S. 33b; R. P. vom 23.8.1583, S. 35a
19. A II, Nr. 20, Bd. 17; R. P. vom 15.2.1585, S. 6a; R. P. vom 18.2.1585, S. 7a; A II, Nr. 20, Bd. 17a; R. P. vom 11.2.1585, S. 7b; R. P. vom 15.2.1585, S. 10a; R. P. vom 18.2.1585, S. 13b
20. A II, Nr. 20, Bd. 19a; R. P. vom 24.3.1593, S. 126a; A II, Nr. 20, Bd. 25; R. P. vom 1.2.1593, S. 5b; R. P. vom 19.2.1593, S. 13a; R. P. vom 11.3.1593, S. 18b; R. P. vom 18.3.1593, S. 20b; R. P. vom 23.3.1593, S. 24a; A VIII, Nr. 188, Bd. 10, S. 85b (undatiert); B II, Kriminal-Register 1590-1607, S. 10b vom 18.3.1593
21. R. P. Chia erwähnt in seiner Studie einen weiteren angeblichen Prozeß wegen Zauberei, der im Jahre 1599 stattgefunden haben soll (S. 57/58, Anm. 106; unter Bezug auf A XIII, Nr. 47 sowie Offenberg, H., Bilder und Skizzen, I, S. 85). Gefangengenommen und vom Rat zum Tode verurteilt wurde damals der jesuitische Student Johan Kreyenfänger; allerdings nicht wegen "towerie", wie die Zauberei in den damaligen Ratsprotokollen genannt wurde, sondern eindeutig wegen "rowerie" (Raub). Hier liegt wohl ein Lesefehler vor.
22. A II, Nr. 20, Bd. 26; R. P. vom 14.2.1594, S. 11; R. P. vom 18.2.1594, S. 12b; R. P. vom 22.2.1594, S. 13a/B II, Acta Criminalia (im weiteren A. C. abgekürzt) Nr. 103, 7; S. 21 vom 12.2.1594; S. 21 vom 12.2.1594/B II, Kriminalregister 1590-1607; S. 12 vom 22.2.1594
23. Ob Anna Kirlahei dabei an den Folgen der erlittenen Folter starb, ist fraglich, da in den Gruetamtsrechnungen des Jahres (A VIII, Nr. 188, Bd. 10, S. 118b [undatiert]) bezüglich ihrer Person der Hinweis zu finden ist: "de sich solbst vom leben detde". Wahrscheinlich hat sie also Suizid verübt, was für die Ratsherren letztlich auf die gleiche Ursache hinauslief, denn sowohl für den Tod in der Folter wie auch für Selbsttötung wurde der 'Böse Feindt' verantwortlich gemacht.

24. A II, Nr. 20, Bd. 26; R. P. vom 28.3.1594, S. 24a
25. R. P. vom 1.4.1594, S. 26b
26. A II, Nr. 20, Bd. 26; R. P. vom 12.9.1594, S. 64a; R. P. vom 26.9.1594, S. 68a; R. P. vom 14.10.1594, S.72b; R. P. vom 15.12.1594, S.88a/B II, A. C. Nr. 99, S. 2a vom 15.7.1594; S. 27a/b vom 7.9.1594; S. 12a vom 15.9.1594; S. 35a vom 17.9.1594; S.15a vom 26.9.1594/B II, Kriminal-Register 1590-1607; S. 13 vom 14.10.1594
27. Die "Varen" (auch "Fahren") sind eine Form von Gicht, die im Körper wandert (Arthritis vaga). Nach der damaligen Volksanschauung wurde diese Krankheit durch übernatürliche Anhexung verursacht. "Zweifelhaft bleibt die Annahme, die Gicht sei als Dämon oder Krankheitstier im Leibe angesehen worden. Arthritis vaga soll noch im 17. Jahrhundert in Norddeutschland, dat varende 'lopende deer', in Westfalen 'de varen, de varende, de lopende varen' genannt worden sein." (Handwörterbuch des deutschen Aberglaubens, hrsg. v. Hanns Baechthold-Stäubli, Bd. III, Berlin/Leipzig 1930/31, Sp 836-839 [hier 836]. Auch Christian Schöttelhöver behandelte die 'Varen', die man sich als Würmer im Leib vorstellte. Der Glaube bestand in Münster also sehr wohl.
28. A II, Nr. 20, Bd. 33; R. P. vom 17.3.1601, S. 62; R. P. vom 22.5.1601, S. 422
29. A II, Nr. 20, Bd. 43; R. P. vom 22.8.1611, S. 163a-166a; R. P. vom 2.9.1611, S. 167b; R. P. vom 9.9.1611, S.171b/172a; R. P. vom 4.11.1611, S. 217b/218a; R. P. vom 5.11.1611, S. 218b/B II, Bd. IV, S. 26b-28b vom 27.8.1611; S. 29a vom 9.9.1611
30. Aus ihren Angaben geht hervor, daß die Klage zwischen 1594 und 1598 geführt worden sein muß, da sich in diesen Jahren die Amtszeiten der beiden von ihr genannten Richtherren Holthaus und Osnabrück überschneiden. Damit wäre sie seit mindestens dreizehn Jahren im Gerücht.
31. Bodin, Jean, De la démomanie des sorciers, Paris 1580. "Jean Bodin (1530-1596), einer der größten Juristen und Schöpfer des modernen Souveränitätsbegriffes, gab mit seinem schrecklichen Buch 'Daemonomania' (...), der Hexenjagd reichlich Nahrung und verteidigte mit großer Gelehrsamkeit den alten Zauberglauben. Keine Gelegenheit versäumte der als Humanist, Jurist und Okkultist gleich berühmte Franzose, um beispielsweise als Parlamentsadvokat seine Erfahrungen über diese aktuellen Fragen des Hexentums zu bereichern" (Merzbacher, F., Die Hexenprozesse..., S. 28).
32. Hövel, Ernst, Das Bürgerbuch der Stadt Münster 1538-1660 (Quellen und Forschungen zur Geschichte der Stadt Münster, Bd. 8), Münster 1936, S. 269 (Bürgereid) sowie 133 (Berufsangabe); Remling, Ludwig, Eine Ergänzung zu Ernst Hövels Bürgerbuch der Stadt Münster, in: Beiträge zur westfälischen Familienforschung 41 (1983), S. 155
33. A II, Nr. 20, Bd. 46; R. P. vom 11.1.1614, S. 5-7
34. B II, A. C. Nr. 144, S. 5/6 vom 17.3.1614. Die Tatsache, daß das Gruetamt für sämtliche Prozeßkosten aufkommt, beweist, daß diese Behauptung zutrifft und er durch das Gerücht wirtschaftlich schwer geschädigt worden ist (s. A VIII, Nr. 188, Bd. 13, S. 55a, 82b, 83b, 84b, 85a [undatiert])
35. B II, A. C. Nr. 144, S. 26a-27b vom 22.10.1615
36. S. 28a vom 20.11.1615
37. A II, Nr. 20, Bd. 47; R. P. vom 20.11.1615, S. 481/82
38. B II, Bd. IV, S. 84a-87a vom 27.11.1615
39. Die Bestätigung dieser Aussage liegt in Form eines Schreibens des Gografen Engelbert Langenhorst vom 16.1.1614 vor, worin dieser mitteilt, daß Evert Heggemann weder inner- noch außerhalb der Tortur von seinem Vater belastet wurde (B II, A. C. Nr. 144, S. 46/47 vom 16.1.1614).
40. A II, Nr. 20, Bd. 47; R. P. vom 2.12.1615, S. 499-502

41. Heggemanns erste Frau Stine Stertelbeck war offensichtlich in der Zwischenzeit verstorben; in zweiter Ehe war er nunmehr mit Christina Badde verheiratet.
42. B II, A. C. Nr. 144, S. 28b-30b vom 12.12.1615; S. 42a vom 11.1.1616; S. 31a vom 26.1.1616; B II, Bd. IV, S. 92b/93a vom 2.1.1616
43. A II, Nr. 20, Bd. 47; R. P. vom 14.12.1615, S. 515/16
44. B II, Bd. IV, S. 91b/92a vom 16.12.1615
45. A II, Nr. 20, Bd. 47; R. P. vom 18.12.1615, S. 524/25
46. R. P. vom 8.1.1616, S. 544
47. R. P. vom 11.1.1616, S. 546
48. R. P. vom 15.1.1616, S. 553
49. Humborg, L., Die Hexenprozesse..., S. 15
50. A II, Nr. 20, Bd. 48; R. P. vom 29.1.1616, S. 12/13
51. B II, Bd. IV, S. 45b bzw. 97a vom 30.1.1616
52. S. 97a-98a vom 3.2.1616
53. A II, Nr. 20, Bd. 48; R. P. vom 5.2.1616, S. 23/24
54. B II, A. C. Nr. 144, S. 56/57 vom 22.4.1616
55. A II, Nr. 20, Bd. 48; R. P. vom 29.10.1616, S. 429/30
56. R. P. vom 2.9.1616, S. 328/29
57. A II, Nr. 20, Bd. 48; R. P. vom 19.2.1616, S. 39; R. P. vom 4.3.1616, S. 68/B II, Bd. IV, S. 98b-101a vom 13.2.1616/B II, A. C. Nr. 27, S. 1a-2b vom 16.1.1616; S. 5a/b vom 18.1.1616; S. 7/8 vom 13.2.1616; S. 912 (undatiert)
58. A II, Nr. 20, Bd. 50; R. P. vom 16.11.1618, S. 461/62
59. R. P. vom 7.1.1619, S. 527/28
60. R. P. vom 11.1.1619, S. 533
61. B II, Bd. IV, S. 172b-173b vom 13.1.1619
62. A II, Nr. 20, Bd. 50; R. P. vom 14.1.1619, S. 542
63. B II, Bd. IV, S. 173b-174a vom 16.1.1619
64. S. 174b-175b vom 19.1.1619
65. A II, Nr. 20, Bd. 50; R. P. vom 19.1.1619, S. 548
66. B II, Bd. IV, S. 178b-181a vom 25.1.1619
67. B II, A. C. Nr. 87, S. 9a vom 28.1.1619; S. 7a vom 29.1.1619
68. B II, Bd. IV, S. 181b-182b vom 31.1.1619; S. 182b-183b vom 8.2.1619
69. A II, Nr. 20, Bd. 51; R. P. vom 15.2.1619, S. 37
70. B II, Bd. IV, S. 184a-185b vom 16.2.1619; S. 186a-187a vom 18.2.1616
71. A II, Nr. 20, Bd. 51; R. P. vom 1.3.1619, S. 78/79
72. B II, A. C. Nr. 87, S. 1a-2b vom 2.3.1619
73. A II, Nr. 20, Bd. 51; R. P. vom 2.3.1619, S. 82/83
74. A II, Nr. 20, Bd. 52; R. P. vom 11.9.1620, S. 406
75. A II, Nr. 20, Bd. 59; R. P. vom 23.7.1627, S. 168
76. B II, Bd. V, S. 215-220 vom 23.7.1627
77. Dies ist das erste Mal überhaupt, daß im Quellenmaterial das Wort "Hexe" benutzt wird!
78. B II, A. C. Nr. 205, S. 1a-3b vom 30.7.1627 (Frageartikel); B II, Bd. V, S. 223-226 vom 30.7.1627 (Antworten)
79. B II, Bd. V, S. 226-228 vom 30.7.1627
80. A II, Nr. 20, Bd. 59; R. P. vom 30.7.1627, S. 172/73
81. B II, Bd. V, S. 222 vom 23.7.1627 sowie S. 225 vom 30.7.1627; vgl. Antworten auf die Fragen 34 u. 35, in denen sie ihre Suizidabsichten zugibt.
82. S. 229-233 vom 2.8.1627
83. A II, Nr. 20, Bd. 59; R. P. vom 2.8.1627, S. 176
84. R. P. vom 6.8.1627, S. 181

85. A II, Nr. 20, Bd. 59; R. P. vom 20.9.1627, S. 218; R. P. vom 23.9.1627, S. 219-221/A VIII, Nr. 188, Bd. 15, S. 27 (undatiert)/B II, Bd. V, S. 235-237 vom 10.9.1627; S. 241-245 vom 17.9.1627; S. 253 vom 22.9.1627/B II, A. C. Nr. 158, 15, S. 57a/b vom 20.9.1627
86. B II, Bd. V, S. 245-248 vom 20.9.1627
87. A II, Nr. 20, Bd. 59; R. P. vom 24.9.1627, S. 223
88. B II, Bd. V, S. 254/55 vom 25.9.1627
89. S. 256-258 vom 27.9.1627.f
90. B II, A. C. Nr. 204, S. 6a vom 27.9.1627
91. A II, Nr. 20, Bd. 59; R. P. vom 27.9.1627, S. 223/24
92. B II, Bd. V, S. 258/59 vom 1.10.1627
93. S. 260 vom 1.10.1627
94. S. 261 vom 5.10.1627
95. S. 261-264 vom 5.10.1627
96. A II, Nr. 20, Bd. 59; R. P. vom 8.10.1627, S. 234/35
97. B II, Bd. V, S. 266-268 vom 9.10.1627
98. B II, A. C. Nr. 204, S. 3/4 vom 15.10.1627
99. S. 1/2 vom 15.10.1627; B II, Bd. V, S. 268/69 vom 18.10.1627
100. A II, Nr. 20, Bd. 59; R. P. vom 29.10.1627, S. 255
101. A VIII, Nr. 188, Bd. 15, S. 27b, 62a/b (undatiert)
102. A II, Nr. 20, Bd. 59; R. P. vom 8.11.1627, S. 260; R. P. vom 12.11.1627, S. 269; B II, Bd. V, S. 275-277 vom 12.11.1627; S. 277/78 vom 12.11.1627
103. B II, Bd. V, S. 324-330 vom 3.7.1629; A II, Nr. 20, Bd. 61; R. P. vom 3.7.1629, S. 93a; R. P. vom 18.7.1629, S. 106b/107b; R. P. vom 13.8.1629, S. 118a/b; R. P. vom 23.10.1629, S. 174b; A VIII, Nr. 188, Bd. 15, S. 109b/110a (undatiert). Wahrscheinlich war die Möglichkeit eines Schatzfundes für Einhaus der rettende Strohhalm, an den er sich mit aller Kraft klammerte. Wie Eintragungen des Ratsprotokolls belegen (A II, Nr. 20, Bd. 61; R. P. vom 8.6.1629, S. 78a/b; R. P. vom 21.6.1629, S. 85b), war er bei seinem Schwager Bernd Balcke mit 280 Reichstalern hoch verschuldet und konnte diese Summe nicht beibringen. Ihm drohte die Räumung und Versteigerung seines Hauses. Einhaus war deshalb so verzweifelt, daß er schon mehrere Suizidversuche unternommen hatte.
104. B II, Bd. V, S. 336 vom 14.7.1629; S. 337-340 vom 16.7.1629; S. 340-342 vom 18.7.1629; S. 350/51 vom 3.8.1629; A II, Nr. 20, Bd. 61; R. P. vom 3.8.1629, S. 115
105. B II, Bd. V, S. 340 (undatiert) sowie S. 343 vom 3.8.1629. Es fällt schwer, die Beurteilung der Jesuiten einzuordnen, da sie die Titel der Bücher unerwähnt lassen. Ihre Stellungnahmen wimmeln nur so von Prädikaten wie "superstituosus", z. T. sogar "superstitiosissimus", "scandalosus", "diabolicus", "magicus", "suspectus", "stolidus", "haereticus" usw. Als Autor eines der Bücher wird Albertus Magnus genannt. Während der Jesuit Albertus Hülso das Buch als nicht abergläubischen Inhalts befand, beurteilte Henricus Cratz es als sehr verderblich; er riet, es nicht in die Hände solcher kommen zu lassen, die in Liebe und Verlangen entbrannt seien. Otto Catenius empfahl, es Medizinern zur Zensur zu übergeben.
106. Der Name des Weihbischofs, der Schöttelhöver wegen seiner suspekten Tätigkeit des öfteren in die Schranken gewiesen hatte, wird nicht genannt. Es dürfte sich um Johan Nikolaus Claessens aus Köln gehandelt haben, der dieses Amt von 1623-1647 innehatte. Vgl. dazu Tibus, Adolf, Geschichtliche Nachrichten über die Weihbischöfe von Münster. Ein Beitrag zur Specialgeschichte des Bisthums Münster, Münster 1862, S. 167-178
107. B II, Bd. VI, S. 68a/b vom 27.4.1635; A II, Nr. 20, Bd. 67; R. P. vom 30.4.1635, S. 95a/b

108. B II, Bd. V, S. 291-294 vom 19.8.1628; S. 294/94 vom 25.8.1628; A II, Nr. 20, Bd. 60; R. P. vom 1.9.1628, S. 135b; A VIII, Nr. 188, Bd. 15, S. 66a (undatiert)
109. A II, Nr. 20, Bd. 75; R. P. vom 26.9.1644, S. 87a-88b.
110. A II, Nr. 20, Bd. 60; R. P. vom 6.12.1628, S. 180a/b; B II, Bd. V, S. 307-309 vom 11.12.1628
111. A II, Nr. 20, Bd. 59; R. P. vom 2.8.1627, S. 176.
112. Zum Datum der Festnahme s. A VIII, Nr. 188, Bd. 15, S. 110 (undatiert), wo die exakte Dauer der Haft vermerkt wurde; B II, Bd. V, S. 347-349 vom 3.8.1629; S. 349/50 vom 3.8.1629; S. 351 vom 11.8.1629
113. A II, Nr. 20, Bd. 61; R. P. vom 13.8.1629, S. 120a. Der "korb uffm waßer" meint die Wippe am Mauritz-Tor, in der Gartendiebe zur Strafe in einem Korb an einem Schwenkarm ins Wasser getaucht wurden. Vgl. dazu Münster 800-1800, S. 61
114. B II, Bd. V, S. 5b-7a vom 15.9.1631; A II, Nr. 20, Bd. 63; R. P. vom 15.9.1631, S. 250
115. B II, Bd. VI, S. 39a-41a vom 27.4.1634
116. Humborg, L., Die Hexenprozesse..., S. 53
117. B II, A. C. Nr. 65, S. 2a vom 5.7.1630
118. Lt. Humborg, L., Die Hexenprozesse..., S. 48, lag die 'Helle' am Kappenberger Damm; sie war das Gefängnis und die Richtstätte des Gogerichts Bakenfeld.
119. A II, Nr. 20, Bd. 62; R. P. vom 12.7.1630, S. 211
120. B II, Bd. V, S. 378-380 vom 13.7.1630
121. S. 381 vom 19.7.1630
122. B II, A. C. Nr. 65, S. 16/17 vom 21.7.1630
123. B II, Bd. V, S. 385-387 vom 22.7.1630
124. Der Kalkofen lag an den Kalkplätzen in der Nähe des Zwingers an der Stadtmauer. Vgl. dazu Humborg, Ludwig, Historischer Bummel durch Münsters Altstadt-Straßen, Münster 1973, Karte S. 6
125. B II, A. C. Nr. 65, S. 810 vom 2.8.1630; S. 6/7 vom 8.8.1630
126. A II, Nr. 20, Bd. 62; R. P. vom 12.8.1630, S. 269/70; B II, Bd. V, S. 390 vom 12.8.1630
127. Im Juli 1631 enthält das Ratsprotokoll (A II, Nr. 20, Bd. 63; R. P. vom 4.7.1631, S. 164) eine kurze Notiz, in der von einer "Marien Kalement de veneficio suspectam" die Rede ist. Da weitere Hinweise fehlen, aber auch nicht anzunehmen ist, daß der Prozeß in der dreifachen Berichterstattung durch Rats- und Kriminalprotokolle sowie Kriminalakten verloren gegangen ist, kann davon ausgegangen werden, daß es sich um ein Verfahren im Gogericht Senden handelt. Solche Prozesse sind hin und wieder in den Akten enthalten und stets sehr knapp dokumentiert.
128. A II, Nr. 20, Bd. 67; R. P. vom 24.5.1635, S. 115a
129. B II, Bd. VI, S. 73b/74a vom 25.5.1635
130. A II, Nr. 20, Bd. 67; R. P. vom 25.5.1635, S. 116a
131. R. P. vom 5.6.1635, S. 124. Die Zeugenaussagen, auf die sich der Rat berief, liegen nicht mehr vor.
132. B II, Bd. VI, S. 76a/b vom 8.6.1635
133. S. 77a/b vom 12.6.1635
134. S. 78a vom 15.6.1635
135. Der "Lappenbrink" lag im Stadtteil Überwasser in der Nähe des Frauen-Tores. Vgl. dazu Altekamp, Gerhard, Münster - Das Bild der alten Stadt, Münster 1980, Karte S. 103/Legende S. 104
136. A II, Nr. 20, Bd. 67; R. P. vom 15.6.1635, S. 132a
137. R. P. vom 18.6.1635, S. 134b/135a
138. B II, Bd. VI, S. 78b-79b vom 19.6.1635

139. Die Ehefrau des Scharfrichters hatte ihr also in allen Einzelheiten vorgegeben, was sie gestehen sollte. Daß dies nicht erlogen war, wird aus einem Detail während des freiwilligen Geständnisses am 12.6. deutlich. Greta Bünichmann wurde am Ende des Verhörs gefragt, wie sie zum Hexentanz gekommen sei; darauf antwortete sie - sie wußte offenbar nicht mehr, welche Antwort sie geben sollte -: "das were ihr saur worden, das sie da kommen". - "Gfragt, ob sie nit der Scharpfrichterschen gsagt, Sie hette uffm bock geritten? - Antw. Ja. - Ob das dan wahr? druff antwortet sie Ja." Es ist nicht zu vermuten, daß ihr die Henkersgattin diese Verhaltensmaßregeln gab, um ihr tatsächlich zu helfen. Als Ehefrau des Scharfrichters mußte sie ganz genau (und viel besser als die verängstigte Greta Bünichmann) wissen, was diese bei einem Geständnis der Zauberei erwartete. Wahrscheinlich hat sie sie bewußt arglistig getäuscht um den Gang der Justiz zu fördern.
140. A II, Nr. 20, Bd. 67; R. P. vom 23.6.1635, S. 136a/b
141. A VIII, Nr. 188, Bd. 16, S. 117a/b (undatiert)
142. B II, A. C. Nr. 186, S. 1a-2b vom 30.12.1643
143. S. 3b/4a vom 2.1.1643
144 Das Gebet, dessen Wortlaut Anna Holthaus später bestätigte, lautete wie folgt: "Ich verbiete dir Nachtmare, daß du mir nicht kommest, eher du alle gras speyr zehlest, eher du alle waßer schwimmest, und alle Eichbäume klimmest, Gott sei mit mir, Ich bin mit ihm von nun an bis in ewigkeit Amen".
145. B II, A. C. Nr. 186, S. 4b-5b vom 7.1.1644
146. S. 5b vom 9.1.1644
147. S. 6a/b vom 11.1.1644
148. S. 8a/b vom 16.1.1644
149. S. 10a-12a vom 22.1.1644; S. 13a-15b vom 23.1.1644
150. A II, Nr. 20, Bd. 75; R. P. vom 22.1.1644, S. 1a
151. B II, A. C. Nr. 186, S. 20a-21b vom 28.1.1644
152. Delrio, Martin, Disquisitionum Magicarum libri sex, Mainz 1603. Humborg, L., Die Hexenprozesse..., S. 60, behauptet, die Herkunft des Bescheids (B II, A. C. Nr. 186, S. 38a/b [undatiert]) sei nicht ersichtlich, da die Schrift völlig unbekannt sei und eine Namensbezeichnung fehle. Letzteres trifft zu; die Handschrift ist aber völlig zweifelsfrei die des Verfassers der vorgelegten Frageartikel vom 22. und 28.1.1644. Das Ratsprotokoll vom 22. Januar nennt als den Verfasser dieser Artikel den Stadtsyndikus. Dieser war Beamter der Stadt ohne Stimmrecht im Rat, wurde aber zu wichtigen Entscheidungen und Verhandlungen zugezogen. Syndikus des Jahres 1644 war Henrich Witfeld, der dieses Amt von 15951646 innehatte. Vgl. dazu Offenberg, H., Das Eid- und Huldigungsbuch der Stadt Münster (Quellen und Forschungen zur Geschichte der Stadt Münster, Bd. 1), Münster 1898, S. 278/79[1]
153. B II, A. C. Nr. 186, S. 23b-25a vom 29.1.1644
154. S. 29a-32a vom 12.2.1644
155. Humborg, L., Die Hexenprozesse..., S. 62, schreibt irrtümlich, Arnold Ramers sei aus der Stadt geflüchtet. Dieser hielt sich jedoch nachweislich später noch hier auf; außerdem dürfte die Bezeichnung "fuga filiae" sowohl in den zusammengefaßten Indizien wie auch im Ratsprotokoll keinerlei Zweifel an der tatsächlichen Identität des Flüchtlings zulassen.
156. A II, Nr. 20, Bd. 75; R. P. vom 12.2.1644, S. 7a
157. B II, Bd. VI, S. 154b vom 15.2.1644
158. B II, A. C. Nr. 186, S. 33a/b vom 3.3.1644
159. A II, Nr. 20, Bd. 75; R. P. vom 7.3.1644, S. 19b
160. R. P. vom 14.3.1644, S. 21b

161. Die Begründung ist absurd, dann hätte der Rat sich strikt an diese Meinung gehalten, so hätten ein Großteil der Münsteraner Bevölkerung, mit Sicherheit aber mehrere der vernommenen Zeugen bestraft werden müssen, die ja immerhin auch berichteten, die Dienste der Wahrsagerin in Anspruch genommen zu haben. Derartiges geschah jedoch nicht.
162. B II, A. C. Nr. 186, S. 36a-37b vom 6.5.1644
163. A II, Nr. 20, Bd. 75; R. P. vom 8.7.1644, S. 63a/b
164. Über die Umstände ihres Todes vgl. B II, A. C. Nr. 127, Protokoll vom 18.3.1644 (ohne Seitenangabe)
165. Anspruch auf Vollständigkeit kann und soll nicht erhoben werden. Das Auffinden der Beleidigungsklagen war lediglich ein Nebenprodukt bei der Sichtung der Ratsprotokolle. So werden hier auch nur diejenigen Beleidigungsklagen berücksichtigt, die vor diesem Forum behandelt und entschieden wurden. Die im Auftreten der Klagen immanente Tendenz wird auch deutlich, ohne Quellengruppen wie die Skabinal-Akten oder die Protokolle des Gogerichts heranzuziehen, in denen u. a. Zivil- und Beleidigungsklagen festgehalten sind.
166. A II, Nr. 20, Bd. 59; R. P. vom 8.5.1627, S. 106
167. A II, Nr. 20, Bd. 62; R. P. vom 5.7.1630, S. 199/200
168. A II, Nr. 20, Bd. 67; R. P. vom 13.6.1635, S. 129b; R. P. vom 14.6.1635, S. 130b/131a; R. P. vom 31.7.1635, S. 155a; R. P. vom 30.8.1635, S. 174b
169. A II, Nr. 20, Bd. 63; R. P. vom 28.3.1631, S. 70
170. A II, Nr. 20, Bd. 66; R. P. vom 25.4.1634, S. 55a/b; A II, Nr. 20, Bd. 67; R. P. vom 15.11.1635, S. 229b
171. A II, Nr. 20, Bd. 66; R. P. vom 14.6.1635, S. 130a/b u. 131a
172. A II, Nr. 20, Bd. 59; R. P. vom 9.3.1627, S. 45; A II, Nr. 20, Bd. 67; R. P. vom 30.8.1635, S. 174b
173. A II, Nr. 20, Bd. 48; R. P. vom 27.4.1616, S. 135/36; R. P. vom 29.4.1616, S. 137 u. 139; B II, Bd. IV, S. 102 vom 29.4.1616
174. A II, Nr. 20, Bd. 59; R. P. vom 22.10.1627, S. 244
175. Croissant, Werner, Die Berücksichtigung geburts- und berufsständischer und soziologischer Unterschiede im deutschen Hexenprozeß, (Jur. Diss.) Mainz 1953, S. 96-105
176. A II, Nr. 20, Bd. 63; R. P. vom 11.7.1631, S. 172; R. P. vom 4.8.1631, S. 197
177. B II, Bd. VI, S. 34a/b vom 13.3.1634
178. B II, Bd. V, S. 395 vom 21.10.1630
179. S. 335 vom 5.7.1629
180. S. 211 vom 3.7.1627
181. A II, Nr. 20, Bd. 48; R. P. vom 27.2.1616, S. 57/58
182. B II, A. C. Nr. 77 aus dem Jahre 1547 gegen Stina und Catharina Havixbeck
183. A II, Nr. 20, Bd. 62; R. P. vom 17.5.1630, S. 145
184. B II, Bd. V, S. XXII-XXIV vom 6.8.1627
185. Diese Banden von Straßenjungen, in den Protokollen oft die 'ungehaltene Jugend' genannt, waren offenbar ständig präsent, wenn es etwas Interessantes zu sehen oder zu hören gab; dies machte sie zu nicht zu unterschätzenden Informationsträgern. Darüber hinaus übten sie eine beträchtliche sozial-normative Funktion aus. Zu dieser Thematik s. Ettengruber, Helga, Charivari in Bayern. Das Miesbacher Haberfeldtreiben von 1893, in: Kultur der einfachen Leute. Bayrisches Volksleben vom 16. bis zum 19. Jahrhundert, hrsg. v. Richard von Dülmen, München 1983, S. 180-207 sowie Muchembled, R., Kultur des Volkes..., S. 40/41. Ettengruber beschreibt das Haberfeld-Treiben als "kollektiv praktizierten Vorgang, der auf die Sanktion von Einzelpersonen ausgerichtet war"; dies geschah "im Interesse der Aufrechterhaltung des spezifischen sozialen Gefüges" als

"institutionalisierendes Mittel der sozialen Kontrolle" (S. 180). Muchembled spricht von den Jugendlichen als strukturierter Gruppe innerhalb des Sozialnetzes, "die Racheaktionen gegen diejenigen, die der Gemeinde Schande gemacht hatten", durchführten.

186. Vgl. Münster 800-1800, S. 258/59

187. Vgl. Wolf, M., Das 17. Jahrhundert, S. 570; Geilen, Heinz Peter, Die Auswirkungen der Cautio Criminalis von Friedrich von Spee auf den Hexenprozeß in Deutschland, (Jur. Diss.) Bonn 1963, S. 61

Der prozessuale Verlauf der Zaubereiverfahren in Münster

1. Siebel, F. W., Die Hexenverfolgung..., S. 106/07
2. Conrad, Hermann, Deutsche Rechtsgeschichte, Bd. II: Neuzeit bis 1806, Karlsruhe 1966, S. 415
3. Schlosser, H., Art. "Inquisitionsprozeß", Sp. 379
4. Hehl, U. v., Hexenprozesse..., S. 356/57
5. Helbing, F., Die Tortur, S. 164
6. Lehmann, H., Hexenverfolgungen..., S. 21
7. Ritter, Joachim-Friedrich, Friedrich von Spee (1591-1635). Ein Edelmann, Mahner und Dichter, Trier 1977, S. 54
8. Helbing, F., Die Tortur, S. 180
9. S. 173
10. S. 176
11. Conrad, H., Deutsche Rechtsgeschichte, S. 414
12. Dülmen, Richard van, Theater des Schreckens. Gerichtspraxis und Strafrituale in der frühen Neuzeit, München 1985, S. 145
13. Conrad, H., Deutsche Rechtsgeschichte, S. 413; zur Form der Anklage im Akkusations- bzw. Inquisitionsprozeß sowie der Überschneidung beider im 'processus mixtus' s. Buchda, G., Art. "Anklage", in: Handwörterbuch der deutschen Rechtsgeschichte, hrsg. v. Adalbert Erler u. Ekkehard Kaufmann, Bd. 1, Berlin 1971, Sp. 173/74
14. Merzbacher, F., Art. "Hexenprozesse", Sp. 147
15. A II, Nr. 20, Bd. 59; R. P. vom 23.7.1627, S. 168 ("ex ore diversorum Ecclesiasticorum"); B II, Bd. V, S. 336 vom 14.7.1629 ("vermittels suggestion und berichts Geist= und weltlichen")
16. B II, A. C. Nr. 186, S. 3a vom 2.1.1644 ("Als Arndt Ramers (...) pro inquisitione über den von herrn Capucinen einbrachten Bericht...")
17. Siebel, F. W., Die Hexenverfolgung..., S. 113
18. Nachweisbar lediglich im Fall Heggemann zu Beginn der Ermittlungen im Oktober 1615 (B II, A. C. Nr. 144, S. 26a-27b vom 22.10.1615)
19. Zur Stellung und Tätigkeit der sechs städtischen Bottmeister vgl. Offenberg, H., Das Eid und Huldigungsbuch..., S. 282.
20. B II, Bd. IV, S. 88b vom 10.10.1615 ("Und hette er die unkosten geschewet")
21. Die Möglichkeit der 'Vererbbarkeit' von Zauberei war ein weit verbreitetes Element des Zauber- und Hexenglaubens; vgl. Muchembled, R., Kultur des Volks..., S. 240/41
22. B II, Bd. V, S. 308 vom 11.12.1628 ("Ob sie dieser tagen, als sie vom diener gesucht, sich nit occultirt? Antw. Sie hette sich nit verborgen, sondern were an Ires Bruders hause gewesen".)

23. B II, A. C. Nr. 186, S. 28a vom 4.2.1644 ("Sagt im Discurs, das Anna Holthus in den Jüngsten weihenachtlichen tagen ihr kindt, so von 2 1/2 Jaren, besucht, fragend, wie es dem Kind gienge?" Die Zeugin Anna Ortmann verdächtigte die Angeklagte, ihr Kind mit einem Apfel vergiftet zu haben.)
24. Humborg, L., Die Hexenprozesse..., S. 78
25. Schormann, G., Hexenprozesse in Deutschland, S. 45
26. Humborg, L., Die Hexenprozesse..., S. 80
27. Zu Position und Aufgabenbereich eines 'procurator fisci' vgl. Merzbacher, F., Die Hexenprozesse..., S. 100-102; Siebel, F. W., Die Hexenverfolgung..., S. 101/02
28. B II, Bd. V, S. 248 vom 20.9.1627 (Fall Brüggers); B II, A. C. Nr. 65, S. 16a vom 21.7.1630 (Fall Eggers)
29. A II, Nr. 20, Bd. 75; R. P. vom 12.2.1644, S. 7a
30. Merzbacher, F., Art. "Hexenprozesse", Sp. 147
31. Vgl. Schormann, G., Hexenprozesse in Nordwestdeutschland, S. 116/17, der die Existenz von vorformulierten Fragekatalogen im Mindener Raum nachweist. Ein besonders anschauliches Exemplar solcher Entwürfe ist auch der 'Kelheimer Hexenhammer' von 1487, der die insgesamt 97 Fragen sogar noch in zwölf thematische Punkte unterteilt. (Der Kelheimer Hexenhammer 1487. Facsimile-Ausgabe der Original-Handschrift aus dem Kelheimer Stadtarchiv, Grunwald [o. J., ca. 1979])
32. Gloger, B./Zöllner, W., Teufelsglaube..., S. 157
33. Zur Lage der Schreiberei hinter dem Rathaus vgl. Humborg, L., Historischer Bummel..., S. 27 (Karte)
34. Humborg, L., Die Hexenprozesse..., S. 80
35. Müller-Bergström, Art. "Gottesurteil", in: Handwörterbuch des deutschen Aberglaubens, hrsg. v. Hanns Baechtold-Stäubli, Bd. III, Berlin/Leipzig 1930/31, Sp. 997
36. Sp. 1014
37. Sp. 1029
38. Zwetsloot, H., Friedrich Spee..., S. 226
39. Stebel, H.-J., Die Osnabrücker Hexenprozesse, S. 87
40. Sprenger, J./Institoris, H., Der Hexenhammer, S. 109
41. Schormann, G., Hexenprozesse in Nordwestdeutschland, S. 119
42. Stebel, H.-J., Die Osnabrücker Hexenprozesse, S. 89: "Das Wasserbad war demnach im Rahmen der Osnabrücker Hexenprozesse die conditio sine qua non für den weiteren Fortgang des Verfahrens".
43. Wilbertz, G., Hexenprozesse und Zauberglaube..., S. 45
44. Mit seiner Argumentation folgt der Rat den Ansichten des 'Hexenhammer', ohne sich aber explizit auf ihn zu berufen. Möglicherweise stammt aus dieser Tradition die Einschätzung, wer sich zur Hexenprobe anböte, mache sich damit nur um so verdächtiger. Es bliebe allerdings die Frage, warum sich eine solche Meinung erst 124 Jahre nach Erscheinen des 'Malleus' in Münster durchsetzen konnte.
45. Merzbacher, F., Art. "Hexenprozesse", Sp. 148
46. Nesner, H.-J., "Hexenbulle"..., S. 95
47. Holzhauer, Heinz, Die Bedeutung von Friedrich Spees Kampf gegen die Hexenprozesse für die Strafrechtsentwicklung, in: Friedrich Spee im Licht der Wissenschaften. Beiträge und Untersuchungen, hrsg. v. Anton Arens, Mainz 1984, S. 155
48. Humborg, L., Die Hexenprozesse..., S. 82
49. Der Anwalt bezog sich auf den römischen Juristen Prosper Farinacius (1554-1618) und dessen Werk 'Decisiones criminales de indiciis et tortura' (1602) sowie auf die 'Practica causarum criminalium' des Hippolytus de Marsiliis (1529)

50. Art. 25 der CCC bestimmte unter anderem, unter den Belastungszeugen dürften keine Feinde oder 'leichtfertige Leute' sein, sondern nur 'unparteiische redliche leute'. Vgl. Helbing, F., Die Tortur, S. 167/68
51. Zwetsloot, H., Friedrich Spee..., S. 168
52. Soldan, W. G./Heppe, H., Geschichte der Hexenprozesse, Bd. 1, S. 279
53. Hehl, U. v., Hexenprozesse..., S. 357
54. Helbing, F., Die Tortur, S. 173
55. Zwetsloot, H., Friedrich Spee..., S. 173
56. A II, Nr. 20, Bd. 59; R. P. vom 30.7.1627, S. 172/73. Das Niederschlagen der Augen und die Wankelmütigkeit konnten als Indiz gewertet werden; Elsa Buddenboems ist jedoch die einzige Angeklagte, bei der es Anwendung fand.
57. Humborg, L., Die Hexenprozesse..., S. 89, widerspricht Offenberg, H., Bilder und Skizzen..., S. 12, der den Niesingturm als Ort angibt; seit dem 17. Jahrhundert seien die Torturen regelmäßig im Ludgeri-Tor durchgeführt worden. - Aus den Akten ergibt sich eindeutig, daß an beiden Orten gefoltert wurde! - Das Ludgeri-Tor lag an der gleichnamigen Straße, der Niesingturm in der Stadtmauer an der Klosterstraße. Vgl. Humborg, L., Historischer Bummel..., S. 31 (Karte)
58. Humborg, L., Die Hexenprozesse..., S. 89
59. Merzbacher, Friedrich, Folter, in: Justiz in alter Zeit, Bd. 4 der Schriftenreihe des mittelalterlichen Kriminalmuseums Rothenburg ob der Tauber, Rothenburg o. d. T. 1984, S. 242.
60. Döbler, H., Hexenwahn, S. 59/60
61. Zu entnehmen den jeweiligen Gruetamtsrechnungen. Der Tagessatz betrug in den frühen Prozessen vier, später fünf Schillinge pro Person
62. A II, Nr. 20, Bd. 62; R. P. vom 22.3.1630, S. 72. Scharfrichter gehörten, da sie durch ihre Tätigkeit reichhaltige Erfahrungen mit dem menschlichen Organismus sammeln konnten, zum anerkannten ärztlichen Personal einer Stadt. Vgl. Gördes, Elisabeth, Heilkundige in Münster i. W. im 16. und 17. Jahrhundert, Hildesheim 1917, S. 43-45
63. Schlosser, H., Art. "Inquisitionsprozeß", Sp. 380
64. Die Galgheide lag vor dem Aegidii-Tor, etwa vier Kilometer außerhalb der Stadt; vgl. Münster 800-1800, S. 179-181
65. A II, Nr. 20, Bd. 59; R. P. vom 7.8.1627, S. 184; die Formulierungen weichen von Fall zu Fall nur geringfügig ab.
66. Dülmen, R. v., Theater des Schreckens, S. 146
67. B II, Bd. V, S. 343 vom 20.7.1629
68. Ersichtlich aus einer Aussage Elsa Buddenboems (B II, Bd. V, S. 233 vom 2.8.1627)
69. Zur Lage des Prangers am Südende des Prinzipalmarktes vgl. Münster 800-1800, S. 179/80
70. A II, Nr. 20, Bd. 61; R. P. vom 18.7.1629, S. 107a (Fall Blising)
71. Stebel, H.-J., Die Osnabrücker Hexenprozesse, S. 126/27
72. Helbig, F., Die Tortur, S. 184 u. 186
73. Lehmann, H., Hexenverfolgungen..., S. 36
74. A II, Nr. 20, Bd. 51; R. P. vom 19.7.1619, S. 326

Die Elemente des Zauber- und Hexenglaubens in Münster und ihre Rezeption

1. Kieckhefer, Richard, European Witch Trials. Their Foundations in Popular and Learned Culture 1300-1500, London/Henley 1976, S. 78
2. Klaits, Joseph, Servants of Satan. The Age of the Witch Hunts, Bloomington 1985, S. 50
3. Jilg, Waltraud, "Hexe" und "Hexerei" als kultur- und religionsgeschichtliches Phänomen, in: Teufelsglaube und Hexenprozesse, hrsg. v. Georg Schwaiger, München 1987, S. 42
4. Vgl. Götz, R., Der Dämonenpakt..., S. 75
5. Zenz, E., Die geschichtlichen und geistigen Hintergründe..., S. 142
6. Materialien hierzu bei Lea, C. H., Materials..., Bd. 2, S. 199-201; Hansen, J., Zauberwahn..., S. 167-172
7. Leutenbauer, Siegfried, Hexerei- und Zauberdelikt in der Literatur von 1450-1550, Berlin 1972, S. 39
8. Weiser-Aall, L., Art. "Hexe", in: Handwörterbuch des Deutschen Aberglaubens, hrsg. v. Hanns Baechtold-Stäubli, Bd. 3, Berlin/Leipzig 1930/31, Sp. 1843; Hansen, J., Zauberwahn..., S. 168-170 u. 275f
9. Labouvie, Eva, Hexenspuk und Hexenabwehr. Volksmagie und volkstümlicher Hexenglaube, in: Hexenwelten. Magie und Imagination, hrsg. v. Richard van Dülmen, Frankfurt/M. 1987, S. 89
10. Hansen, J., Zauberwahn..., S. 179-187; Lea, C. H., Materials..., Bd. 1, S. 145-162
11. Zwetsloot, H., Friedrich Spee..., S. 26
12. Trevor-Roper, H. R., Der europäische Hexenwahn..., S. 100 (Kursivdruck nach dem Original)
13. Sprenger, J./Institoris, H., Der Hexenhammer, Bd. 1, S. 32-39
14. Weiser-Aall, L., Art. "Hexe", Sp. 1844; Heinemann, Evelyn, Hexen und Hexenglauben. Eine historisch-sozialpsychologische Studie über den europäischen Hexenwahn des 16. und 17. Jahrhunderts, Frankfurt/M./New York 1986, S. 128-131
15. Klaits, J., Servants of Satan, S. 51
16. Das damalige Verständnis von Abweichung und Norm der Sexualität dokumentiert umfassend das Buch 17 "De fornicatione" der "Decreti" des bereits zitierten Burchard von Worms (Migne PL 140, Sp. 919-934).
17. Bleibtreu-Ehrenberg, Gisela, Homosexualität. Die Geschichte eines Vorurteils, Frankfurt/M. 1978, S. 275/76
18. Hentig, Hans von, Soziologie der zoophilen Neigung, Stuttgart 1962, S. 27
19. Zwetsloot, H., Friedrich Spee..., S. 27
20. Dülmen, Richard van, Imaginationen des Teuflischen. Nächtliche Zusammenkünfte, Hexentänze, Teufelssabbate, in: Hexenwelten. Magie und Imagination, hrsg. v. Richard van Dülmen, Frankfurt/M. 1987, S. 96
21. Levack, B. P., The Witch-Hunt..., S. 37
22. Klaits, J., Servants of Satan, S. 53
23. Weiser-Aall, L., Art. "Hexen", Sp. 1846; Trevor-Roper, H. R., Der europäische Hexenwahn..., S. 99
24. Behringer, W., "Vom Unkraut unter dem Weizen", S. 18
25. Hansen, J., Zauberwahn..., S. 194
26. So fand der Tanz nach Aussage Greta Bünichmanns an der "Körder stegen am kreutzwege", im Fall Buddenboems "da man nach Roxel gehet, uffm kreutz wege" statt. Zur Bedeutung von Wegkreuzungen im Volksglauben und der

häufigen Verknüpfung des Motivs mit Spuk und Gespenstern vgl. Pollmann, Ursula, Die Wegkreuzung im Aberglauben, in: Westfälischer Heimatkalender 1961, S. 118-120

27. Die Lyrmauer lag nach Humborg (Die Hexenprozesse..., S. 19), an der Grünenstiege am Ende der Aegidiistraße. - Die Bezeichnung "Schild" steht allgemein für Kreuzungen von drei oder mehr Straßen; davon gab es in Münster wenigstens sechs (vgl. Müller, Egon, Verschwundene Straßennamen, Bd. 3, hrsg. v. Eduard Schulte, Münster 1927, S. 13-30 [Quellen und Forschungen zur Geschichte der Stadt Münster i.W.]). Der Bült existiert heute noch an der gleichen Stelle.
28. Beide referieren hier eine verbreitete Ansicht, nach der die Hexensabbate vorzugsweise an diesen beiden Wochentagen stattfanden; vgl. Hansen, J., Zauberwahn..., S. 509
29. Nach R. v. Dülmen (Imaginationen..., S. 113/14) übten aber nur 'schlechte' Frauen und Männer diesen Dienst aus, während die 'besseren' am Tisch sitzen und mittafeln durften.
30. Dieser Aspekt taucht in den Verhandlungen gegen Henrich Kaltermann auf, ohne daß ihm allerdings nachgegangen wurde.
31. Labouvie, E., Hexenspuk..., S. 77
32. Zwetsloot, H., Friedrich Spee..., S. 23
33. Dülmen, R. v., Imaginationen..., S. 98
34. Byloff, Fritz, Hexenglaube und Hexenverfolgung in den österreichischen Alpenländern, Berlin/Leipzig 1937, S. 7.
35. Dienst, Heide, Lebensbewältigung durch Magie. Alltägliche Zauberei in Innsbruck gegen Ende des 15. Jahrhunderts, in: Alltag im 16. Jahrhundert. Studien zu Lebensformen in mittelalterlichen Städten, hrsg. v. Alfred Kohler u. Heinrich Lutz, München 1987, S. 103
36. S. 98; Jilg, W., "Hexe"..., S. 45
37. Sprenger, J./Institoris, H., Der Hexenhammer, T. 2, S. 94-102
38. Weiser-Aall, L., Art. "Hexe", Sp. 1848
39. Jilg, W., "Hexe"..., S. 45
40. Leutenbauer, S., Hexerei- und Zauberdelikt..., S. 9/10
41. Jilg, W., "Hexe"..., S. 46
42. Güntert, Art. "Katze", in: Handwörterbuch des Deutschen Aberglaubens, hrsg. v. Hanns Baechtold-Stäubli, Bd. 4, Berlin/Leipzig 1931/32, Sp. 1118
43. Nachweisbar in den Fällen Buddenboems (in dem gleich mehrere Besessene die Frau beschuldigten), Cappenberg, Wesseling und Schloetmann.
44. Ernst, C., Teufelsaustreibungen, S. 16/17
45. Schmidt, Maria, Das Wohnungswesen der Stadt Münster im 17. Jahrhundert, Münster 1965, S. 62
46. Vgl. die Beleidigungsklagen Wibbeke vs. Bunge (B II, Bd. IV, S. 102a vom 29.4.1616) und Löbbersche vs. Döbbeler (A II, Nr. 20, Bd. 51; R. P. vom 14.5.1619, S. 206).
47. Lehmann, Hartmut, Hexenglaube und Hexenprozesse in Europa um 1600, in: Deutsche und skandinavische Beiträge, hrsg. v. Christian Degn, Hartmut Lehmann, Dagmar Unverhau, Neumünster 1983, S. 20
48. Schwerhoff, G., Rationalität im Wahn, S. 47
49. Schormann, G., Städtische Gesellschaft..., S. 176. Schormann lehnt eine Klassifizierung als 'Hexenprozeß' auf der alleinigen Grundlage des Teufelspakts gleichfalls ab.
50. Zur sprachlichen Entwicklung des Wortes 'Hexe' vgl. Weiser-Aall, L., Art. "Hexe", Sp. 1834-38

51. Hansen, J., Zauberwahn..., S. 535
52. Vgl. Rummel, Walter, Die "Ausrottung des abscheulichen Hexerey Lasters". Zur Bedeutung populärer Religiosität in einer dörflichen Hexenverfolgung des 17. Jahrhunderts, in: Volksreligiosität in der modernen Sozialgeschichte, hrsg. v. Wolfgang Schieder, Göttingen 1986, S. 51-72
53. Schröer, Alois, Die Reformation in Westfalen. Der Glaubenskampf einer Landschaft, Bd. 2: Die evangelische Bewegung in den geistlichen Landesherrschaften und den Bischofsstädten Westfalens bis zum Augsburger Religionsfrieden (1555), Münster 1983, S. 318
54. Niehues, B., Zur Geschichte des Hexenglaubens..., S. 34
55. Vgl. Behr, Hans-Joachim, Franz von Waldeck (um 1491-1553), in: Westfälische Lebensbilder, Bd. 14, Münster 1987, S. 38-62; Schröer, A., Die Reformation..., S. 137-176 u. 321-474
56. Duhr, Bernhard, Geschichte der Jesuiten in den Ländern deutscher Zunge, Bd. 1: Geschichte der Jesuiten in den Ländern deutscher Zunge im 16. Jahrhundert, Freiburg/Br. 1907, S. 144; Schröer, A., Die Reformation..., S. 176-197
57. Schröer, Alois, Die Kirche in Westfalen im Zeichen der Erneuerung (1555-1648), Bd. 1: Die katholische Reform in den geistlichen Landesherrschaften, Münster 1986, S. 260
58. Niehues, B., Zur Geschichte des Hexenglaubens..., S. 35
59. Vgl. Schwarz, Wilhelm Eberhard, Die Anfänge des münsterischen Fürstbischofs Johann von Hoya (1566-1568), Münster 1911, S. 5; Erhard, H. A., Geschichte Münsters, S. 393/94
60. Schröer, A., Die Kirche..., S. 283
61. Vgl. Schwarz, Wilhelm Eberhard, Die Akten der Visitation des Bistums Münster aus der Zeit Johanns von Hoya (1571-1573), (Geschichtsquellen des Bistums Münster, Bd. 7), Münster 1913, Kap. VIII: Die allgemeinen Ergebnisse der Visitation (S. CIV-CXVI)
62. Schröer, A., Die Kirche..., S. 313
63. Hüsing, Augustin, Der Kampf um die katholische Religion im Bisthum Münster nach Vertreibung der Wiedertäufer 1535-1585. Aktenstücke und Erläuterungen, Münster 1883, S. 234-236
64. Kohl, Wilhelm, Johann von Hoya (1529-1574), in: Westfälische Lebensbilder, Bd. 10, Münster 1970, S. 5
65. Vgl. Steinbicker, Clemens, Das Beamtentum in den geistlichen Fürstentümern Nordwestdeutschland im Zeitraum von 1430-1740, in: Beamtentum und Pfarrstand 1400-1800, hrsg. v. Günther Franz, Limburg/Lahn 1972, S. 121-148; Schmitz, Hans Georg, Die hochstift-münsterische Regierung von 1574-1803 (Zuständigkeit und Organisation), (Diss.) Münster 1964
66. Schröer, A., Die Kirche..., S. 344-347; Ridder, Bernhard, Die Kontroverse zwischen Petrus Michael Brillmacher S. J. und dem Junker Johann von Münster. Ein Beitrag zur westfälischen Reformationsgeschichte, (Diss.) Münster 1929, S. 12-15
67. Schröer, A., Die Kirche..., S. 350
68. Vgl. Heger, Adolf, Die Landespolitik Herzog Ernsts von Bayern als Administrator von Münster, (Diss.) Göttingen 1931; Keller, Ludwig, Die Gegenreformation in Westfalen und am Niederrhein. Aktenstücke und Erläuterungen, T. 2 (1585-1609), Leipzig 1887; ders., Die Gegenreformation in Westfalen und am Niederrhein. Aktenstücke und Erläuterungen, T. 3 (1609-1623), Leipzig 1895
69. Münster 800-1800, S. 160
70. Vgl. Klümper, T., Landesherr und Städte..., S. 30/31; Heger, A., Die Landespolitik..., S. 90-93; Keller, L., Die Gegenreformation..., T. 2, S. 287-299

71. Klümper, T., Landesherr und Städte..., S. 20
72. Kohl, Wilhelm, Die Durchsetzung der tridentinischen Reform im Domkapitel zu Münster, in: Reformatio Ecclesiae: Beiträge zu kirchlichen Reformbemühungen von der Alten Kirche bis zur Neuzeit. Festgabe für Erwin Iserloh, hrsg. v. Remigius Bäumer, Paderborn 1980, S. 743
73. Heger, A., Die Landespolitik..., S. 81
74. Siebel, F. W., Die Hexenverfolgung..., S. 45
75. Keller, L., Die Gegenreformation..., T. 3, S. 331-341
76. Schafmeister, Karl, Herzog Ferdinand von Bayern Erzbischof von Köln, als Fürstbischof von Münster (1612-1650), (Diss.) Haselünne 1912, S. 40-51; Wolf, M., Das 17. Jahrhundert, S. 544
77. Münster 800-1800, S. 246
78. Niehues, B., Zur Geschichte des Hexenglaubens..., S. 38
79. Vgl. Lehmann, H., Hexenverfolgungen..., S. 31-35; Trevor-Roper, H. R., Der europäische Hexenwahn..., S. 153-155; besonders auch Gloger, B./Zöllner, W., Teufelsglaube..., S. 134, die die Zunahme der Hexenprozesse im Fürstbistum Münster als augenfälliges Ergebnis der Gegenreformation 9bezeichnen.
80. Immenkötter, Herbert (Hrsg.), Die Protokolle des geistlichen Rates in Münster (1601-1612), Münster 1972, S. 5
81. Hsia, R., Gesellschaft und Religion..., S. 39-41; Tibus, A., Die Stadt Münster, S. 281-285
82. Schröer, A., Die Reformation..., S. 318/19
83. Keller, L.,Die Gegenreformation..., T. 2, S. 277
84. Hsia, R., Gesellschaft und Religion..., S. 61
85. Vgl. Schulze, Rudolf (Hrsg.), Das Gymnasium Paulinum in Münster (797-1947), Münster 1948; Duhr, B., Geschichte der Jesuiten..., Bd. 1, S. 144-149; Ridder, B., Die Kontroverse..., S. 28-35
86. Offenberg, H., Bilder und Skizzen..., N. F., S. 32-34
87. Schulze, R., Das Gymnasium Paulinum..., S. 46/47
88. Ritter, J.-F., Friedrich von Spee..., S. 67-79
89. Duhr, Bernhard S.J., Die Stellung der Jesuiten in den deutschen Hexenprozessen, Köln 1900, S. 75
90. Hsia, R., Gesellschaft und Religion..., S. 79. Hsia berichtet an gleicher Stelle (Anm. 75) über ein Ereignis, das sich im Jahre 1599 zutrug: Ein Jesuitenschüler soll den Erbmann Justinius Schenckinck verklagt haben, weil von diesem ein Zauberbann ausgehen. Hier irrt Hsia. Im zitierten Ratsprotokoll (A II, Nr. 20, Bd. 31, S. 10b vom 19.2.1599) steht der Färber Justinus Schmidtz vor dem Rat, dessen Sohn angeblich verzaubert sein soll. Die Richtherren fanden heraus, daß dem Färberssohn, der ein Schüler der Jesuiten war, ein "Geschicht", eine Vision, eine Art Gespenst, begegnet war, das ihn in die Hände und ins Bein gebissen habe. Der Vorfall wurde nicht weiter verfolgt.
91. Moßmaier, Eberhard, Beiträge zur Geschichte des ehemaligen Kapuzinerklosters in Münster (1615-1811), (Diss.) Paderborn 1937, S. 64-75
92. S. 84
93. Vgl. Lahrkamp, Helmut, Münsters wirtschaftliche Führungsschichten, in: Quellen und Forschungen zur Geschichte der Stadt Münster, N. F., Bd. 5, Münster 1970, S. 23-32; Münster 800-1800, S. 165-168
94. Hsia, Ronnie Po-chia, Die neue Form der Ratswahl in Münster 1554/55, in: Westfälische Zeitschrift 131/132 (1981/82), S. 197-204
95. Münster 800-1800, S. 195/96 (Schaubild)
96. Steinbicker, Clemens, Vom Geschlechterkreis der münsterischen Rats- und Bürgermeisterfamilie Timmerscheid, in: Westfälische Zeitschrift 111 (1961), S. 95-118

97. Hsia, R., Gesellschaft und Religion..., S. 100-103
98. Vgl. "Appendix One: A Prosopography of Magistrates in Münster 1536-1618", S. 207-264 der amerikanischen Originalausgabe (Hsia, R., Society and Religion in Münster, 1535-1618, New Haven/London 1984). Der Anhang wurde in der deutschen Übersetzung nicht abgedruckt.
99. Hsia gibt seine Amtszeit von 1620-39 (mit Ausnahme von 1636-38) an. Diese Angabe kann nicht zutreffen, da im Prozeß Bünichmann 1635 ausdrücklich Ditrich Kerckhoff und Heinrich Timmerscheid genannt werden (B II, Bd. VI, S. 75a vom 25.5.1635).
100. Diese Bruderschaft war nach Hsia (S. 108) die wichtigste der fünf von den Jesuiten bis zum Beginn des Dreißigjährigen Krieges gegründeten Bruderschaften; ihr gehörten außer den beiden genannten auch weitere Ratsmitglieder an.
101. Vgl. den Fall Holthaus, in dem sowohl die Durchführung der ersten wie auch der zweiten Tortur verschoben wurde.
102. Lehmann, Hartmut, Hexenprozesse in Norddeutschland und in Skandinavien im 16., 17., und 18. Jahrhundert. Bemerkungen zum Forschungsstand, in: Hexenprozesse. Deutsche und skandinavische Beiträge, hrsg. v. Christian Degn, Hartmut Lehmann, Dagmar Unverhau, Neumünster 1983, S. 9. Der Autor zeigt ein gleichartiges Phänomen für den norddeutschen und skandinavischen Raum auf.
103. Vgl. Delumeau, J., Angst im Abendland, Bd. 2, S. 563-571. Delumeau spricht (S. 566) unter anderem von der Angst der herrschenden Kultur: "Ihre Verantwortlichen waren stets davon überzeugt, daß die Hexerei immer bedrohlicher würde, die Zaubereien überhandnähmen und die Sekte der Helfershelfer des Teufels erschreckende Ausmaße erreicht hätte".
104. Lahrkamp, H., Münsters wirtschaftliche Führungsschichten..., S. 38
105. Ein interessanter Beleg für diese Vermutung findet sich bei Kunstmann, H., Zauberwahn..., S. 197. In Nürnberg verhielt sich der Rat ebenfalls sehr vorsichtig bei der Verfolgung der Hexen. Er begründete diese Haltung in einem Schreiben nach Ulm 1538: "Denen von Ulm widerschreiben, das meine herrn von dem trutten und teufelswerk nichts halten, auch wol dergleichen fall gehapt, aber bey irn gelerten und theologen und juristen allmal gefunden, das es kein grund hab, sondern ein lauter wahn sey, darumb hab mans anders nit gestraft, dan inen das land verpoten".
106. Die Carolina schrieb in Art. 219 die Inanspruchnahme solcher Expertengremien für den Fall von Rechtsunsicherheiten vor (Helbing, F., Die Tortur, S. 184).
107. Hsia, R., Gesellschaft und Religion..., S. 12
108. Vgl. Hövel, Ernst, Zur Bevölkerungsgeschichte Münsters im 16. und 17. Jahrhundert, in: Festgabe für Alois Fuchs, Paderborn 1950, S. 471-483; Lethmate, Franz, Die Bevölkerung Münsters i.W. in der zweiten Hälfte des 16. Jahrhunderts (Münstersche Beiträge zur Geschichtsforschung N. F. 29), Münster 1912, S. 4
109. Lethmate, F., Die Bevölkerung..., S. 46-49
110. S. 67
111. Heidemann, Hugo, Bevölkerungszahl und berufliche Gliederung Münsters i.W. am Ende des 17. Jahrhunderts (Münstersche Beiträge zur Geschichtsforschung N. F. 37), Münster 1917, S. 15-21
112. S. 47
113. Huyskens, Viktor, Arbeitslohn in Münster im 16. Jahrhundert, in: Zeitschrift für vaterländische Geschichte und Alterthumskunde 58 (1900), S. 234
114. Vgl. Schmitz, M., Das Wohnungswesen..., S. 62
115. Vgl. Hsia, R., Gesellschaft und Religion..., S. 196-205; Lethmate, F., Die Bevölkerung..., S. 55

116. Hövel, E., Das Bürgerbuch..., S. 57
117. S. 12-46
118. Trevor-Roper, H. R., Der europäische Hexenwahn..., S. 117
119. Schwerhoff, G., Rationalität im Wahn, S. 48
120. Vgl. Dülmen, Richard van, Volksfrömmigkeit und konfessionelles Christentum im 16. und 17. Jahrhundert, in: Volksreligiosität in der modernen Sozialgeschichte, hrsg. v. Wolfgang Schieder, Göttingen 1986, S. 14-30
121. S. 29; Kieckhefer, R., European Witch Trials, S. 47/48; Ernst, C., Teufelsaustreibungen..., S. 16
122. Vgl. Muchembled, R., Kultur des Volks..., S. 242-244
123. B II, Bd. V, S. 260 vom 1.10.1627 (Fall Clara Voß; die Angeklagte schlug zur Heilung des an einer Augenkrankheit leidenden Kindes Teckenborg vor, "zwei Augen von wächß machen" zu lassen).
124. Vgl. B II, A. C. Nr. 186, S. 30a vom 12.2.1644. Das verdächtige Gebet gegen die Nachtmare nahm in der Indizienzusammenstellung des Stadtsyndikus von fünfzehn Punkten die zweite Position ein. Anna Holthaus gab an, dieses Gebet von einer alten Frau erlernt zu haben, "dweil sie von der Nacht Mahr etliche malen geplaget gwesen, das sie sich nit bewegen können, bis sie im mund mit der Zungen ein kreutz gmacht, welchs wan sie gtan, were es vom bett abgefallen, wie eine katze" (S. 13b vom 23.1.1644).
125. Vgl. Schormann, G., Hexenprozesse in Nordwestdeutschland, S. 127
126. Vgl. Baeyer-Katte, W. v., Die historischen Hexenprozesse, S. 226. v. Baeyer-Katte behauptet, der volkstümliche Aberglaube sei Resultat der Massenprozesse gewesen. Diese einseitige Zuschreibung trifft in der Form sicherlich nicht zu.
127. Vgl. Schormann, G., Städtische Gesellschaft..., S. 180. Er nennt als Beleg Osnabrück, wo die Einmischungsversuche des Landesfürsten jedoch das Gegenteil, nämlich eine Steigerung der Hexenverfolgung, bewirkten. Vgl. dazu ebenfalls Trevor-Roper, H. R., Der europäische Hexenwahn..., S. 129; er nennt als Beispiel für eine Verhaltensweise analog der Münsters die Städte Metz, Venedig und Köln.
128. Vgl. Klaits, J., Servants of Satan..., S. 78

Angeklagte und Kläger - Der Zauberglauben in Münster und seine gesellschaftliche Einbettung

1. Midelfort, H. C. E., Witch Hunting..., S. 179
2. Vgl. Lethmate, F., Die Bevölkerung Münsters, S. 56/57 sowie Heidemann, H., Bevölkerungszahl..., S. 18f. Beide Autoren belegen die Normalität der Kinderarbeit in der damaligen Zeit. Spätestens mit elf oder zwölf Jahren verließen die Kinder den elterlichen Haushalt, um einen Beruf zu ergreifen.
3. Klaits, J., Servants of Satan, S. 70
4. Rauer, Brigitte, Hexenwahn - Frauenverfolgung zu Beginn der Neuzeit - Ein Beitrag zur Frauengeschichte im Unterricht, in: Frauen in der Geschichte, Bd. II, hrsg. v. Annette Kuhn und Jörn Rüsen, Düsseldorf 1982, S. 99
5. Vgl. Lehmann, H., Die Hexenverfolgungen..., S. 31, der dieses Merkmal ebenfalls als eindeutig prädestinativ bezeichnet.
6. B II, A. C. Nr. 103, 7, S. 20 vom 18.2.1594
7. B II, Bd. V, S. 216 vom 23.7.1627
8. B II, Bd. VI, S. 68a/b vom 27.4.1635
9. B II, Bd. V, S. 324/25 vom 3.7.1629
10. Muchembled, R., Kultur des Volks..., S. 28

11. Vgl. Midelfort, H. C. E., Witch Hunting..., S. 178-190; Muchembled, R., Kultur des Volks..., S. 240/41; Levack, B. P., The Witch Hunt..., S. 123-136; Kriedte, Peter, Die Hexen und ihre Ankläger. Zu den lokalen Vorraussetzungen der Hexenverfolgungen in der frühen Neuzeit. Ein Forschungsbericht., in: eitschrift für historische Forschung 14 (1987), S. 59/60
12. Thomas, Keith, Die Hexen und ihre soziale Umwelt, in: Honegger, Claudia (Hrsg.), Die Hexen der Neuzeit. Studien zur Sozialgeschichte eines kulturellen Deutungsmusters, Frankfurt/M. 1979, S. 288 (= Deutsche Übersetzung des Kap. 17 der engl. Originalausgabe)
13. Er wog allerdings den Gehalt der Aussagen untereinander ab. Den Leger Heinrich Wentrup, der im Rat von einer Krankheit und verstorbenen Schweinen berichtete und beide Ereignisse ursächlich mit E. Heggemann zusammenbrachte, ließ man seine Aussage beschwören; bei dem Grüter Hermann Heerde, der am gleichen Tag von bei Everts Anblick wildgewordenen Kühen erzählte, wurde darauf verzichtet, was sicherlich nicht auf die persönliche Reputation des letzteren zurückzuführen ist.
14. Beginen waren keine Angehörigen eines kirchlichen institutionalisierten Ordens. Sie fühlten sich an ein Leben in Armut, Keuschheit und Gehorsam gebunden, ohne sich jedoch diesen Idealen durch ein Gelübde lebenslang zu verpflichten, wie es bei Orden der Fall war. Wahrscheinlich waren sie deshalb für den Rat als Zeuginnen eher greifber als die regelrechte Geistlichkeit, über die ihm keine Gerichtsbarkeit zustand.
15. A II, Nr. 20, Bd. 50; R. P. vom 16.11.1618, S. 462
16. Russel, Jeffrey B., A History of Witchcraft. Sorcerers, Heretics and Pagans, London 1980, S. 109
17. Thomas, K., Die Hexen..., S. 287. Es sei darauf hingewiesen, daß die nachfolgenden Ausführungen sich auf einen für England idealtypischen Zustand beziehen. Sie können jedoch für Münster herangezogen werden, da der Befund sehr ähnlich ist.
18. S. 257-260
19. Muchembled, R., Kultur des Volks..., S. 33
20. Lehmann, Hartmut, Frömmigkeitsgeschichtliche Auswirkungen der 'Kleinen Eiszeit', in: Volksreligiosität in der modernen Sozialgeschichte, hrsg. v. Wolfgang Schieder, Göttingen 1986, S. 45
21. Kriedte, P., ie Hexen..., S. 67
22. Dies wird besonders deutlich in den Zeugenaussagen des Henrich Frerichmann (B II, A. C. Nr. 144, S. 26b/27a vom 22.10.1615): "dan es sei nit ohne, daß sein seliger bruder von der Zeit ab, daß die Zeitung kommen, Everts vatter were wegen Zäuberej gerichtet (: Inmassen solches in seins seins seligen Bruders gadem beiseins Everts und desselben beider schwesteren were referirt worden :) keinen gesunden tag ghapt, (...)"
23. Thomas, K., Die Hexen..., S. 277
24. B II, Bd. IV, S. 180a vom 25.1.1619
25. S. 181b vom 31.1.1619
26. S. 186a vom 18.2.1619
27. S. 172a vom 12.1.1619
28. Thomas, K., Die Hexen..., S. 288-295; Macfarlane, A., Witchcraft..., S. 168-177
29. Kriedte, P., Die Hexen..., S. 64
30. Macfarlane, A., Witchcraft..., S. 173/74
31. B II, Bd. IV, S. 175b vom 19.1.1619
32. S. 172b/173a vom 13.1.1619
33. S. 27b vom 27.8.1611
34. Vgl. Münster 800-1800, S. 162/63

35. Klaits, J., Servants of Satan, S. 79
36. Rummel, W., Die Ausrottung..., S. 69
37. Kriedte, P., Die Hexen..., S. 62/63; vgl. auch Hörger, Hermann, Kirche, Dorfreligion und bäuerliche Gesellschaft. Strukturanalyse zur gesellschaftsgebundenen Religiösität ländlicher Unterschichten des 17. bis 19. Jahrhunderts, aufgezeichnet am bayrischen Beispiel, Teil 1, München 1978, S. 177-185. Der Autor spricht in diesem Zusammenhang von der "Ausrottung 'asozialer' Elemente der Gesellschaft" (S. 179)
38. B II, Bd. V, S. 297 vom 1.9.1628
39. Zum Thema *Kinder als Denunzianten* vgl. Muchembled, R., Kultur des Volks..., S. 249; Russel, J. B., A History of Witchcraft, S. 110; Baeyer-Katte, W. v., Die historischen Hexenprozesse, S. 230; Baroja, J. C., Die Hexen..., S. 277
40. Baroja, J. C., Die Hexen..., S. 277
41. B II, A. C. Nr. 186, S. 36a vom 6.5.1644
42. B II, Bd. IV, S. 182b vom 31.1.1619
43. Baroja, J. C., Die Hexen..., S. 275

Die besondere Notwendigkeit der Krisenbewältigung - Zaubereiprozesse, ihr Hintergrund und ihre theoretische Einordnung

1. Koenigsberger, Helmut G., Die Krise des 17. Jahrhunderts, in: Zeitschrift für historische Forschung 9 (1982), S. 163
2. Hehl, U. v., Hexenprozesse..., S. 370
3. Lehmann, Hartmut, Das Zeitalter des Absolutismus. Gottesgnadentum und Kriegsnot (Reihe Christentum und Gesellschaft, Bd. 9), Stuttgart 1980, S. 108/9. Lehmann weist die Konzeption von 'Krise' als Wendepunkt im Sinne einer historischen Zäsur zugunsten einer langräumigeren Zeitvorstellung zurück.
4. Imhof, Arthur E., Die verlorenen Welten. Alltagsbewältigung durch unsere Vorfahren, München 1984, S. 91-135 (Kap. "Die Bedrohung der Welten")
5. Münster 800-1800, S. 227/28
6. Imhof, A. E., Die verlorenen Welten, S. 96-99
7. Lehmann, H., Frömmigkeitsgeschichtliche Auswirkungen..., S. 42
8. Vgl. Appleby, Andrew B., Epidemics and Famine in the Little Ice Age, in: Journal of Interdisciplinary History 10 (1980), S. 643-663. Braudel, Fernand, Sozialgeschichte des 15.-18. Jahrhunderts. Der Alltag, München 1985, S. 41-43
9. Abel, Wilhelm, Massenarmut und Hungerkrisen im vorindustriellen Europa, Hamburg/Berlin 1974, S. 76
10. Appleby, A. B., Epidemics..., S. 653-55. Appleby führt Belege aus Cumberland an, wo sich die durch Hunger ausgelöste Mortalität 1623 auf das fünffache des Normalwertes erhöhte.
11. Abel, W., Massenarmut..., S. 148-51; Imhof, A. E., Die verlorenen Welten, Tab. S. 115
12. Muchembled, R., Kultur des Volks..., S. 262/63
13. Lehmann, H., Frömmigkeitsgeschichtliche Auswirkungen..., S. 31
14. Vgl. Niess, W., Hexenprozesse..., S. 302; Decker, R., Die Hexenprozesse im Herzogtum Westfalen und im Stift Paderborn, S. 212/13
15. Midelfort, H. C. E., Witch Hunting..., S. 194: "The climax seems to have come between 1627 and 1631 in the wake of a terrible plague".

16. Kohl, Wilhelm, Das Zeitalter der Glaubenskämpfe (1517-1618), in: Westfälische Geschichte, Bd. 1: Von den Anfängen bis zum Ende des Alten Reichs, hrsg. v. Wilhelm Kohl, Düsseldorf 1983, S. 512/13
17. Münster 800-1800, S. 159/60
18. Wolf, M., Das 17. Jahrhundert, S. 540
19. Erhard, H. A., Geschichte Münsters, S. 457-459
20. Wolf, M., Das 17. Jahrhundert, S. 568
21. Hövel, E., Zur Bevölkerungsgeschichte..., S. 473 u. 479-481
22. Huyskens, Viktor, Zeiten der Pest in Münster während der zweiten Hälfte des 16. Jahrhunderts, Teil 1, Münster 1901, S. 15 u. 26-28
23. Erhard, H. A., Geschichte Münsters, S. 459/60
24. Duhr, Bernhard S. J., Geschichte der Jesuiten in den Ländern deutscher Zunge in der ersten Hälfte des 17. Jahrhunderts, 2. Teil, Freiburg/Br. 1913, S. 142/43
25. A VI, Nr. 13/14 (Korn- und Brotpreise 1559-1720). Die Listen enthalten die vierteljährlich festgesetzten Taxen von Roggen und Weizen, die Sate, sowie das jeweils vorgeschriebene Gewicht des "Schillingsbrotes", dessen Preis, wie der Name schon sagt, stets einen Schilling betrug, dessen Gewicht aber je nach Getreidepreis variierte.
26. S. 40b vom 19.12.1598
27. A II, Nr. 20, Bd. 53; R. P. vom 27.9.1621, S. 347
28. A II, Nr. 20, Bd. 54; R. P. vom 9.12.1622, S. 443
29. A II, Nr. 20, Bd. 55; R. P. vom 14.8.1623, S. 226
30. A VI, Nr. 13/14, S. 56a vom 22.9.1623
31. A II, Nr. 20, Bd. 55; R. P. vom 10.2.1623, S. 25
32. A VI, Nr. 13/14, S. 60a vom 30.12.1628 ("dweill das korn nicht gedeysam, sondern uffm Lande verregnet..."); S. 60a vom 9.3.1629 ("(...) das korn dieser Zeit leider theur, zum hohen uffschlag geraten, und dazu wegen des wässerigen Sommers und wässeriger Zeiten fast undeysam befunden (...)")
33. A II, Nr. 20, Bd. 61; R. P. vom 26.5.1629, S. 71; A II, Nr. 20, Bd. 62; R. P. vom 22.11.1630, S. 392
34. A II, Nr. 20, Bd. 61; R. P. vom 23.2.1629, S. 22
35. Engel, Gustav, Politische Geschichte Westfalens, Köln 1969, S. 169-171; Münster 800-1800, S. 250
36. A VI, Nr. 13/14, S. 66b vom 22.7.1634
37. Lahrkamp, H., Münsters wirtschaftliche Führungsschichten, S. 40
38. Münster 800-1800, S. 163
39. Robert Muchembled sieht in der Tradition dieses Ansatzes in der französischen Hexenverfolgung einen Akkulturationsprozeß, während dessen die gesellschaftliche Elite den volkstümlichen Aberglauben vernichten wollte. Abgesehen davon, daß die Bekämpfung alter Volksglaubenselemente auch auf direkterem Wege möglich gewesen wäre als durch das Mittel des Hexenprozesses, das ja bei entsprechender Förderung durchaus dazu angetan war, den volkstümlichen Aberglauben noch zu fördern, erklärt dieses Modell nicht die Beteiligung von 'unten', die auch Muchembled konstatieren mußte.
40. Honegger, C., Die Hexen der Neuzeit, S. 24

Schluß

1. Oppenheim, K., Das Gerichtswesen..., S. 89

"Hexensabbat auf dem Blocksberg", aus: J. Praetorius, Blockes-Berges Verrichtung, Leipzig, 1669.

Literaturverzeichnis

Ungedruckte Quellen

Stadtarchiv Münster, Bestand A II - Ratsprotokolle

A II,	Nr. 20,	Bd. 9		(1574)
A II,	"	"	" 11	(1579/80)
A II,	"	"	" 12	(1580)
A II,	"	"	" 15	(1583)
A II,	"	"	" 17	(1585)
A II,	"	"	" 17a	(1585)
A II,	"	"	" 19a	(1587-96)
A II,	"	"	" 25	(1593)
A II,	"	"	" 26	(1594)
A II,	"	"	" 33	(1601)
A II,	"	"	" 43	(1611)
A II,	"	"	" 46	(1614)
A II,	"	"	" 47	(1615)
A II,	"	"	" 48	(1616)
A II,	"	"	" 50	(1618)
A II,	"	"	" 51	(1619)
A II,	"	"	" 52	(1620)
A II,	"	"	" 53	(1621)
A II,	"	"	" 54	(1622)
A II,	"	"	" 55	(1623)
A II,	"	"	" 59	(1627)
A II,	"	"	" 60	(1628)
A II,	"	"	" 61	(1629)
A II,	"	"	" 62	(1630)
A II,	"	"	" 63	(1631)
A II,	"	"	" 66	(1634)
A II,	"	"	" 67	(1635)
A II,	"	"	" 74	(1643)
A II,	"	"	" 75	(1644)

Stadtarchiv Münster, Bestand A VI - Polizei

A VI, Nr. 13/14 (Korn- und Brotpreise 1559-1720)

Stadtarchiv Münster, Bestand A VIII, Nr 188 - Gruetamtsrechnungen

A VIII,	Nr.	188,	Bd. 5	(1551-60)
A VIII,	"	"	" 7	(1568-74)
A VIII,	"	"	" 8	(1575-82)
A VIII,	"	"	" 10	(1591-99)
A VIII,	"	"	" 13	(1614-20)

A VIII,	"	"	"	15	(1627-32)
A VIII,	"	"	"	16	(1633-39)
A VIII,	"	"	"	19	(1643-44)

Stadtarchiv Münster, Bestand A VIII, Nr 277 - Kämmereirechnungen

A VIII, Nr. 277, Bd. 3 (1551, 52, 58, 62, 63, 66)

Stadtarchiv Münster, Bestand A XII - Kultus-, Kirchen- und Schulsachen

A XIII, Nr. 47 (1575)

Stadtarchiv Münster, Bestand B II - Kriminalprotokolle

B II, Kriminalregister 1590-1607
(Namentliches Verzeichnis der aus der Stadt Münster ausgewiesenen oder entwichenen Übeltäter)

B II, Bd. IV	(1611-20)
B II, Bd. V	(1622-30)
B II, Bd. VI	(1631-46)

Stadtarchiv Münster, Bestand B II - Kriminalakten

B II, Acta	Criminalia	Nr.	27	(Catharina Scheventrup)
B II,	"	"	65	(Marie Eggers)
B II,	"	"	77	(Stina u. Catharina Stertelbeck)
B II,	"	"	87	(Anna zur Steinhorst)
B II,	"	"	99	(Catharina Voß)
B II,	"	"	103,7	(Anna Kirlahei)
B II,	"	"	127	(Anna Holthaus et al.)
B II,	"	"	144	(Evert Heggemann)
B II,	"	"	158,15	(Marie Eggers)
B II,	"	"	204	(Clara Voß)
B II,	"	"	205	(Elsa Buddenboems)

Gedruckte Quellen und Sekundärliteratur

Abel, Wilhelm: Massenarmut und Hungerkrisen im vorindustriellen Europa, Hamburg/Berlin 1974

Altekamp, Gerhard: Münster - Das Bild der alten Stadt, Münster 1980

Appleby, Andrew B.: Epidemics and Famine in the Little Ice Age, in: Journal of Interdisciplinary History 10 (1980), S. 643-63

Baeyer-Katte, Wanda von: Die historischen Hexenprozesse. Der verbürokratisierte Massenwahn, in: Massenwahn in Geschichte und Gegenwart, hrsg. v. Wilhelm Bitter, Stuttgart 1965, S. 220-31

Baroja, Julio Caro: Die Hexen und ihre Welt. Mit einer Einführung und einem ergänzenden Kapitel von Will-Erich Peuckert, Stuttgart 1967

Becker-Huberti, Manfred: Die tridentinische Reform im Bistum unter Fürstbischof Christoph Bernhard v. Galen 1650-1678, in: Westfalia Sacra. Quellen und Forschungen zur Kirchengeschichte Westfalens, Bd. 6, Münster 1978

Behr, Hans-Joachim: Franz von Waldeck (um 1491-1553), in: Westfälische Lebensbilder, Bd. 14, Münster 1987, S. 38-62

Behringer, Wolfgang: "Vom Unkraut unter dem Weizen". Die Stellung der Kirchen zum Hexenproblem, in: Hexenwelten. Magie und Imagination, hrsg. v. Richard van Dülmen, Frankfurt/M. 1987, S. 15-47

ders.: "Erhob sich das ganze Land zu ihrer Ausrottung...". Hexenprozesse und Hexenverfolgungen in Europa, in: Hexenwelten. Magie und Imagination, hrsg. v. Richard van Dülmen, Frankfurt/M. 1987, S. 131-69

Beyer, Christel: 'Hexen-Leut, so zu Würzburg gerichtet'. Der Umgang mit Sprache und Wirklichkeit in Inquisitionsprozessen wegen Hexerei, Frankfurt/M. 1986

Bleibtreu-Ehrenberg, Gisela: Homosexualität. Die Geschichte eines Vorurteils, Frankfurt/M. 1978

Brackert, Helmut: "Unglückliche, was hast du gehofft?" Zu den Hexenbüchern des 15. bis 17. Jahrhunderts, in: Gabriele Becker / Silvia Bovenschen / Helmut Brackert et al., Aus der Zeit der Verzweiflung. Zur Genese und Aktualität des Hexenbildes, Frankfurt/M. 1977, S. 131-87

Braudel, Fernand: Sozialgeschichte des 15.-18. Jahrhunderts. Der Alltag, München 1985

Buchda, G., Art. "Anklage", in: Handwörterbuch der deutschen Rechtsgeschichte, hrsg. v. Adalbert Erler u. Ekkehard Kaufmann, Bd. I, Berlin 1971, Sp. 171-75

Burchardi Wormaciensis Ecclesiae Episcopi Decretorum Libri XX, in: Migne PL 140, Sp. 537-1058

Byloff, Fritz: Hexenglaube und Hexenverfolgung in den österreichischen Alpenländern, Berlin/Leipzig 1937

Conrad, Hermann: Deutsche Rechtsgeschichte, Bd. II: Neuzeit bis 1806, Karlsruhe 1966

Croissant, Werner: Die Berücksichtigung geburts- und berufsständischer und soziologischer Unterschiede im deutschen Hexenprozeß, (Jur. Diss.) Mainz 1953

Decker, Rainer: Die Hexenverfolgungen im Hochstift Paderborn, in: Westfälische Zeitschrift 128 (1978), S. 315-56

ders.: Die Hexenverfolgungen im Herzogtum Westfalen, in: Westfälische Zeitschrift 131/32 (1981/82), S. 339-86

ders.: Die Hexenprozesse im Herzogtum Westfalen und im Hochstift Paderborn, in: Hexenprozesse. Deutsche und skandinavische Beiträge, hrsg. v. Christian Degn, Hartmut Lehmann, Dagmar Unverhau, Neumünster 1983, S. 204-17

ders.: Die Hexenverfolgungen im Herzogtum Westfalen, in: Hexen. Gerichtsbarkeit im kurkölnischen Sauerland, v. Alfred Bruns (Red.), Schmallenberg-Holthausen 1984, S. 189-218

Delumeau, Jean: Angst im Abendland. Die Geschichte kollektiver Ängste im Europa des 14. bis 18. Jahrhunderts, Bd. 2, Reinbek bei Hamburg 1985

Dienst, Heide: Lebensbewältigung durch Magie. Alltägliche Zauberei in Innsbruck gegen Ende des 15. Jahrhunderts, in: Alltag im 16. Jahrhundert. Studien zu Lebensformen in mittelalterlichen Städten, hrsg. v. Alfred Kohler u. Heinrich Lutz, München 1987, S. 80-116

Döbler, Hannsferdinand: Hexenwahn. Die Geschichte einer Verfolgung, München 1977

Dülmen, Richard van: Theater des Schreckens. Gerichtspraxis und Strafrituale in der frühen Neuzeit, München 1985
ders.: Volksfrömmigkeit und konfessionelles Christentum im 16. und 17. Jahrhundert, in: Volksreligiosität in der modernen Sozialgeschichte, hrsg. v. Wolfgang Schieder, Göttingen 1986, S. 14-30
ders.: Imaginationen des Teuflischen. Nächtliche Zusammenkünfte, Hexentänze, Teufelssabbate, in: Hexenwelten. Magie und Imagination, hrsg. v. Richard van Dülmen, Frankfurt/M. 1987
Duhr, Bernhard S. J.: Die Stellung der Jesuiten in den deutschen Hexenprozessen, Köln 1900
ders.: Geschichte der Jesuiten in den Ländern deutscher Zunge, Bd. 1: Geschichte der Jesuiten in den Ländern deutscher Zunge im 16. Jahrhundert, Freiburg/Br. 1907
ders.: Geschichte der Jesuiten in den Ländern deutscher Zunge in der ersten Hälfte des 17. Jahrhunderts, 2. Teil, Freiburg/Br. 1913
Engel, Gustav: Politische Geschichte Westfalens, Köln 1969
Erhard, Heinrich August: Geschichte Münsters, Münster 1837
Ernst, Cecile: Teufelsaustreibungen. Die Praxis der katholischen Kirche im 16. und 17. Jahrhundert, Bern 1972
Ettengruber, Helga: Charivari in Bayern. Das Miesbacher Haberfeldtreiben von 1893, in: Kultur der einfachen Leute. Bayrisches Volksleben vom 16. bis zum 19. Jahrhundert, hrsg. v. Richard van Dülmen, München 1983, S. 180-207
Geilen, Heinz Peter: Die Auswirkungen der Cautio Criminalis von Friedrich von Spee auf den Hexenprozeß in Deutschland, (Jur. Diss.) Bonn 1963
Gloger, Bruno/Zöllner, Walter: Teufelsglaube und Hexenwahn, Wien/Köln/Graz 1984
Gördes, Elisabeth: Heilkundige in Münster i. W. im 16. und 17. Jahrhundert, Hildesheim 1917
Götz, Roland: Der Dämonenpakt bei Augustinus. Sein Hintergrund in der spätantiken Dämonologie und seine Auswirkungen auf die "wissenschaftliche" Begründung des Hexenglaubens im Mittelalter, in: Teufelsglaube und Hexenprozesse, hrsg. v. Georg Schwaiger, München 1987, S. 57-84
Güntert, Art. "Katze", in: Handwörterbuch des Deutschen Aberglaubens, hrsg. v. Hanns Baechtold-Stäubli, Bd. 4, Berlin/Leipzig 1931/32, Sp. 1107-24
Hansen, Joseph: Zauberwahn, Inquisition und Hexenprozeß im Mittelalter und die Entstehung der großen Hexenverfolgung, München 1900 (ND Aalen 1964)
Heger, Adolf: Die Landespolitik Herzog Ernsts von Bayern als Administrator von Münster, (Diss.) Göttingen 1931
Hehl, Ulrich von: Hexenprozesse und Geschichtswissenschaft, in: Historisches Jahrbuch 107 (1987), S. 349-75
Heidemann, Hugo: Bevölkerungszahl und berufliche Gliederung Münsters i.W. am Ende des 17. Jahrhunderts (Münstersche Beiträge zur Geschichtsforschung N. F. 37), Münster 1917
Heinemann, Evelyn: Hexen und Hexenglauben. Eine historisch-sozialpsychologische Studie über den europäischen Hexenwahn des 16. und 17. Jahrhunderts, Frankfurt/M./New York 1986
Heinsohn, Gunnar/Steiger, Otto: Die Vernichtung der weisen Frauen. Hexenverfolgung. Menschenproduktion. Kinderwelten. Bevölkerungswissenschaft, Hemsbach über Weinheim 1985
Helbing, Franz: Die Tortur. Geschichte der Folter im Kriminalverfahren aller Zeiten und Völker, völlig neu bearbeitet und ergänzt von Max Bauer, Berlin 1926 (ND^2

Aalen 1983)
Hentig, Hans von: Soziologie der zoophilen Neigung, Stuttgart 1962
His, Rudolf: Das Strafrecht des deutschen Mittelalters, Teil 2, Weimar 1935
Hörger, Hermann: Kirche, Dorfreligion und bäuerliche Gesellschaft. Strukturanalyse zur gesellschaftsgebundenen Religiosität ländlicher Unterschichten des 17. bis 19. Jahrhunderts, aufgezeichnet am bayerischen Beispiel, Teil 1, München 1978, S. 177-185
Hövel, Ernst: Das Bürgerbuch der Stadt Münster 15381660 (Quellen und Forschungen zur Geschichte der Stadt Münster, Bd. 8), Münster 1936
ders.: Zur Bevölkerungsgeschichte Münsters im 16. und 17. Jahrhundert, In: Festgabe für Alois Fuchs, Paderborn 1950, S. 471-83
Holzhauer, Heinz: Die Bedeutung von Friedrich Spees Kampf gegen die Hexenprozesse für die Strafrechtsentwicklung, in: Friedrich Spee im Licht der Wissenschaften. Beiträge und Untersuchungen, hrsg. v. Anton Arens, Mainz 1984, S. 151-64
Honegger, Claudia (Hrsg.): Die Hexen der Neuzeit. Studien zur Sozialgeschichte eines kulturellen Deutungsmusters, Frankfurt/M. 1977
Hsia, Ronnie Po-chia: Die neue Form der Ratswahl in Münster 1554/55, in: Westfälische Zeitschrift 131/132 (1981/82), S. 197-204
ders.: Gesellschaft und Religion in Münster 1535 bis 1618, bearbeitet und herausgegeben von Franz-Josef Jakobi, Münster 1989 (Quellen und Forschungen zur Geschichte der Stadt Münster, N. F., Bd. 13)
Hüsing, Augustin: Der Kampf um die katholische Religion im Bisthum Münster nach Vertreibung der Wiedertäufer 1535-1585. Aktenstücke und Erläuterungen, Münster 1883
Humborg, Ludwig: Die Hexenprozesse in der Stadt Münster. Ein Beitrag zur Kulturgeschichte Münsters, Münster 1914
ders.: Historischer Bummel durch Münsters Altstadt-Straßen, Münster 1973
Huyskens, Viktor: Arbeitslohn in Münster im 16. Jahrhundert, in: Zeitschrift für vaterländische Geschichte und Alterthumskunde 58 (1900), S. 231-35
ders.: Zeiten der Pest in Münster während der zweiten Hälfte des 16. Jahrhunderts, Teil 1, Münster 1901
Imhof, Arthur E.: Die verlorenen Welten. Alltagsbewältigung durch unsere Vorfahren, München 1984
Immenkötter, Herbert (Hrsg.): Die Protokolle des geistlichen Rates in Münster (1601-1612), Münster 1972
Jilg, Waltraud: "Hexe" und "Hexerei" als kultur- und religionsgeschichtliches Phänomen, in: Teufelsglaube und Hexenprozesse, hrsg. v. Georg Schwaiger, München 1987, S. 37-56
Der Kelheimer Hexenhammer 1487. Facsimile - Ausg. der Original-Handschrift aus dem Kelheimer Stadtarchiv, Grunwald (o. J., ca. 1979)
Keller, Ludwig: Die Gegenreformation in Westfalen und am Niederrhein. Aktenstücke und Erläuterungen, T. 2 (1585-1609), Leipzig 1887
ders.: Die Gegenreformation in Westfalen und am Niederrhein. Aktenstücke und Erläuterungen, T. 3 (1609-1623), Leipzig 1895
Kieckhefer, Richard: European Witch Trials. Their Foundations in Popular and Learned Culture 1300-1500, London/Henley 1976
Klaits, Joseph: Servants of Satan. The Age of the Witch Hunts, Bloomington 1985
Klümper, Theresia: Landesherr und Städte im Fürstbistum Münster unter Ernst und Ferdinand von Bayern (1585-1650), (Diss.) Emsdetten 1940
Kneubühler, Hans-Peter: Die Überwindung von Hexenwahn und Hexenprozess, (Diss.) Diessenhofen 1977

Koenigsberger, Helmut G.: Die Krise des 17. Jahrhunderts, in: Zeitschrift für historische Forschung 9 (1982), S. 143-65

Kohl, Wilhelm: Johann von Hoya (1529-1574), in: Westfälische Lebensbilder, Bd. 10, Münster 1970, S. 1-18

ders.: Die Durchsetzung der tridentinischen Reform im Domkapitel zu Münster, in: Reformatio Ecclesiae: Beiträge zu kirchlichen Reformbemühungen von der Alten Kirche bis zur Neuzeit. Festgabe für Erwin Iserloh, hrsg. v. Remigius Bäumer, Paderborn 1980, S. 729-47

ders.: Das Zeitalter der Glaubenskämpfe (1517-1618), in: Westfälische Geschichte, Bd. 1: Von den Anfängen bis zum Ende des Alten Reichs, hrsg. v. Wilhelm Kohl, Düsseldorf 1983, 469-535

Kriedte, Peter: Die Hexen und ihre Ankläger. Zu den lokalen Voraussetzungen der Hexenverfolgungen in der frühen Neuzeit. Ein Forschungsbericht, in: Zeitschrift für historische Forschung 14 (1987), S. 47-71

Kunstmann, Hartmut H.: Zauberwahn und Hexenprozeß in der Reichsstadt Nürnberg, (Diss) Nürnberg 1970

Labouvie, Eva: Hexenspuk und Hexenabwehr. Volksmagie und volkstümlicher Hexenglaube, in: Hexenwelten. Magie und Imagination, hrsg. v. Richard van Dülmen, Frankfurt/M. 1987, S. 49-93

Lahrkamp, Helmut: Münsters wirtschaftliche Führungsschichten (Quellen und Forschungen zur Geschichte der Stadt Münster, N. F., Bd. 5), Münster 1970, S. 1-54

Lea, Charles Henry: Materials Toward a History of Witchcraft, 3 Bde., New York/London 1957

Lehmann, Hartmut: Hexenverfolgungen und Hexenprozesse im Alten Reich zwischen Reformation und Aufklärung, in: Jahrbuch des Instituts für deutsche Geschichte, Bd. VII (1978), S. 13-70

ders.: Das Zeitalter des Absolutismus. Gottesgnadentum und Kriegsnot (Reihe Christentum und Gesellschaft, Bd. 9), Stuttgart 1980

ders.: Hexenprozesse in Norddeutschland und in Skandinavien im 16., 17., und 18. Jahrhundert. Bemerkungen zum Forschungsstand, in: Hexenprozesse. Deutsche und skandinavische Beiträge, hrsg. v. Christian Degn, Hartmut Lehmann, Dagmar Unverhau, Neumünster 1983, S. 9-13

ders.: Hexenglaube und Hexenprozesse in Europa um 1600, in: Hexenprozesse. Deutsche und skandinavische Beiträge, hrsg. v. Christian Degn, Hartmut Lehmann, Dagmar Unverhau, Neumünster 1983, S. 14-27

ders.: Frömmigkeitsgeschichtliche Auswirkungen der 'Kleinen Eiszeit', in: Volksreligiosität in der modernen Sozialgeschichte, hrsg. v. Wolfgang Schieder, Göttingen 1986, S. 31-50

Lethmate, Franz: Die Bevölkerung Münsters i.W. in der zweiten Hälfte des 16. Jahrhunderts (Münstersche Beiträge zur Geschichtsforschung N. F. 29), Münster 1912

Leutenbauer, Siegfried: Hexerei- und Zauberdelikt in der Literatur von 1450-1550, Berlin 1972

Levack, Brian P.: The Witch-Hunt in Early Modern Europe, London/New York 1987

Macfarlane, Alan: Witchcraft in Tudor and Stuart England. A Regional and Comparative Study, London 1970

Merzbacher, Friedrich: Die Hexenprozesse in Franken, München, 1957

ders.: Art. "Hexenprozesse", in: Handwörterbuch zur deutschen Rechtsgeschichte, hrsg. v. Adalbert Erler u. Ekkehard Kaufmann, Bd. II, Berlin 1978, Sp. 145-48

ders.: Folter, in: Justiz in alter Zeit, Bd. 4 der Schriftenreihe des mittelalterlichen Kriminalmuseums Rothenburg ob der Tauber, Rothenburg o.d.T. 1984, S. 240-

48
Midelfort, H. C. Erik: Witch Hunting in Southwestern Germany 1562-1684. The Social and Intellectual Foundations, Stanford 1972
Monter, E. William: The Historiography of European Witchcraft: Progress and Prospects, in: The Journal of Interdisciplinary History II, 4 (1971/72), S. 435-451
Moßmaier, Eberhard: Beiträge zur Geschichte des ehemaligen Kapuzinerklosters in Münster (1615-1811), (Diss.) Paderborn 1937
Muchembled, Robert: Kultur des Volks - Kultur der Eliten. Die Geschichte einer erfolgreichen Verdrängung, Stuttgart 1982
Müller, Egon: Verschwundene Straßennamen (Quellen und Forschungen zur Geschichte der Stadt Münster i.W., Bd. 3), Münster 1927, S. 13-30
Müller-Bergström: Art. "Gottesurteil", in: Handwörterbuch des deutschen Aberglaubens, hrsg. v. Hanns Baechtold-Stäubli, Bd. III, Berlin/Leipzig 1930/31, Sp. 994-1064
Münster 800-1800. 1000 Jahre Geschichte der Stadt, Ausstellungskatalog des Stadtmuseums Münster (21.9.1984-30.5.1985), Münster 1984
Nesner, Hans-Jörg: "Hexenbulle" (1484) und "Hexenhammer" (1487), in: Teufelsglaube und Hexenprozesse, hrsg. v. Georg Schwaiger, München 1987, S. 85-102
Niehues, Bernhard: Zur Geschichte des Hexenglaubens und der Hexenprozesse vornehmlich im ehemaligen Fürstbisthum Münster, Münster 1875
Niess, Walter: Hexenprozesse in der Grafschaft Büdingen. Protokolle. Ursachen. Hintergründe, Büdingen 1982
Offenberg, H.: Das Eid- und Huldigungsbuch der Stadt Münster (Quellen und Forschungen zur Geschichte der Stadt Münster, Bd. 1), Münster 1898, S. 271-322
ders.: Bilder und Skizzen aus Münsters Vergangenheit, Münster 1898
ders.: Bilder und Skizzen aus Münsters Vergangenheit, Neue Folge, Münster 1902
Oppenheim, Karl: Das Gerichtswesen im Münsterland. Denkschrift zur Einweihung der Justizneubauten in Münster (Westfalen) am 21. Dezember 1957, Münster 1957
Pollmann, Ursula: Die Wegkreuzung im Aberglauben, in: Westfälischer Heimatkalender 1961, S. 118-20
Rauer, Brigitte: Hexenwahn - Frauenverfolgung zu Beginn der Neuzeit - Ein Beitrag zur Frauengeschichte im Unterricht, in: Frauen in der Geschichte, Bd. II, hrsg. v. Annette Kuhn und Jörn Rüsen, Düsseldorf 1982, S. 97-125
Remling, Ludwig: Eine Ergänzung zu Ernst Hövels Bürgerbuch der Stadt Münster, in: Beiträge zur westfälischen Familienforschung 41 (1983), S. 136-74
Ridder, Bernhard: Die Kontroverse zwischen Petrus Michael Brillmacher S. J. und dem Junker Johann von Münster. Ein Beitrag zur westfälischen Reformationsgeschichte, (Diss.) Münster 1929
Ritter, Joachim-Friedrich: Friedrich von Spee (1591-1635). Ein Edelmann, Mahner und Dichter, Trier 1977
Rummel, Walter: Die "Ausrottung des abscheulichen Hexerey Lasters". Zur Bedeutung populärer Religiosität in einer dörflichen Hexenverfolgung des 17. Jahrhunderts, in: Volksreligiosität in der modernen Sozialgeschichte, hrsg. v. Wolfgang Schieder, Göttingen 1986, S. 51-72
Russel, Jeffrey B.: A History of Witchcraft. Sorcerers, Heretics and Pagans, London 1980
Schafmeister, Karl: Herzog Ferdinand von Bayern Erzbischof von Köln, als Fürstbischof von Münster (1612-1650), (Diss.) Haselünne 1912
Schlosser, H.: Art. "Inquisitionsprozeß", in: Handwörterbuch zur deutschen

Rechtsgeschichte, hrsg. v. Adalbert Erler u. Ekkehard Kaufmann, Bd. II, Berlin 1978, Sp. 378-382
Schmidt, Maria: Das Wohnungswesen der Stadt Münster im 17. Jahrhundert, Münster 1965
Schmitz, Hans-Georg: Die hochstift-münsterische Regierung von 1574-1803 (Zuständigkeit und Organisation) (Diss.) Münster 1964
Schormann, Gerhard: Hexenprozesse in Nordwestdeutschland, Hildesheim 1977
ders.: Hexenprozesse in Deutschland, Göttingen 1981
ders.: Städtische Gesellschaft und Hexenprozeß, in: Stadt im Wandel. Kunst und Kultur des Bürgertums in Norddeutschland 1150-1650, hrsg. v. Cord Meckseper, Bd. 4, Braunschweig 1985, S. 175-87
Schröer, Alois: Die Reformation in Westfalen. Der Glaubenskampf einer Landschaft, Bd. 2: Die evangelische Bewegung in den geistlichen Landesherrschaften und den Bischofsstädten Westfalens bis zum Augsburger Religionsfrieden (1555), Münster 1983
ders.: Die Kirche in Westfalen im Zeichen der Erneuerung (1555-1648), Bd. 1: Die katholische Reform in den geistlichen Landesherrschaften, Münster 1986
Schulte, Gottfried: Verfassungsgeschichte Münsters im Mittelalter (Quellen und Forschungen zur Geschichte der Stadt Münster, Bd. 1), Münster 1898, S. 1-160
Schulze, Rudolf (Hrsg.): Das Gymnasium Paulinum in Münster (797-1947), Münster 1948
Schwarz, Wilhelm Eberhard: Die Anfänge des münsterischen Fürstbischofs Johann von Hoya (1566-1568), Münster 1911
ders.: Die Akten der Visitation des Bistums Münster aus der Zeit Johanns von Hoya (1571-1573) (Geschichtsquellen des Bistums Münster, Bd. 7), Münster 1913
Schwerhoff, Gerd: Rationalität im Wahn. Zum gelehrten Diskurs über die Hexen in der frühen Neuzeit, in: Saeculum 37 (1986), S. 45-82
Siebel, Friedrich Wilhelm: Die Hexenverfolgung in Köln, (Diss.) Bonn 1959
Soldan, Wilhelm Gottlieb/Heppe, Heinrich: Geschichte der Hexenprozesse, neu bearbeitet und herausgegeben von Max Bauer, 2 Bde., München 1912 (ND Kettwig 1986)
Sprenger, Jacob/Institoris, Heinrich: Der Hexenhammer, Zum ersten Mal ins Deutsche übertragen und eingeleitet von J. W. R. Schmidt, 3. Aufl., Berlin 1922
Stebel, Heinz-Jürgen: Die Osnabrücker Hexenprozesse, (Diss.) Osnabrück 1969
Steinbicker, Clemens: Vom Geschlechterkreis der münsterischen Rats- und Bürgermeisterfamilie Timmerscheid, in: Westfälische Zeitschrift 111 (1961), S. 95-118
ders.: Das Beamtentum in den geistlichen Fürstentümern Nordwestdeutschlands im Zeitraum von 1430-1740, in: Beamtentum und Pfarrstand 1400-1800, hrsg. v. Günther Franz, Limburg/Lahn 1972, S. 121-148
Thomas, Keith: Die Hexen und ihre soziale Umwelt, in: Honegger, Claudia (Hrsg.), Die Hexen der Neuzeit. Studien zur Sozialgeschichte eines kulturellen Deutungsmusters, Frankfurt/M. 1979, S. 256-308 (= Deutsche Übersetzung des Kap. 17 der engl. Originalausgabe)
Tibus, Adolf: Geschichtliche Nachrichten über die Weihbischöfe von Münster. Ein Beitrag zur Specialgeschichte des Bisthums Münster, Münster 1862
Trevor-Roper, Hugh Redwald: Der europäische Hexenwahn des 16. und 17. Jahrhunderts, in: ders.: Religion, Reformation und sozialer Umbruch, Frankfurt/M./ Berlin/Wien 1970, S. 95-179
Weiser-Aall, L.: Art. "Hexe", in: Handwörterbuch des Deutschen Aberglaubens, hrsg. v. Hanns Baechtold-Stäubli, Bd. 3, Berlin/Leipzig 1930/31, Sp. 1827-1920

Wilbertz, Gisela: Hexenprozesse und Zauberglaube im Hochstift Osnabrück, in: Osnabrücker Mitteilungen 84 (1978), S. 33-50

Dies.: Die Hexenprozesse in Stadt und Hochstift Osnabrück, in: Hexenprozesse. Deutsche und skandinavische Beiträge, hrsg. v. Christian Degn, Hartmut Lehmann, Dagmar Unverhau, Neumünster 1983, S. 218-21

Wolf, Manfred: Das 17. Jahrhundert, in: Westfälische Geschichte, Bd. 1: Von den Anfängen bis zum Ende des Alten Reiches, hrsg. v. Wilhelm Kohl, Düsseldorf 1983, S. 537-604

Zenz, Emil: Die geschichtlichen und geistigen Hintergründe des Hexenwahns, in: Friedrich Spee im Licht der Wissenschaften. Beiträge und Untersuchungen, hrsg. v. Anton Arens, Mainz 1984, S. 135-49

Zwetsloot, Hugo: Friedrich Spee und die Hexenprozesse. Die Stellung und Bedeutung der Cautio Criminalis in der Geschichte der Hexenverfolgungen, Trier 1954